期权攻略

黄栢中　著

地震出版社
Seismological Press

图书在版编目(CIP)数据

期权攻略／黄栢中著. —北京：地震出版社，2015.10
ISBN 978-7-5028-4609-1
Ⅰ. ①期… Ⅱ. ①黄… Ⅲ. ①期权交易—基本知识 Ⅳ. ①F830.91
中国版本图书馆 CIP 数据核字(2015)第 077693 号

地震版 XM3496

著作权合同登记 图字:01-2014-5396
繁体字原版作者:黄栢中

期权攻略
黄栢中 著
责任编辑：吴桂洪 薛广盈
责任校对：凌 樱

出版发行：地震出版社
北京市海淀区民族大学南路9号 邮编：100081
发行部：68423031 68467993 传真：88421706
门市部：68467991 传真：68467991
总编室：68462709 68423029 传真：68455221
证券图书事业部：68426052 68470332
http://www.depress.com.cn
E-mail：zqbj68426052@163.com
经销：全国各地新华书店
印刷：三河市嵩川印装有限公司

版(印)次：2015年10月第一版 2015年10月第一次印刷
开本：787×1092 1/16
字数：271千字
印张：19.5
书号：ISBN 978-7-5028-4609-1/F(5302)
定价：46.00元

目　录

序

在过往10年，投资市场的结构其实已经发生了质的变化，不少传统智慧在近年的投资市场都已失效；由于市场资讯传播愈来愈发达，市场的透明度亦愈来愈高，而投资知识亦日趋平民化，投资机会经常转瞬而逝。

事实上，投资机会来去匆匆，是现代投资市场的一大特征，或正确地说，投资的风险其实亦相应增加，入市太早或入市太迟，两者都令投资者身处市场风险之中。特别在资讯爆炸的时代，错误评估突如其来的消息或市场变化，投资风险的杀伤力可不能小觑。

上述风险对散户如此，对投资基金经理以至投机大户一样如此。投资专业人士较于散户的优胜之处是，专家对于风险有较大的警觉性，而专家亦有足够的财技去控制这些市场的风险。近年期权市场的成长，可说是对市场结构一大的改变，投资者只要能够掌握足够的期权知识，便可以根据其对市场风险的看法而利用期权作为投资、对冲或套利的策略性工具，从而使市场风险变为市场的机会。

有人会认为，期权及认股证的出现往往令市场更加投机，而让投机大户更易于造市，因而应该限制这些市场的发展。但笔者认为，这些衍生工具其实是一种风险管理的工具，有助现货市场的成长。既然衍生工具的发展已是世界潮流之所趋，最积极的做法应该是让投资大众都能够掌握风险管理的概念，并熟悉期权的运用，从而令大小户都可在公平的场地上竞赛。

事实上，若我们能够掌握到现货、期货与期权之间的关系，并在投资策略上配合应用，我们往往可以减少投资风险，同时增进我们的投资回报。

这本书总结了笔者在过往数年对期权市场的研究及资料搜集，希望能够帮助读者以最快的速度掌握期权应用的技巧，从而使期权作为投资“攻守”的利器。

本书分为以下几个部分：

第一部分是介绍期权市场的发展、期权的概念，并且介绍现行市场用期权作为投资攻略的方法。

第二部分是介绍期权平价原理，与欧式及美式期权的理论定价模式，从而引申出的期权套利及对冲的方法，使投资者在利用期权投资之余，亦明白期权风险的管理方法。

第三部分是实战篇，笔者引用多个市场例子以说明期权投资的各种策略及窍门。

第四部分是介绍主要期权市场的运用，让读者对期权买卖的实务有更深的认识。

最后，要感谢经济日报出版社同仁的协助，使这本书可以顺利出版，并送达读者手上。

黄栢中

1998年10月

再版序

《期权攻略》初版于1998年10月发行，至今已是5年前的事，其中市场变化甚大，期权市场的发展尤其显著。主要的变化包括：期权市场已大部分电子化，市场专业人士不少通过电脑程式进行计价、套利及主力活动，令期权买卖差价收窄，市场深度加强，而买卖执行速度加快。可以说，期权市场的快速交易已非肉眼可以掌握。相信随着网上期权交易进一步普及，期权市场将得到长足的发展。

不过，跟不上科技发展的可能仍然是一般投资者对期权这种投资工具的认知。至今笔者仍然听到有人认为期权是风险极高的投资产品，殊不知他们却乐于买卖认股证(窝轮)、高息票据、股票挂钩产品或外汇宝等投资产品。事实上，这些近年流行的投资产品其实就是期权产品。

事实上，期权是一种十分灵活的投资工具，透过不同的期权组合，投资者可进行低风险或高风险的策略，以达到不同的投资目标。

再者，掌握期权概念对于现代投资市场而言已愈来愈重要，甚至到了不可或缺的阶段，愈来愈多给予一般投资者的投资产品已带有期权因素；不了解期权的概念而参与现代投资产品的投资者，难免失之交臂。

在第二版中，笔者主要修订了“主要期权市场的运作”一章，以反映期权市场运作及规则上的最新情况。

黄栢中

2003年12月

第三版序

《期权攻略》进入第三版，要感谢读者及经济日报出版社同仁的支持。

笔者亦趁此机会为本书做出以下的修订，在新修订版中，笔者主要修订了以下部分。

第一章：由于读者未必有兴趣的部分期权市场的统计数字，本版予以删除；

第三章：让读者较容易理解不同期权组合的风险与回报，笔者在本章中为二十种不同的期权策略逐一增补了盈亏分析表，并更新部分公式及实例，期权策略的盈亏状况更容易掌握，一目了然。

黄栢中

2004年11月

第一章

期权市场的发展

期权攻略

对于大部分亚洲投资者来说，期权(Options)可说是一种新生的投资工具，由于其中的理念较为复杂，不少投资者都对期权比较顾忌，不敢沾手。

另外，由于围绕着期权市场亦有不少的误解及传闻，令一般投资者都误以为期权是一种高风险的投机工具，会捣乱市场的供求关系，引致市价大幅波动，甚至令市场出现危机。

其实，只要投资者能正确了解期权的原理及其风险与回报的来由，投资者将会发现，期权是一种百变的投资利器；投资者既可应用期权作为高杠杆率的投资工具，亦可用期权作为低杠杆率的投资。此外，期权亦是一种对于现货及期货的有效的工具，可为投资者减低市场风险。最后，透过现货与期货、现货与期权及期货与期权的互动与套利，市场将趋向更有效率，而现货市场将更能反映其合理价值。

事实上，期权在西方投资市场早已是耳熟能详的东西，伦敦的证券期权买卖可追溯到1690年，而美国的证券期权买卖亦可追溯至1790年。在20世纪初，美国的股票及期货经纪在认购期权(Call)及认沽期权(Put)方面的买卖已十分活跃，这些期权合约往往由股票交易所会员所保证，有一定的认受性。

不过，西方期权市场的发展亦非一帆风顺，其中，在20世纪30年代西方经济大萧条期间，以及二次世界大战后的一段时间，期权市场均曾受到英、美政府所干预而禁止买卖。不过，期权买卖实际上从未停止过。

期权市场真正能长足发展者，应首推1973年美国芝加哥期权交易所(Chicago Board Options Exchange, CBOE)的成立。此交易所最初只买卖十多种股票认购期权合约，而认沽期权则在1977年才开始买卖。

1975年，美国股票交易所(American Stock Exchange, AMEX)及费城股票交易所(Philadelphia Stock Exchange, PHLX)亦开始买卖股票期权，令场内期权市场更具规模。到1982年，另一个发展又在酝酿之中。

由于美国芝加哥商业交易所（Chicago Merchantile Exchange, CME）在该年推出标准普尔500指数期货买卖（Standard and Poor’s 500 Index Futures, S&P 500 Futures），交投畅旺，遂带动了1983年各种股票指数期权合约亦纷纷在芝加哥期权交易所（CBOE）、美国股票交易所（AMEX）及纽约证券交易所（NYSE）买卖。在期货市场，股票指数期货的期权合约亦应运而生。到1985年，外汇期权亦开始在芝加哥及费城买卖。在20世纪80年代，债券、农产品及原油期货的期权合约亦相继面世，带来一片百花齐放的景象。

（注：有兴趣进一步了解衍生工具市场发展的读者，可参考Don M. Chance在《Derivatives Ouarterly》1995年冬季发表的A Chronology of Derivatives一文。）

其实，从20世纪80年代起，世界各地的场内期权市场都如雨后春笋一样纷纷出现，令世界期权市场进一步壮大。

香港期权市场发展

香港场内期权市场在20世纪90年代开始起步，在1993年3月5日香港期货交易所推出了生指数期权合约。于2004年6月，则推出A股指数期权。

股票期权方面，香港联合交易所亦于1995年9月开始买卖股票期权，至今已有超过40双蓝筹、国企及红筹股供选择。

尽管香港场内期权市场起步较迟，但其成交量的增长速度亦相当快，表1.1为恒指期权、H股期权及股票期权的每天成交量及年尾平仓合约数字。

表 1.1　恒指期权、H 股期权及股票期权每天成交量及年尾未平仓合约

产品(合约数目)	1995	2000	2005
恒指期权每天平均成交量	2.614	2.203	12.462
恒指期权年尾未平仓合约	20.175	10.519	192.069
H 股指数期权每天平均成交量	—	—	1.044
H 股指数期权年尾未平仓合约	—	—	32.599
股票期权每天平均成交量	4.769	16.958	35.385
股票期权年尾未平仓合约	44.578	462.494	1021.913

第二章

期权的投资概念

期权投资对于入门者而言，无疑是较为复杂，除了因为期权有多种不同的投资组合外，期权市场上亦有颇多相关术语，概念不清楚的话，入门者便往往会迷失方向，难以对期权合约贯彻了解。

其实，投资者只要能够掌握期权分析的窍门，一切问题便可迎刃而解。首先，投资者必须掌握期权的性质及风险与回报的形式；其次，投资者必须要清晰分辨各种期权专有名词的意义；最后，投资者若能领悟期权金受哪几种市场因素所影响，则期权投资的学问便大致上在其里面，万变不难其宗。

在本章中，我们会从最基础的期权概念入手，从而解释各种名词的意义。

期权的意义

期权(Option)基本上分为两种，包括认购期权(Call)及认沽期权(Put)。

期权如期货合约一样，既可买入，亦可沽空，即既可作长仓(Long)，亦可作短仓(Short)。

A. 买入期权

1. 买入认购期权

投资者付出期权金买入认购期权，表示持有者有权在到期日或之前，以期权合约所定的行使价买入合约所制定的资产。

如果指定资产的市价在到期日仍未高于行使价，在市场购买指定资产尚较行使期权所购得的便宜，则认购期权的价值便消失，而投资者最大的损失便是所付出的期权金。

相反，如果在期权到期前，指定资产的市价高于行使价，投资者可以较低的行使价买入指定资产，并在市场以较高价沽出，投资者行使期权便可赚取指定资产市价与行使价之间的差价，从而获利。上述差价愈大，获利将愈丰。

因此，理论上，以买入认购期权作为看好市况的投资工具，是以有限风险(期权金)，换取无限制回报的可能(市价与行使价之间的差价)的“刀子锯大树”投资策略(图 2.1)。

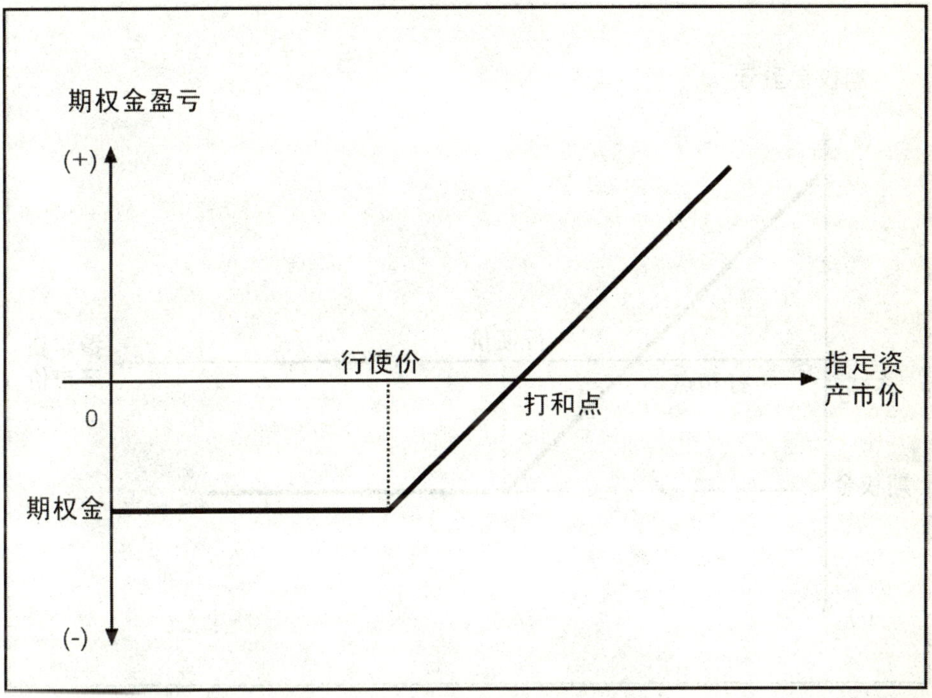

图 2.1　买入认购期权盈亏图

2．买入认沽期权

投资者付出期权金买入认沽期权，表示持有者有权在到期日或之前，以期权合约所定的行使价沽出合约所指定的资产。

如果指定资产的市价在到期日高于认沽期权的行使价，将表示行使认沽期权并无利可图，期权价值亦因而消失。相反，如果指定资产的市价低于行使价，将表示认沽期权的持有者可以在较高价的行使价沽出资产，并在市场以较低价买回资产，投资者亦有利可图。行使价与当时市价之间的差价愈大，认沽期权持有者的利润将愈丰。

由此可见，以买入认沽期权作为看淡市况的投资工具，是以有限风险(期权金)，换取无限制回报的可能(指定资产市价与行使价之间的差价)的投资策略(图 2.2)。

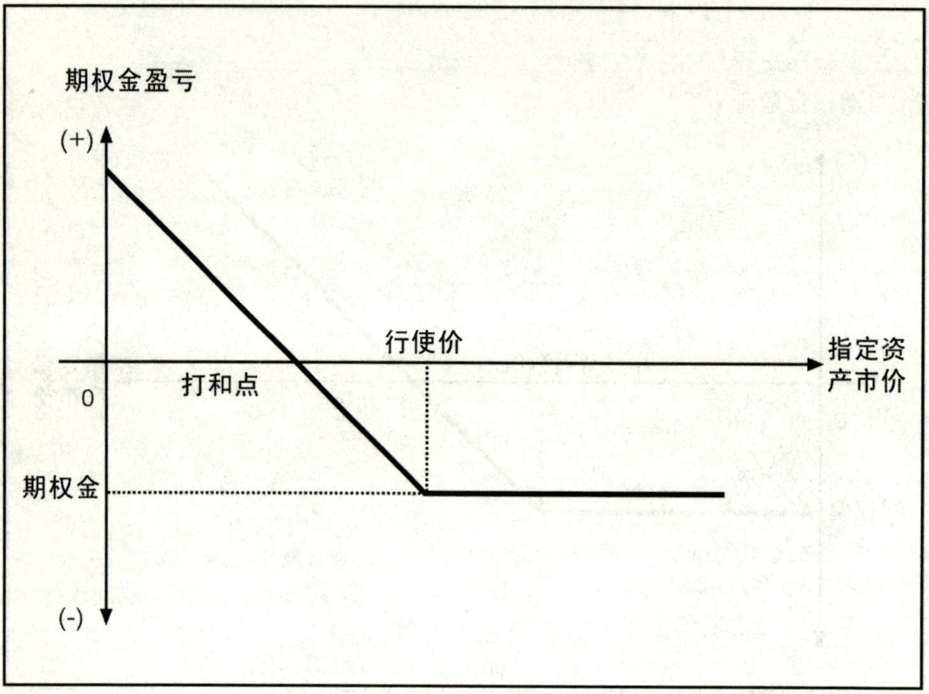

图 2.2　买入认沽期权盈亏图

B. 沽空期权

在期权市场中，有买必有卖，沽空期权在英文既可称为 Short，亦称作 Write。

1. 沽空认购期权

对于沽空认购期权，沽空者收取期权金，有义务在到期前，当期权被行使时，必须按合约订明的行使价将指定资产沽予期权持有者。

若指定的资产市价在到期时仍在行使价之下，表示行使期权无利可图，沽空者可以赚取期权金。相反，若所指定的资产市价在行使价之上，期权行使后将有利可图，沽空者须以行使价沽出指定资产，所损失的是行使价与指定资产市价之间的差价。换言之，沽空者最大的利润是期权金，而风险则并无限制(图 2.3)。

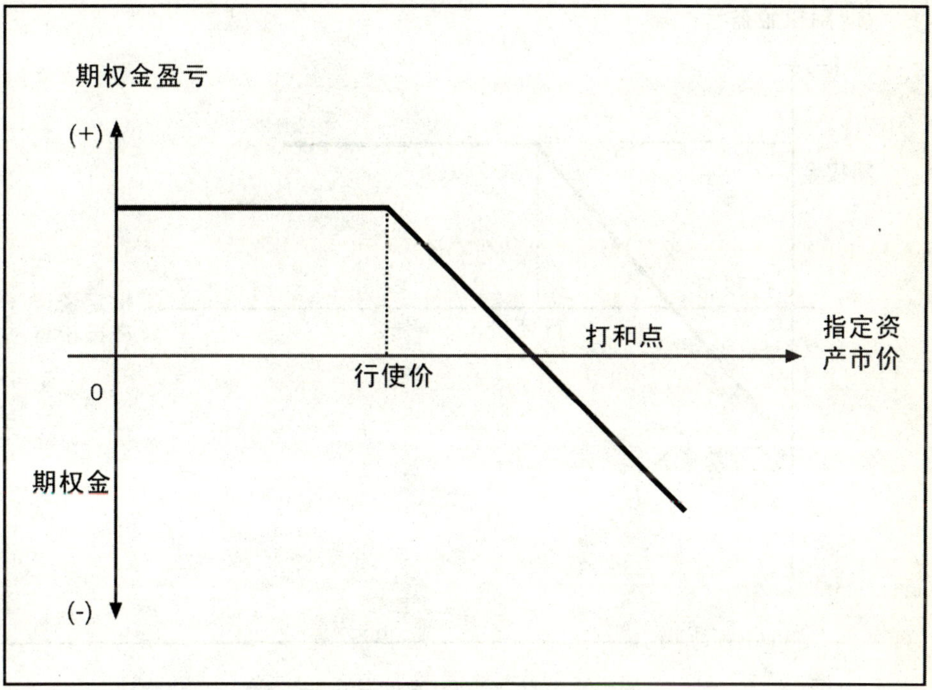

图 2.3　沽空认购期权盈亏图

2. 沽空认沽期权

对于沽空认沽期权，沽空者收取期权金，有义务在到期前，当期权被行使时，必须按合约订明的行使价，向认沽期权持有者买入指定的资产。

若指定资产市价在行使价之上，认沽期权失去价值，沽空者可赚取期权金。

若指定资产市价在行使价之下，行使认沽期权将有利可图，沽空者必须以较市价为高的行使价买入指定资产，而沽空者所蒙受的损失是行使价与指定资产市价之间的差价。

换言之，沽空认沽期权最多可赚取期权金，而风险则并无限制（图2.4）。

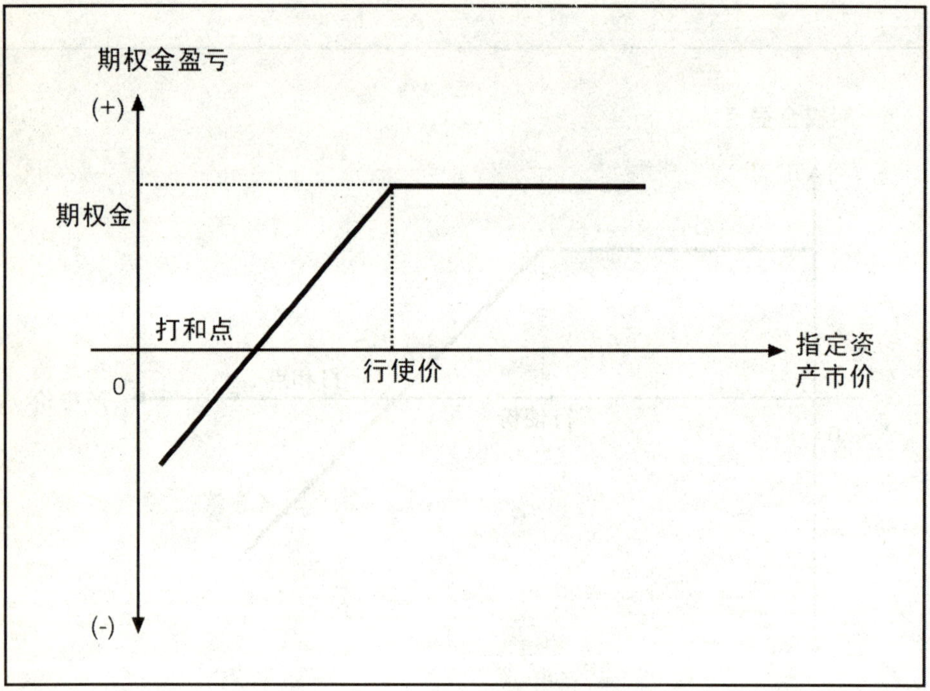

图 2.4　沽空认沽期权盈亏图

专有名词释义

对于期权合约，有几个专有名词必须清楚。

1．期权金（Option Premium）

即期权的价格。

2．指定资产(Underlying Assets)

亦可称为指定投资工具(Underlying Instrument)，是期权所代表的实际资产，数量按合约数量厘定。

指定资产既可指合约数量的股票，合约数量的商品，例如黄金、大豆，亦可指股市指数。指定资产可为现货合约或期货合约。

3．行使(Exercise)

期权持有者有权利要求行使期权，而期权沽家须在收到行使通知时履行交收的义务，直至期权到期为止。行使期权的意思，是要求期权沽家按合约指定价格(行使价)买入或卖出合约数量的指定资产，进行交收。

4．行使价(Strike Price)

英文亦可称为Exercise Price，是期权合约所订明的指定资产买卖价格，并不需要参考当时市价。

5．行使方式(Exercise Style)

期权的行使方式基本上有两种。

①欧式行使方式(European Exercise)：

意思是期权只可以在期权到期日才被行使。

②美式行使方式(American Exercise)：

意思是期权在未到期前均可被行使。

香港的指期权属欧式期权，而香港联合交易所的股票期权则为美式期权。

6．到期日(Expiration Day)

欧式期权被行使的营业日。美式期权最后可被行使的一个营业日。

7. 结算方式(Settlement Methods)

期权的结算分两种。

①实物交收(Physical Delivery)：

买卖双方以指定资产的合约数量透过结算公司进行交收。此外，期货期权是交收期货合约。

②现金交收(Cash Settlement)：

买卖双方以指定资产结算价与行使价之差的折实现金金额进行交收，并不涉及实物。

期权金(Option Premium)的意义

从期权买家及沽家的角度来看，期权买卖双方的风险及回报似乎不成正比。

买入期权者以有限的期权金博取无限制的回报；相反，沽空期权者以无限的风险博取有限的期权金。

若期权买卖的意义仅属如此，世上应无沽空期权市场出现。然而，目前期权市场迅速增长，期权沽家乐于参与市场，证明期权沽家另有想法。由于期权在未到期前时间带来风险和机会，因此，期权沽家可向期权买家要求一个满意的溢价(Premium)，以补偿沽空期权所带来的义务。此一溢价，便是期权的价格——期权金(Option Premium)。

期权金是以指定资产的单位报价，因此，在计算实际金额时，必须将报价乘以合约数量(Contract Size)或合约乘数(Contract Multiplier)。

实例一：

美国纽约商业交易所(NYMEX) COMEX 部的黄金期货期权是以 100 安士为一手，则期权金 1.5 美元的牵涉金额是：

US$1.5×100，亦即 150 美元。

实例二：

股指期权报 350 点，指合约规定为每点港币 50 元，则上述期权所涉及的金额是：

350 点×HK$50＝HK$17500

决定期权金的因素

期权金的价值主要有两个组成部分，包括：内在值(Intrinsic Value)及时间值(Time Value)。

期权金＝内在值＋时间值

A. 内在值

内在值的意思是，若期权被行使，指定资产的市价与行使价之间的差价便为内在值。

1. 若为认购期权

(1)资产市价低于行使价者，由于期权即使行使亦无利可图，因此内在值为 0。

(2)若资产市价等如行使价，期权行使亦无利可图，故内在值亦等于 0。

(3)若资产市价大于行使价，期权行使有利可图，故内在值为资产市价减行使价之差。

2. 若为认沽期权

(1)资产市价若低于行使价，期权行使有利可图，内在值便等于行使价减资产市价之差。

(2)资产市价等如行使价，期权行使无利可图，内在值便等于 0。

(3)资产市价若高于行使价，期权行使亦无利可图，内在值亦等于 0。

基于上面内在值的考虑，期权市场对于期权有三种划分方法。

期权攻略

1．价外期权（Out-of-the-Money Option, OTM）

此种期权是指：

⑴指定资产市价低于行使价的认购期权。

⑵指定资产市价高于行使价的认沽期权。

上述期权的内在值为 0。

2．平价期权（At-the-Money Option, ATM）

此种期权是指：

⑴指定资产市价等于或极接近行使价的认购期权。

⑵指定资产市价等于或极接近行使价的认沽期权。

上述期权的内在值等于或极接近 0。

3．价内期权（In-the-Money Option, ITM）

此种期权是指：

⑴指定资产市价高于行使价的认购期权。

⑵指定资产市价低于行使价的认沽期权。

上述期权的内在值大于 0（图 2.5）。

B. 时间值（Time Value）

期权金的时间值又称为外在值（Extrinsic Value），是未到期的期权，期权金高于内在值的风险溢价。时间值亦可看为是给予期权沽家在内在值之上的额外补偿，以弥补沽空期权所带来的风险与义务。

期权的风险主要来自以下几方面：

1．市场风险

指定资产的市价愈接近行使价，期权被行使的机会便愈大，而沽家的风险亦增加。

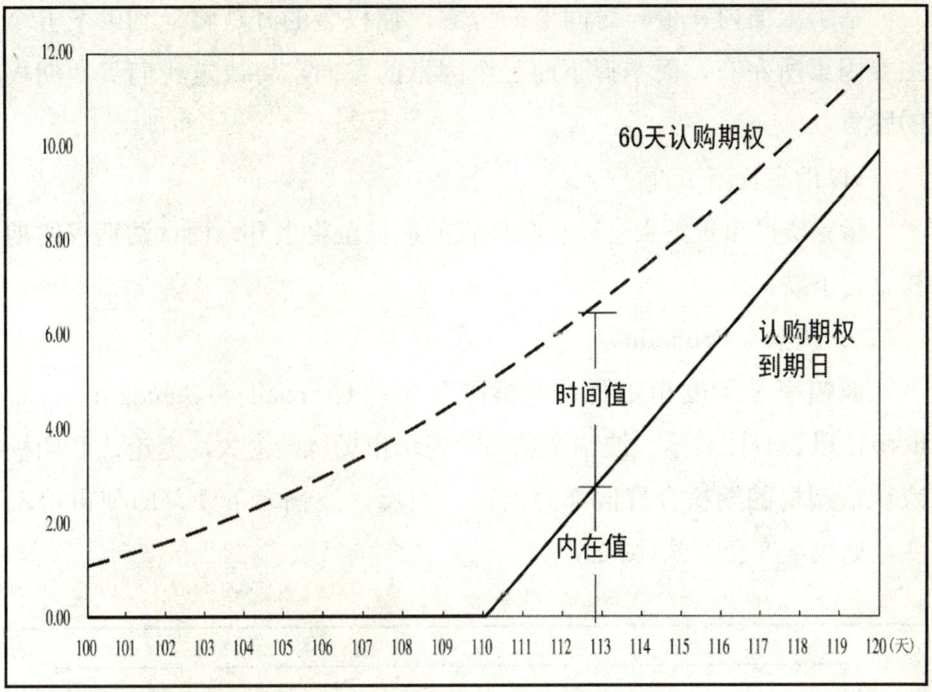

图 2.5 认购期权金的内在值与时间值

2．波幅风险

指定资产的市价波动愈大，期权内在值增加的机会亦愈大，而沽家的风险亦增加。

3．时间风险

期权离到期日的时间愈长，期权内在值增加的机会亦愈大，而沽家的风险亦增加。

4．持仓成本风险

由于期权沽家要不断承担期权的义务，因此若持仓成本如市场利率及指定资产息率改变，对期权沽家的机会成本亦有一定的冲击。

基于上面内在值与时间值的考虑，期权金的升跌将受到以下五个主要因素所左右，而掌握下面五个因素的方向，将决定我们买卖期权的胜负：

(1)指定资产市价。

指定资产市价若上升，认购期权的期权金将上升，而认沽期权的期权金将下跌。

(2)波幅率(Volatility)。

波幅率是量度指定资产的标准差年率(Annualized Standard Deviation)，以百分比表示。波幅率愈高，表示市场风险愈大，无论认购期权或认沽期权的期权金价值都会上升。相反，波幅率下跌，即使市价不变，期权金亦会下跌(图 2.6)。

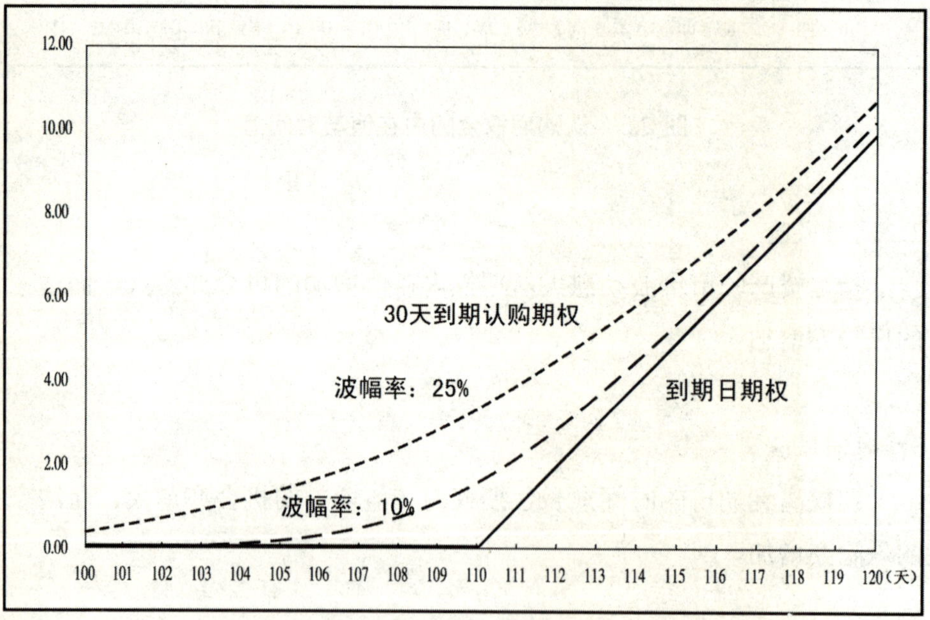

图 2.6　期权金与波幅率

(3)到期时间。

若期权距离到期日愈长，内在值增加的机会亦愈高，因此无论认购期权或认沽期权的期权金亦相应愈高；相反，时间愈少，期权金亦会愈低，我们称之为时间的损耗(图 2.7)。

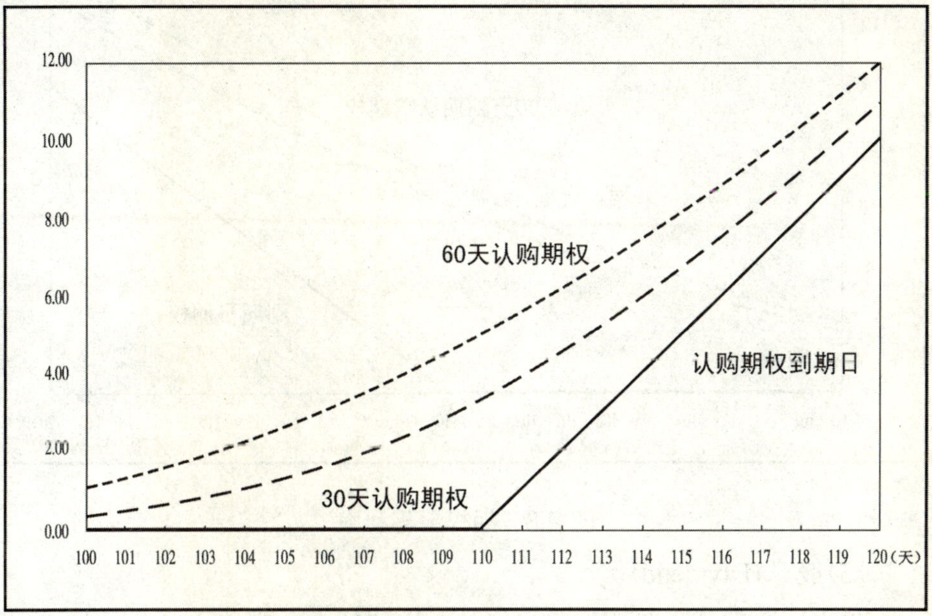

图 2.7 认购期权金与到期时间

(4)利率。

若利率上升，投资者持有指定资产的持仓成本(Cost of Carry)便愈高。投资者会减少持有股票，转而买入认购期权，并将余下资金存入银行收更高的利息。此外，买入认沽期权的对活动亦减少。因此，利率升，认购期权金升及认沽期权金跌，不过，若为期货的期权，利率升，期权的折现率亦上升，因此，认购及认沽期权金皆跌(图 2.8)。

一般而言，我们所参考的利率是无风险利率(Risk-free Interest Rate)，即资金投资者不用承担风险而得到的利息。以美国期权而言，一般所使用的是三个月国库券息率(3-month U.S. Treasury Bill Rate)。

对于香港而言，投资者可选择三个月外汇基金票据息率(3-month H. K. Exchange Fund Bill Rate)。

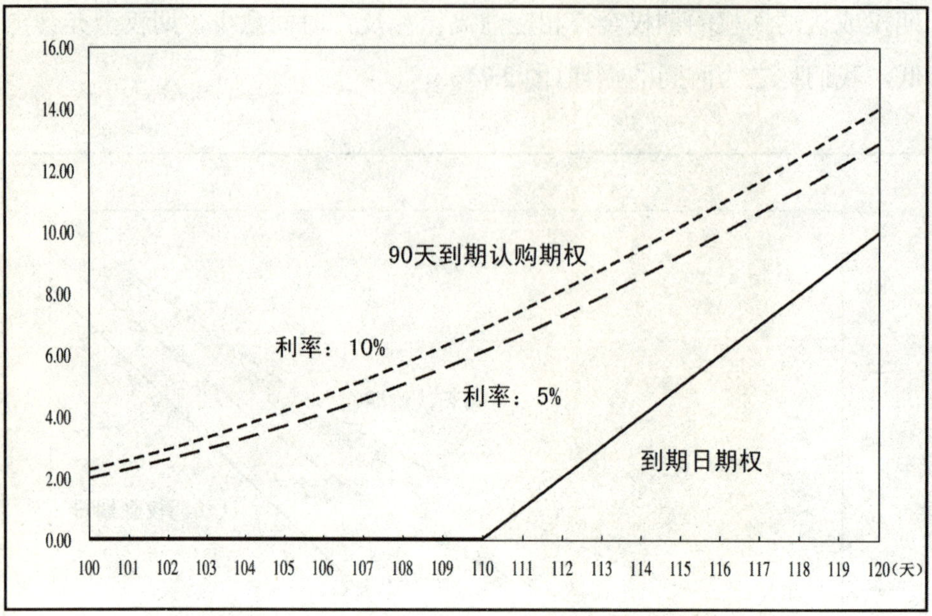

图 2.8 期权金与利率

(5)股息(Dividend)。

当指定资产例如股票的股息增加，表示持有实际资产的收益将会增加，投资者会希望持有更多股票以收息；相反，投资者会减少持有无息收的认购期权。此外，由于股票派息会导致股票下跌，持有认沽期权将更为有利。换言之，若指定资产的息率上升，认购期权的期权金将下跌，而认沽期权的期权金将会上升。

期权衍生比率(Option Derivatives)

对于上述五个影响期权金的因素，这里讨论了其对期权金升跌方向的影响，可帮助我们对于期权买卖作出正确的决策。至于实际对期权金升跌影响有多少，期权理论里面，有以下五个期权衍生比率(Option Derivatives)，以计算期权金受影响的幅度，或可说是期权的风险指标(Risk Parameter)。

1．Delta

Delta 是计算现货或现货合约每运行一个单位，期权金相对升跌多少。

实例：

若股票 A 由 67.00 元升至 68.00 元，上升 1.00 元，行使价 67 元认购期权的 Delta 为 0.6，则期权金相对上升 0.60 元。

2．Gamma

Gamma 是计算现货或期货合约每运行一个单位，Delta 所转变的幅度。

实例：

若股票 A 为 67.00 元，一个月行使价 67 元的股票 A 认购期权的期权金是 1.30 元，当时认购期权的 Delta 是 0.6，Gamma 为 0.14。当股票 A 由 67.00 元升至 68.00 元，上升 1.00 元，Delta 便大约由 0.6 上升至 0.74，上升 0.14。

3．Vega 或 Kappa

Vega 或 Kappa 是计算一年波幅率（Volatility）升跌 1% 对期权金升跌的影响。

实例：

若一个月行使价 67 元股票 A 认购期权的期权金值 0.55 元，波幅率为 5%，Vega（或 Kappa）为 7.43。若波幅率由 5%，上升至 6%，期权金会上升 7.43 点，亦即由 0.55 元上升至 0.6243 元，上升 0.0743 元。

4．Theta

Theta 是计算一年时间值对期权金的影响。

实例：

若一个月行使价 67 元的股票 A 认购期权金为 0.55 元，Theta 是 4.292，即表示一年内期权金会消耗 4.292 元。换言之，每过一天，期权金会下跌约 0.01175 元(4.292/365)，期权金由 0.55 元下跌至 0.54 元。

5．Rho

Rho 是计算无风险利率每日升跌 1%，期权金相对升跌的幅度。

实例：

若一个月行使价 67 元的股票 A 认购期权金为 0.55 元，Rho 为 3.47。若无风险利率由 5%上升至 6%，上升 1%，期权价值会上升 3.47 点，亦即由 0.55 元上升至 0.5847 元，上升 0.0347 元。

第三章

期权攻略的组合

在第二章中，我们指出期权分两种，包括：认购期权(Call)及认沽期权(Put)。

期权的买卖方法

(1) 买入“认购期权”的投资者有在到期前(Expiration)在特定行使价(Strike Price or Exercise Price)买入现货或期货合约的“权利”，并付出期权金(Premium)。

(2) 沽空“认购期权”的投资者有在到期前在特定行使价沽出现货或期货合约的“责任”，并收取期权金。

(3) 买入“认沽期权”的投资者有在到期前在特定行使价沽出现货或期货合约的“权利”，并付出期权金。

(4) 沽空“认沽期权”的投资者有在到期前在特定行使价买入现货或期货合约的“责任”，并收取期权金。

事实上，利用上面四种不同的买卖方法，配合期权对于时间值的特性，期权可以演变而成无数投资获利的方法，完全视乎投资者对后市走势的预期。

传统上，我们判断投资买卖必然以市价上升或下跌的方向为主，甚至考虑到时间、市场波动情况等因素，然而，透过期权买卖，即使牛皮上落市，甚至不明后市方向，都可成为投资获利的机会，换言之，期权买卖是“全天候”的投资工具，在可想像得到的市场情况下，期权策略都可帮助投资者作出有利可图的买卖决策。

期权买卖的基本策略

以下简单介绍二十种基本的期权买卖策略，其中主要期权策略包括：

A. 方向性买卖

(1)买入认购期权(Long Call);

(2)沽空认购期权(Short Call);

(3)买入认沽期权(Long Put);

(4)沽空认沽期权(Short Put);

(5)买入跨价认购期权组合(Bull Call Spread);

(6)沽空跨价认购期权组合(Bear Call Spread);

(7)买入跨价认沽期权组合(Bear Put Spread);

(8)沽空跨价认沽期权组合(Bull Put Spread)。

B. 波幅率的买卖

(9)买入马鞍式期权组合(Long Straddle);

(10)沽空马鞍式期权组合(Short Straddle);

(11)买入勒束式期权组合(Long Strangle);

(12)沽空勒束式期权组合(Short Strangle)。

C. 精确性的买卖

(13)买入蝴蝶式期权组合(Long Butterfly);

(14)沽空蝴蝶式期权组合(Short Butterfly);

(15)买入飞鹰式期权组合(Long Condor);

(16)沽空飞鹰式期权组合(Short Condor)。

D. 方向及波幅率的组合买卖

(17)跨价比率认购期权组合(Ratio Call Spread);

(18)反向跨价比率认购期权组合(Ratio Call Backspread);

(19)跨价比率认沽期权组合(Ratio Put Spread);

(20)反向跨价比率认沽期权组合(Ratio Put Backspread)。

以下我们将逐一介绍。然后，我们将讨论其他更深一层的期权组合应用。

1．买入认购期权(Long Call)

买入认购期权的英文是Long Call，是一种看好后市的投资策略。

投资者如果希望买入一个好仓，但又希望保障市场一旦下跌而带来的可能风险，投资者可付出期权金而得到一个权利。

若市价在指定到期日前升越认购期权的行使价，投资者可行使这个期权的权利以行使价买入其指定资产。换言之，投资者所获得的是资产市价高于行使价之间的利润。若市价超出投资者的预期，到期日时仍处于行使价之下，则投资者行使认购期权将无利可图，认购期权的价值便等如零，而投资者最大的损失便是认购期权的期权金。

现时不少保本基金都加入期权的因素，例如以部分基金的存款利息购入认购期权，若期权价值急升，将可为基金带来高回报，即使期权价值跌至零，基金至少仍然可以保本。

⑴买入认购期权适用于：

①快将上升或正在上升中的市况；

②市场波幅正在扩大的市况。

但不适用于：

③牛皮上落或下跌中的市况；

④市场波幅收窄的市况。

⑵若为股票认购期权，买入认购期权适用于：

①预期利率上升；

②预期派息减少。

但不适用于：

③预期利率下跌；

④预期派息增加。

以到期日的盈亏分析：

最大回报＝结算价－行使价－期权金

最大风险＝期权金

打 和 点＝行使价＋期权金

实例：

已买入行使价 10000 指认购期权，期权金为 120 点。

若结算价为 10500，最大回报＝10500－10000－120＝+380

若结算价为 9500，最大风险＝－120

打和点＝10000＋120＝10120（图 3.1，表 3.1）

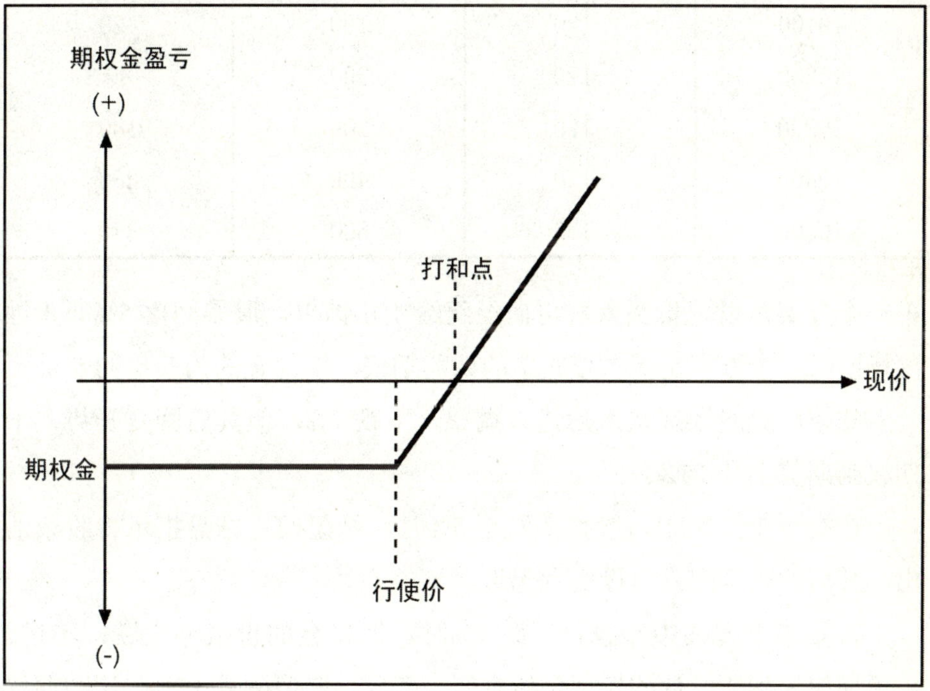

图 3.1 买入认购期权

股票认购期权的其中一个重要优势是控制风险之余维持持仓机会，以下是一个例子。

若投资者有意买入一只高成长股，但股价已上升了不少，投资者一方面希望追入，但又怕股价回落，会招致损失。投资者考虑两个方案：

表 3.1　买入认购期权

结算价	净期权金	买入 1 张 10000 认购期权	到期日盈亏
9500	−120	0	−120
9600	−120	0	−120
9700	−120	0	−120
9800	−120	0	−120
9900	−120	0	−120
10000	−120	0	−120
10100	−120	100	−20
10200	−120	200	80
10300	−120	300	180
10400	−120	400	280
10500	−120	500	380

第一个方案是以现价买入，再向经纪给予止蚀单，股票回落 5%即止蚀离场；另一个方案是买入该股票的认购期权，期权金约为股价的 5%。

结果，该股票在买入后进入调整，下跌 7%，但其后回复升势，于期权到期前上升 15%。

在第一个方案中，股价下跌至 5%时，经纪按止蚀盘指示将股票沽出，其后的股价回升与投资者无缘。

在第二个方案中，股价下跌 5%时，期权金的价值亦大跌，不过，由于期权未到期，认购权利仍然有效。其后，股票回升 15%，认购期权金相应升值，投资者将认购期权在市场按市价沽出获利。

在上述两个方案中，认购期权明显给予投资者翻身机会。不过，若股价反弹力弱，消耗大量期权时间值，期权亦未必能帮到投资者。

2．沽空认购期权(Short Call)

沽空认购期权的英文是Short Call，是一种看淡后市的投资策略。投资者看淡后市，认为到期日之前市价难以升越行使价，并希望赚取认购期权的期权金，可沽空认购期权。

若市价如预期一样在到期日时仍低于认购期权的行使价，投资者可赚取期权金的利润。相反，若市价超出预期，并升越行使价，投资者便有责任支付市价高于行使价之间差价的损失。

因此，沽空认购期权是利润有限，风险无限的投资策略。

1．沽空认购期权适用于：

①牛皮上落或下跌中的情况；

②市场波幅收窄的市况；

③已经持有现货或期货合约好仓者，作为对的策略。

但不适用于：

④快将上升或正在上升中的市况；

⑤市场波幅正在扩大的市况。

2．若为股票认购期权，沽空认购期权适用于：

①预期利率下跌；

②预期派息增加。

但风险是：

③期权被行使，随时会被要求以行使价沽出指定的股票。

以到期日的盈亏分析：

最人回报＝期权金

最大风险＝行使价－结算价＋期权金

打 和 点＝行使价＋期权金

实例：

已沽空行使价 10000 指认购期权，期权金为 120 点。

若结算价为 9500，最大回报＝ +120

若结算价为 10500，最大风险＝10000－10500＋120 ＝－380

打和点＝10000＋120＝10120(图 3.2，表 3.2)

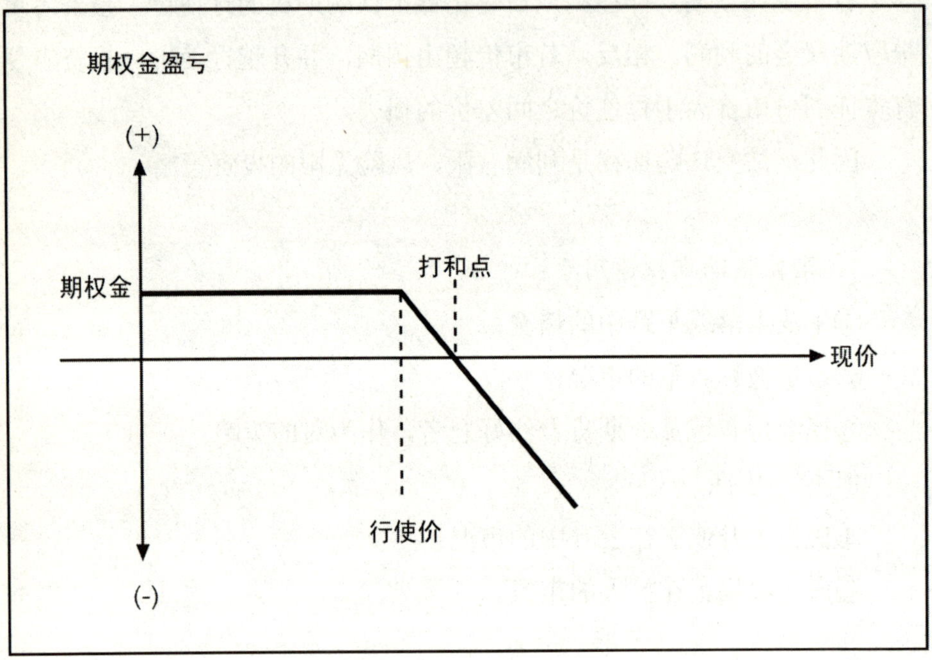

图 3.2 沽空认购期权

在实际市况中，不少机构投资者利用沽空价外股票认购期权，为长期持有而走势平稳的股票增加期权金的收益。

若投资者已经持有正股作中长线投资，投资者可以用沽空股票认购期权策略在淡市中增进收益。例如：

现况：投资者持有股票 A，当时股价 98 元。

分析：投资者预期股价上升至 100 元有十分大的阻力，打算上升至 100 元时套现平仓，但他忧虑市价会横行或有向下调整数元的机会。

行动：同时沽空 1 张 100 元认购期权，期权金 1.2 元。

到期日结果(表 3.3)：

表 3.2　沽空认购期权

结算价	净期权金	沽空 1 张 10000 认购期权	到期日盈亏
9500	120	0	120
9600	120	0	120
9700	120	0	120
9800	120	0	120
9900	20	0	120
10000	120	0	120
10100	120	-100	20
10200	120	-200	-80
10300	120	-300	-180
10400	120	-400	-280
10500	120	-500	-380

表 3.3　持有股票 A 并沽空认购期权

股价	净期权金	沽空 1 张 100 元股票 A 认购期权	到期日盈亏	股票 A 及期权价值
95	1.2	0	1.20	96.2
96	1.2	0	1.20	97.2
97	1.2	0	1.20	98.2
98	1.2	0	1.20	99.2
99	1.2	0	1.20	100.2
100	1.2	0	1.20	101.2
101	1.2	-1.00	0.20	101.2
102	1.2	-2.00	-0.80	101.2
103	1.2	-3.00	-1.80	101.2
104	1.2	-4.00	-2.80	101.2
105	1.2	-5.00	-3.80	101.2

若股价下跌至95元，股票A及收到的期权金价值共96.2元，即95加1.2，比未有沽空期权的话，损失少1.2元。

若股价维持98元，股票A未有收益，但期权金收1.2元，价值共99.2元，即98加1.2，比未有沽空期权的话，增加收益1.2元。

若股价维持100元，股票A赚2元，期权金收1.2元，价值共101.2元，即100加1.2，比未有沽空期权的话，增加收益1.2元。

若股价升至103元，期权被对手(认购期权买家)用行使价100元行使，投资者以100元沽出手上股票A，符合原先打算在100元时套现平仓的策略，而且在过程中不用花时间看盘，可算是在到期日的自动限价沽盘。投资者的总收益是股票A赚2元，期权赚1.2元，共3.2元。

当然要注意的是，若早知道股价会升至103元，单持有股票可赚5元，是最大的收益，但这与投资者原先的判断有关，投资者若已在100元沽货，其后意想不到的升幅自然与投资者无关。

3．买入认沽期权(Long Put)

买入认沽期权的英文是Long Put，是一种看淡后市的投资策略。

投资者看淡后市，认为到期日之前市价会跌低于行使价，希望建立淡仓，但又希望保障若市场一旦大幅上升而带来的可能风险，投资者可买入认沽期权，并支付认沽期权的期权金。

若市场如预期一样在到期日前跌低于认购期权的行使价，投资者有权利行使其认购期权，以行使价沽空所指定的现货或期货合约，换言之，投资者所赚取的是行使价与指定资产之间的差价。不过，若投资者预期错误，到期日时市价仍高于行使价，投资者行使认沽期权便无利可图，因此，认沽期权的价值便下跌至零，投资者最大的损失便是所支付的认购期权的期权金。

(1)买入认沽期权适用于：

①快将下跌或正在下跌中的市况；

②市场波幅正在扩大的市况。

但不适用于：

③牛皮上落或下跌中市况；

④市场波幅收窄的市况。

(2)若为股票认沽期权，买入认沽期权适用于：

①预期利率下跌；

②预期派息增加。

但不适用于：

③预期利率上升；

④预期派息减少。

以到期日的盈亏分析：

最大回报＝行使价－结算价－期权金

最大风险＝期权金

打 和 点＝行使价－期权金

实例：

已买入行使价 10000 恒指认沽期权，期权金为 120 点。

若结算价为 9500，最大回报＝10000－9500－120＝+380

若结算价为 10500，最大风险＝－120

打和点＝10000－120＝9880(图 3.3，表 3.4)

股票认沽期权除了可以应用于买跌之外，其用于保障股票价值的作用亦甚大，持有股票认沽期权有如为所持股票买保险。

假设投资者长线投资某股票，但忧虑股价因短期息口或其他因素下跌引致损失，投资者可以买入该股票的认沽期权，付出期权金作为资产保险。

若股价如预期下跌，股价出现损失，但认沽期权的价值则上升抵消股价的损失。

不过，如果股价不跌反升，投资者的股票持仓继续赚钱，认沽期权的价值则消失，当作是交了保险费。

其实投资者对冲股票风险可用沽空期货合约的形式进行，不过不同之处是，若股价持续上升，沽空期货合约将会持续出现损失，对冲后，股价上升对投资者没有带来利润。

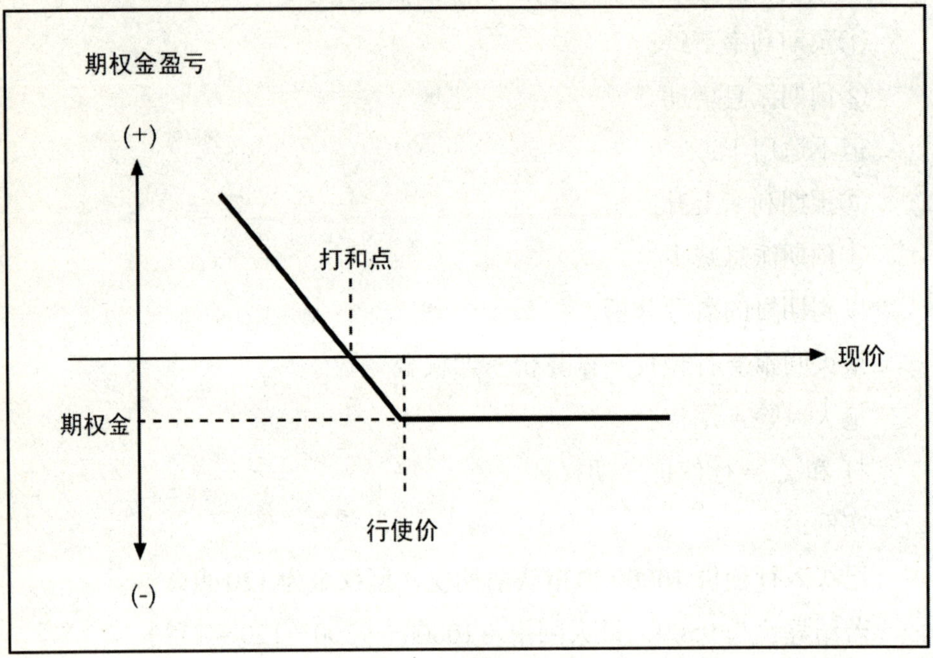

图 3.3　买入认沽期权

相反，若以买入认沽期权对冲，则只要股价的升幅超过期权金，则股票继续赚钱的空间仍在。

唯一对买入认沽期权对冲的不利情况是，股价不升不跌，期权持有者平白损失时间值。

4．沽空认沽期权(Short Put)

沽空认沽期权的英文是 Short Put，是一种看好后市的投资策略。

投资者看好后市，认为到期日之前市价难以跌低于认沽期权的行使价，并希望赚取认沽期权的期权金，可沽空认沽期权。

表 3.4　买入认沽期权

结算价	净期权金	买入 1 张 10000 认沽期权	到期日盈亏
9500	-120	500	380
9600	-120	400	280
9700	-120	300	180
9800	-120	200	80
9900	-120	100	-20
10000	-120	0	-120
10100	-120	0	-120
10200	-120	0	-120
10300	-120	0	-120
10400	-120	0	-120
10500	-120	0	-120

若市价一如预期在到期日时仍然高于认沽期权的行使价，投资者可赚取期权金的利润。相反，若市价跌越认沽期权的行使价，投资者便有责任向买入者支付行使价与结算价之间的差额。

因此，沽空认沽期权是利润有限，风险无限的投资策略。

然而，对于已沽空股票或期货合约的投资者而言，沽空认沽期权可作为一种对冲的策略。

在目前市况中，不少金融机构推销股票挂的高息票据，实质上就是存款加上沽空认沽期权的组合。若股票平稳或上升，投资者可收存款利息及期权金，因此高于市场利息；若股价下跌，认沽期权被行使，投资者便需要以期权行使价用存款买入股票。由于一般行使价都属价外，即低于现时股价，加上期权金的收益，投资者的股票买入价多低于现价，但不一定低于行使期权时的股价。

(1)沽空认沽期权适用于：

①牛皮上落或上升中的市况；

②市场波幅收窄的市况；

③已经持有现货或期货合约的淡仓者以作对的策略。

但不适用于：

④快将下跌或下跌中的市况；

⑤市场波幅正在扩大的市况。

(2)若为股票认沽期权，沽空认沽期权适用于：

①预期利率上升；

②预期派息减少。

至于风险则是：

③认沽期权若被行使，随时会被要求以行使价买入指定的股票。

以到期日的盈亏分析：

最大回报＝期权金

最大风险＝结算价－行使价＋期权金

打 和 点＝行使价－期权金

实例：

已沽空行使价 10000 指认沽期权，期权金为 120 点。

若结算价为 10500，最大回报＝+120

若结算价为 9500，最大风险＝9500－10000＋120＝－380

打和点＝10000－120＝9880（图 3.4，表 3.5）

若投资者打算在心目中低价位买入优质股作投资，但若心目中价位未到，希望手上资金得到存款利息以外的回报，投资者可以选用沽空股票认沽期权策略。例如：

现况：投资者打算买入股票 A 作投资，当时股价在 103 元。

分析：投资者打算在 100 元之下买入股票 A 作投资，若高于手上资金闲置，失去定期存款或其他固定收益的机会。

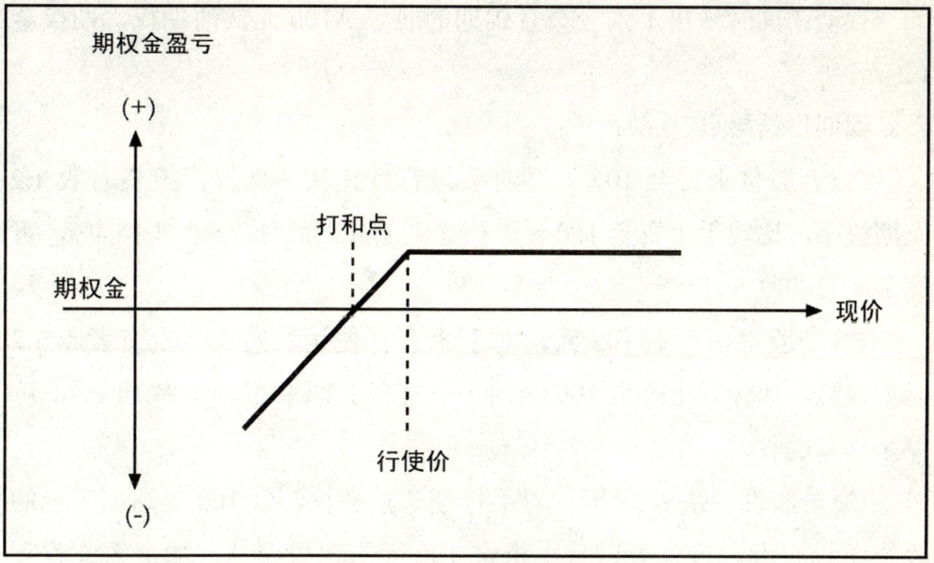

图 3.4　沽空认沽期权

表 3.5　沽空认沽期权

结算价	净期权金	沽空 1 张 10000 认沽期权	到期日盈亏
9500	120	－500	－380
9600	120	－400	－280
9700	120	－300	－180
9800	120	－200	－80
9900	120	－100	20
10000	120	0	120
10100	120	0	120
10200	120	0	120
10300	120	0	120
10400	120	0	120
10500	120	0	120

行动：同时沽出 1 张一个月到期的股票 A100 元认沽期权，期权金 1.2 元。

到期日结果(表 3.6)：

(1)若股价上升至 105 元，对手未有行使认沽期权，投资者收 1.2 元期权金，比较手上资金 100 元，一个月有 1.2%回报，年率 14.4%，可算是高息的收入。

(2)若股价横行在 103 元，对手未有行使认沽期权，投资者收 1.2 元期权金，比较手上资金 100 元，一个月有 1.2%回报，年率 14.4%，可算是高息的收入。

(3)若股价下跌至 99 元，对手行使认沽期权，以 100 元沽出手上的股票予投资者，投资者以手上资金 100 元买入股票 A，加上之前收到 1.2 元期权金，实际入市价是 98.8 元，即 100 减 1.2，比较理想价 100 元还低。

表 3.6　沽空股票 A 认沽期权

股价	净期权金	接货价	实际入市价	市价比较实际入市价
95	1.2	100	98.8	-3.8
96	1.2	100	98.8	-2.8
97	1.2	100	98.8	-1.8
98	1.2	100	98.8	-0.8
99	1.2	100	98.8	+0.2
100	1.2	—	—	—
101	1.2	—	—	—
102	1.2	—	—	—
103	1.2	—	—	—
104	1.2	—	—	—
105	1.2	—	—	—

(4)若股价下跌至95元，对手行使认沽期权，以100元沽出手上的股票予投资者，投资者以手上资金100元买入股票A，加上之前收到的1.2元期权金，实际入市价是98.8元，比市价95元高出3.8元。

要注意的是，若早知股价会跌至95元，等待95元才买入股票A当然最理想，但这与投资者原先的判断有关，投资者若已在心目中价位100元之下买入，其后意想不到的低价95元自然亦投资者无关。

5．买入跨价认购期权组合（Bull Call Spread）

买入跨价认购期权组合的英文是Bull Call Spread，是一种看好后市的保守投资策略，汇市中人习惯称Range Forward。

投资者看好后市，但认为后市未必快速上升，因此，时间消耗可能对单项吸入认购期权不利。此外，投资者亦不希望付出太多期权金。事实上，投资者预算当市价升至某个水平时便将会获利回吐，因此，并不需要单项买入认购期权所赋予的无限获利机会。换言之，投资者所要的是风险有限，回报有限的投资策略。

在这方面，投资者可买入低行使价的认购期权，付出期权金，但同时沽空较高行使价的认购期权，收取期权金，并放弃在较高行使价之上的进一步获利机会。由于所收到的期权金可补偿部分所支出的期权金，实际上，投资者买入一套跨价认购期权组合的净期权金必然较单头买入认购期权金为少。

不过，由于所沽空的高行使价认购期权比所买入的低行使价认购期权更为价外，而价外期权又是较为便宜，因此，事实上，投资者仍然要支付净期权金，此种要支付期权金的跨价组合亦称为Debit Spread。

若如预期一样，市价升破打和点，并高于高行使价，则投资者最大的回报便是高行使价与低行使价之差加净期权金。

相反，若市价下跌低于低行使价，最大的损失是净期权金的支出。换言之，买入跨价认购期权组合是看好后市的风险及回报均有限的期权策略。

值得注意的是，以期权风险指标来看：

(1) Delta 在两个行使价中间是最高，而在两个行使价以外则最低。换言之，跨价组合的价值在升破打和点时上升得最快。

(2) Gamma 在低行使价时最高，即 Delta 增加得最快。Gamma 在打和点时是零，即 Delta 并无变化。而 Gamma 在高行使价时最低，即 Delta 下跌得最快。

(3) Vega 在低行使价时正数的最高，即波幅率上升对跨价组合最有利。Vega 在打和点时是零，即在那一价位水平，波幅率升跌对组合价位并无影响。当市价在高行使价时，Vega 是负数的最高，即波幅率上升对跨价组合的价位不利。

(4) Theta 在低行使价时是负数最低，即时间消耗对组合价值不利。Theta 在打和点时是中性，即并无价值的损耗。Theta 在高行使价时的 Theta 是正数的最高，即时间损耗对跨价组合的价值有利。

总括而言：

①当市价在低行使价时，波幅率下跌，时间损耗对组合价值不利。

②当市价在打和点时，波幅率及时间损耗对组合价值并无影响，但组合价值的变化速度最高。

③当市价在高行使价时，波幅率下跌及时间损耗对组合价值有利。

因此，市价在低行使价左右维持愈久便愈不利，相反，在高行使价附近牛皮得愈久便愈有利。

事实上，买入跨价认购期权组合的策略可用作“摸底”之用，亦即投资者预期市价的下跌趋势已近尾声，随时可作反弹。一般而言，下跌趋势若持续，波幅率通常会高企；相反，下跌趋势若扭转，波幅率便多数下跌。配合 Vega 在组合中的特性，若投资者正确预期市价反弹，波幅率多数下跌，而市价在打和点之上时，Vega 是负数，而在高行使价时，Vega 负数值最大。换言之，波幅率下跌，有利组合价值在打和点上升。相反，若投资者的预期错误，市价继续下跌，由于在打和点之下 Vega 是正数，而在低行使价时 Vega 正数值最大，换言之，波幅率高企，有利组合价值上升。无论投资者预期正确与否，组合投资者一样站在较有利的位置。

以到期日的盈亏分析：

成　分＝买入低行使价的认购期权

　　　　沽空高行使价的认购期权

最大回报＝(高行使价－低行使价)＋净期权金

最大风险＝净期权金

打 和 点＝低行使价－净期权金

实例：

已买入行使价 10000 恒指认购期权及沽空行使价 10400 恒指认购期权，期权金为 120 及 50 点，净期权金付出 70 点(50－120)。

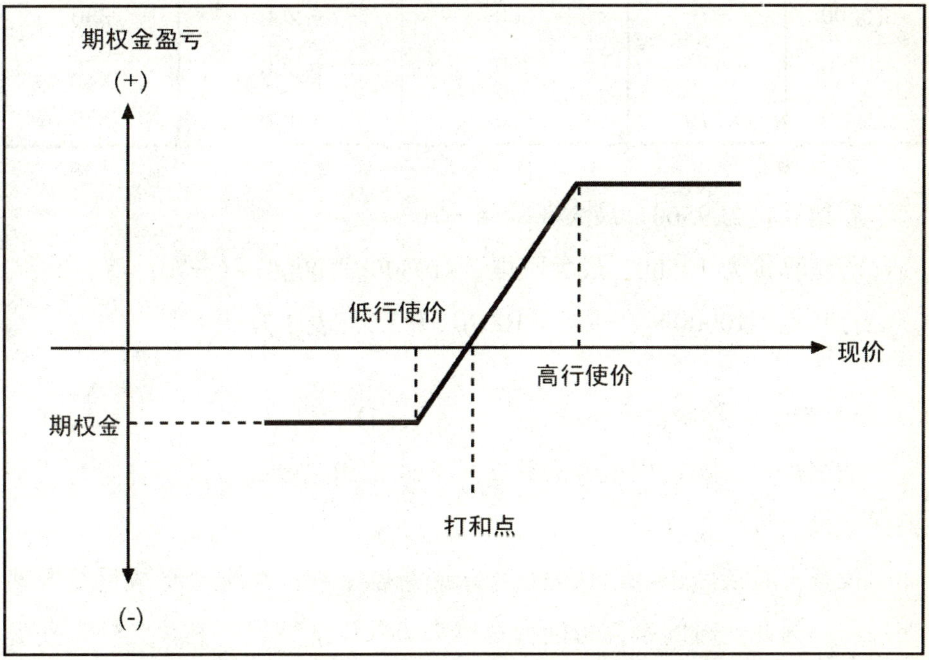

图 3.5　买入跨价认购期权组合

表 3.7　买入跨价认购期权组合

结算价	净期权金	买入 1 张 10000 认购期权	沽空 1 张 10400 认购期权	到期日盈亏
9500	-70	0	0	-70
9600	-70	0	0	-70
9700	-70	0	0	-70
9800	-70	0	0	-70
9900	-70	0	0	-70
10000	-70	0	0	-70
10100	-70	100	0	30
10200	-70	200	0	130
10300	-70	300	0	230
10400	-70	400	0	330
10500	-70	500	-100	330
10600	-70	600	-200	330
10700	-70	700	-300	330
10800	-70	800	-400	330

若结算价为 9500，最大风险＝－70

若结算价为 10500，最大回报＝(10400－10000)+(－70)＝+330

打和点＝10000－(－70)＝10070(图 3.5，表 3.7)

6．沽空跨价认购期权组合(Bear Call Spread)

沽空跨价认购期权组合的英文是 Bear Call Spread，是一种看淡后市的保守投资策略。

投资者看淡后市，但认为后市未必急剧下跌，可能会形成反复调整的局面，因此，时间损耗可能会对单头买入认沽期权不利。此外，投资者预算当市价下跌至某水平的时候，他会将期权平仓获利，因此，认沽期权所给予他的市况向下无限获利机会并不适合他的策略。最后他希望收取期权金，以进行风险有限，回报有限的期权策略。

在这种情况下，投资者可以沽空一套跨价认购期权组合，亦即沽空低行使价的认购期权，同时买入高行使价的认购期权。由于低行使价认购期权的价值较高行使价的认购期权的价值为高，投资者所收到的期权必然大于所支出的期权金，亦即是说，投资者可以收取净期权金，而他的跨价组合亦称为 Credit Spread。

对于这种策略，其实可以理解为投资者沽空低行使价的认购期权以收取期权金，并看淡市场趋势。不过，他忧虑市价会升破行使价而令他出现无限制的风险，因此，为了对市场上升的风险，他买入一张较高行使价的认购期权，一旦市价升破较高的行使价，该认购期权所得的价值便可对销之前所沽空的认购期权的风险。换言之，投资者可以收到的期权金会因为买入另一张期权而减少，但可以保障免受无限制损失的风险。

若投资者的预期正确，市况向下滑落，投资者最多可以得到所收的净期权金作为回报。若投资者预期错误，他最大的损失是净期权金减高行使价与低行使价之差。

值得注意的是，以期权风险指标来看：

(1) Delta 在两个期权行使价中间的打和点是负数最大，即市价升越打和点时，组合价值的下跌最快；相反，若市价跌破打和点时，组合价值上升得最快。

(2) Gamma 在高行使价时最高，即 Delta 增加得最快。Gamma 在打和点时为零，即 Delta 并无变化，而 Gamma 在低行使价时最低，即 Delta 下跌得最快。

(3) Vega 在高行使价时最高，换言之，波幅率上升对跨价组合的价值有利。当市价在打和点时，Vega 接近零，即波幅率对组合价值并无影响。当市价在低行使价时，Vega 是负数最大，即波幅率上升对组合价值不利。

(4)Theta在高行使价时是负数最大，即时间损耗对组合价值不利。当市价在打和点时，Theta接近零，即波幅率对组合价值并无影响。当市价在低打和点时，Theta为正数最大，即时间消耗有利组合价值。

总括而言：

①当市价在高行使价时，波幅率下跌及时间损耗对组合价值不利。

②当市价在打和点时，波幅率及时间损耗对组合价值并无影响，但组合价值的变化速度最高。

③当市价在低行使价时，波幅率下跌及时间损耗对组合价值有利。

事实上，沽空跨价认购期权组合有利投资者作“摸顶”策略，投资者预期市势上升一段时间后，将见顶回落。波幅率而言，若市势持续，波幅率多数高企；相反，一旦转势，波幅率多数会下跌。配合Vega在组合中特性，Vega在打和点之上是正数，而在高行使价时是最高；相反，Vega在打和点之下是负数，而在低行使价时，Vega是负数最大。若投资者看对市场转势，市价跌低于打和点，则Vega是负数，意味着波幅率下跌有利组合价值上升。相反，若投资者看错市场方向，市价继续上升，市价持续在打和点之上，则Vega是正数，意味着波幅率上升有利组合价值上升。换句话说，无论投资者看对或看错，波幅率对投资者都有利。

以到期日的盈亏分析：

成　分＝沽空低行使价的认购期权

　　　　买入高行使价的认购期权

最大回报＝ 净期权金

最大风险＝ 净期权金－(高行使价－低行使价)

打 和 点＝　低行使价＋净期权金

实例：

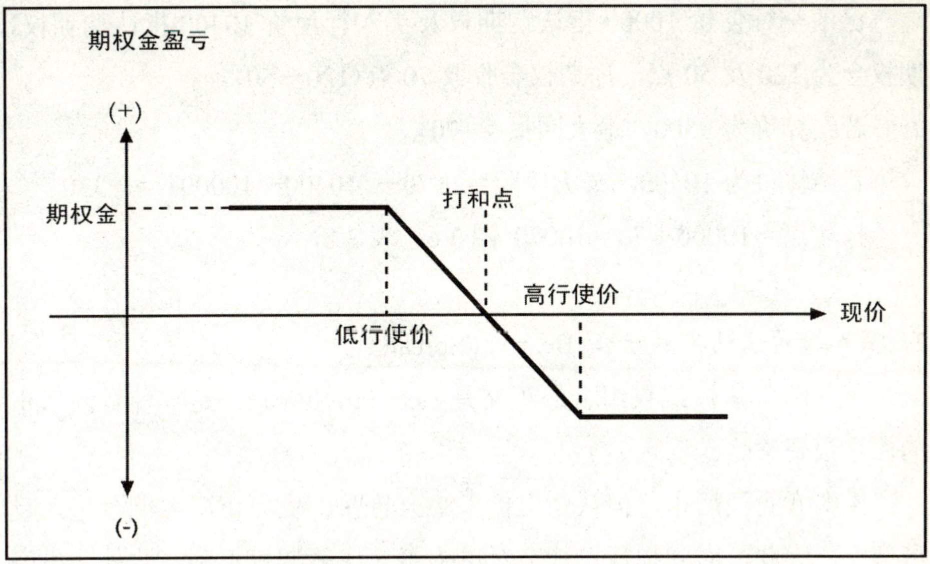

图 3.6　沽空跨价认购期权组合

表 3.8　沽空跨价认购期权组合

结算价	净期权金	沽空 1 张 10000 认购期	买入 1 张 10400 认购期权	到期日盈亏
9500	70	0	0	70
9600	70	0	0	70
9700	70	0	0	70
9800	70	0	0	70
9900	70	0	0	70
10000	70	0	0	70
10100	70	-100	0	-30
10200	70	-200	0	-130
10300	70	-300	0	-230
10400	70	-400	0	-330
10500	70	-500	100	-330
10600	70	-600	200	-330
10700	70	-700	300	-330
10800	70	-800	400	-330

已沽空行使价 10000 指认购期权及买入行使价 10400 指认购期权，期权金为 120 及 50 点，净期权金收取 70 点(120－50)。

若结算价为 9500，最大回报＝+70

若结算价为 10500，最大风险＝＋70－(10400－10000)＝－330

打和点＝10000＋70＝10070(图 3.6，表 3.8)

7. 买入跨价认沽期权组合(Bear Put Spread)

买入跨价认沽期权组合的英文是 Bear Put Spread，是一种看淡后市的保守投资策略。

投资者看淡后市，但认为市价未必会急跌，反而市况可能会进入反覆调整，因此，时间损耗可能会对单头买入认沽期权不利。此外，投资者亦认为单头买入认沽期权的期权金太贵，希望可以减少支出。由于他预算当市价下跌至某水平时便将期权仓盘平仓，因此，他不需要该水平之下的进一步获利机会，可以将该机会“沽出”。

在这种情况下，投资者可以买入一套跨价认沽期权组合，亦即买入高行使价的认沽期权，同时沽空低行使价的认沽期权。换言之，他放弃了低行使价之后的获利机会，并收取期权金。

买入高行使价的认沽期权，投资者要支付期权金，而沽空低行使价认沽期权，投资者则收取期权金。不过，由于前者必然较后者为贵，因此，投资者仍然有期权金的净支出，而这套买入跨价认沽期权组合的策略亦称为有支出的跨价组合 (Debit Spread)。

若市价如预期一样下跌，他最大的回报是高行使价与低行使价之差加净期权金。相反，若市价不跌反升，他的最大风险便是损失净期权金。

换言之，买入跨价认沽期权组合是风险有限，回报有限的方向性策略。

至于期权风险指标的情况，大致上与沽空跨价认购期权组合的情况相同，在此不再赘述。

其实，买入跨价认沽期权组合可作“摸底”策略，理由与沽空跨价认购期权组合的相同。

以到期日的盈亏分析：

成　分＝沽空低行使价的认沽期权

买入高行使价的认沽期权

最大回报＝（高行使价－低行使价）+净期权金

最大风险＝净期权金

打 和 点＝高行使价+净期权金

实例：

已沽空行使价 10000 恒指认沽期权及买入行使价 10400 恒指认沽期权，期权金为 75 及 180 点，净期权金付出 105 点(75－180)。

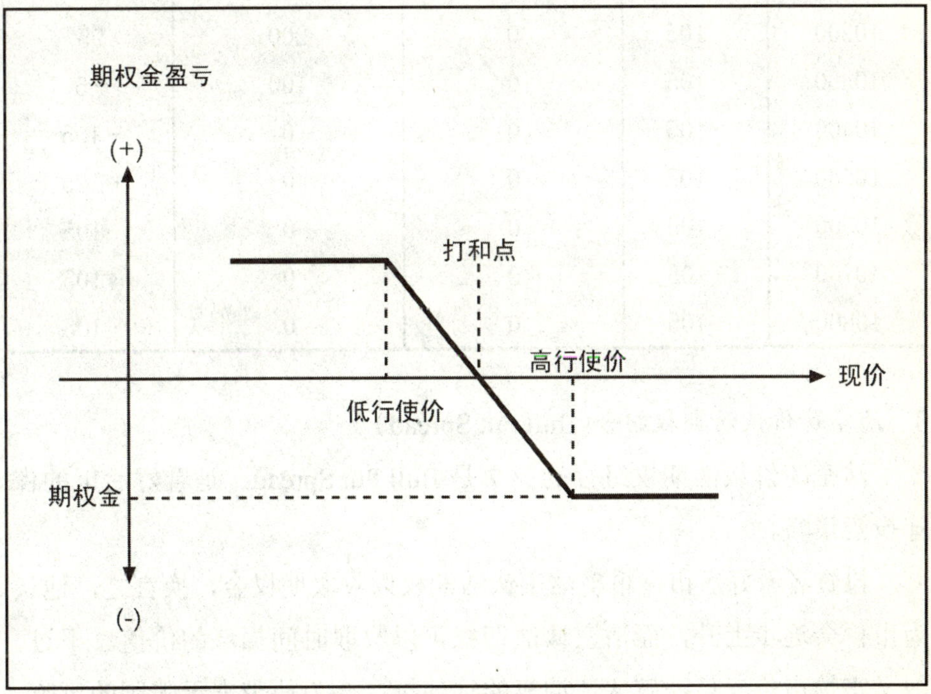

图 3.7　买入跨价认沽期权组合

若结算价为9500，最大回报＝(10400－10000)+(－105)＝＋295

若结算价为10500，最大风险 ＝－105

打和点＝10400+(－105)＝10295(图3.7，表3.9)

表3.9　买入跨价认沽期权组合

结算价	净期权金	沽空1张10000认沽期权	买入1张10400认沽期权	到期日盈亏
9500	-105	-500	900	295
9600	-105	-400	800	295
9700	-105	-300	700	295
9800	-105	-200	600	295
9900	-105	-100	500	295
10000	-105	0	400	295
10100	-105	0	300	195
10200	-105	0	200	95
10300	-105	0	100	-5
10400	-105	0	0	-105
10500	-105	0	0	-105
10600	-105	0	0	-105
10700	-105	0	0	-105
10800	-105	0	0	-105

8．沽空跨价认沽期权组合(Bull Put Spread)

沽空跨价认沽期权组合的英文是Bull Put Spread，是看好后市的保守投资策略。

投资者看好后市，希望沽空认沽期权以收取期权金，换言之，他认为市价会逐步上升，而沽空认沽期权可以收取时间损耗的价值。不过，他又害怕市价一旦跌破认沽期权的行使价，会为他带来无限制的风险，因此，他可以利用所收到的部分期权金买入较远行使价的认沽期权以控制可能出现的风险。

在这种情况下，投资者是沽空一套跨价认沽期权组合，亦即沽空高行使价的认沽期权，同时买入低行使价的认沽期权。换言之，他放弃了部分所收到的期权金以控制可能出现的无限制风险。

沽空高行使价认沽期权，投资者收取期权金，而买入低行使价认沽期权，投资者是支出期权金。由于前者必然较后者贵，因此，投资者实际上仍然有净期权金的收入，因此，投资者的投资组合亦可称为有收入的跨价组合（Credit Spread）。

若市价如投资者的预期上升，则投资者最大的回报是所收取的净期权金；相反，若市价不升反跌，则投资者最大的风险是净期权金减高行使价与低行使价之差。

至于此期权组合的风险指标，则与买入跨价认购期权组合者大致相同。

沽空跨价认沽期权组合其实可用作“摸底”用途，理由与买入跨价认购期权组合的相同。

以到期日的盈亏分析：

成　分＝买入低行使价的认沽期权

　　　　沽空高行使价的认沽期权

最大回报＝净期权金

最大风险＝净期权金－（高行使价－低行使价）

打 和 点＝高行使价－净期权金

实例：

已买入行使价 10000 恒指认沽期权及沽空行使价 10400 恒指认沽期权，期权金为 75 及 180 点，净期权金收取 105 点（180－75）。

若结算价为 9500，最大风险＝＋105－（10000－10400）＝－295

若结算价为 10500，最大回报＝+105

打和点＝10400－（＋105）＝10295（图 3.8，表 3.10）

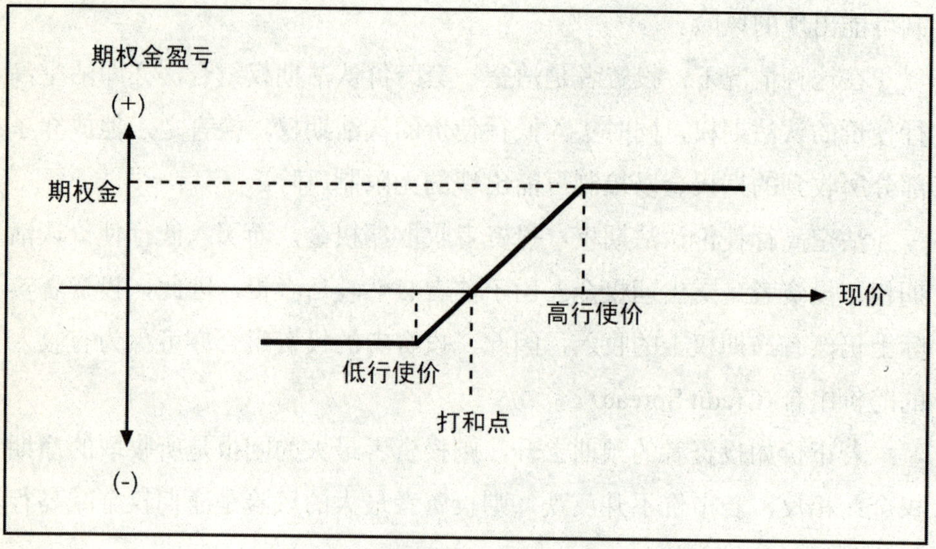

图 3.8 沽空跨价认沽期权组合

表 3.10 沽空跨价认沽期权组合

结算价	净期权金	买入 1 张 10000 认沽期权	沽空 1 张 10400 认沽期权	到期日盈亏
9500	105	500	-900	-295
9600	105	400	-800	-295
9700	105	300	-700	-295
9800	105	200	-600	-295
9900	105	100	-500	-295
10000	105	0	-400	-295
10100	105	0	-300	-195
10200	105	0	-200	-95
10300	105	0	-100	5
10400	105	0	0	105
10500	105	0	0	105
10600	105	0	0	105
10700	105	0	0	105
10800	105	0	0	105

9．买入马鞍式期权组合（Long Straddle）

买入马鞍式期权组合的英文是Long Straddle，是一种对市场方向中性，但对波幅率(Volatility)看升的投资策略。

投资者看市场经过一段牛皮上落时间后，将快出现向上或向下的突破，不过，他对市况的方向并无意见，而认为波幅率肯定将会上升。在这种情况下，投资者可同时买入同一行使价的认购及认沽期权，并支付期权金。

若市价如预期一样在到期日前向上或向下突破，出现趋势，投资者所持其中一方的期权会赚取利润，而另一方的期权则价值下跌，若总利润能补偿所支付的期权金，市况无论上升或下跌，均告有利可图。

相反，若市场价格在到期时仍处于窄幅上落，并未突破打和点，则投资者便损失了认购及认沽的期权金。

此外，投资者亦必须留意，即使市价并无大变化，若波幅率上升，无论认购或认沽期权的期权金均会上升，令所持有的马鞍式组合有利可图。

因此买入马鞍式组合是风险有限，利润无限的投资策略。

买入马鞍式期权组合适用于：

(1)市况行将突破，出现向上或向下的趋势市；

(2)市场波幅率上升的市况。

但不适用于：

(3)市况转趋牛皮，在窄幅上落的整个市况；

(4)市场波幅率下跌的市况。

以到期日的盈亏分析：

成　分＝买入相同行使价的认购期权及认沽期权

结算价高于上打和点的回报＝结算价－行使价－期权金

结算价低于下打和点的回报＝行使价－结算价－期权金

最大风险＝期权金

上打和点＝行使价＋期权金

下打和点＝行使价－期权金

实例：

已买入行使价 10000 恒指认购期权及行使价 10000 恒指认沽期权，期权金为 120 及 100 点。

若结算价为 9500，回报＝10000－9500－220＝+280

若结算价为 10000，最大风险＝－120－100＝－220

若结算价为 10500，回报＝10500－10000－220＝+280

上打和点：10000＋220＝10220

下打和点：10000－220＝9780（图 3.9，表 3.11）

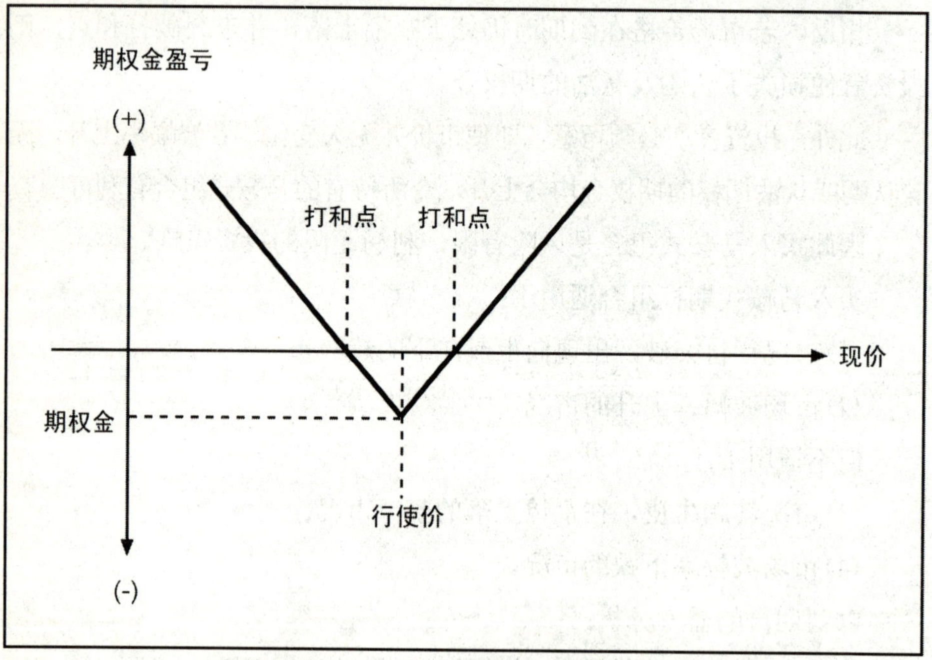

图 3.9　买入马鞍式期权组合

表 3.11　买入马鞍式期权组合

结算价	净期权金	买入 1 张 10000 认购期权	买入 1 张 10000 认沽期权	到期日盈亏
9300	-220	0	700	480
9400	-220	0	600	380
9500	-220	0	500	280
9600	-220	0	400	180
9700	-220	0	300	80
9800	-220	0	200	-20
9900	-220	0	100	-120
10000	-220	0	0	-220
10100	-220	100	0	-120
10200	-220	200	0	-20
10300	-220	300	0	80
10400	-220	400	0	180
10500	-220	500	0	280
10600	-220	600	0	380

10. 沽空马鞍式期权组合（Short Straddle）

沽空马鞍式期权组合的英文是 Short Straddle，是一种对市场方向中性，但对波幅率（Volatility）看跌的投资策略。

投资者看市场经过一段大幅上落时间后，将进入横向调整，市价在窄幅上落，并认为波幅率肯定将会下跌。在这种情况下，投资者可同时沽空同一行使价的认购及认沽期权，并收取期权金。若市价如预期一样在到期日前在预期价位幅度内徘徊，并未出现趋势，则所沽空的期权大量流失时间值。直至到期日，若结算价刚等如两种所沽空的期权的行使价，两种期权内在值都是零，则投资者可赚取所有期权金。若结算价高于或低于期权的行使价，其中一种期权的内在值为零，而另一种期权将有内在值，只要所收取的期权金大于剩余的内在值，则投资者将有利可图。

相反，若市价在到期前大幅偏离预期的上落幅度，并突破打和点，则投资者便会招致无限制的损失，而此损失要视乎期权的内在值及时间值而定。

此外，投资者亦必须留意，即使市价维持在预期的上落幅度，但若波幅率上升，则认购及认沽期权的期权金均会上升，而投资者沽空马鞍式期权组合亦会招致损失。

因此，沽空马鞍式组合是风险无限，利润有限的投资策略。

沽空马鞍式期权组合适用于：

⑴市况将日趋牛皮，价位上落幅度收窄的市况，图表上形成“收窄三角形”或“长方形”形态走势；

⑵市场波幅率下跌的市况。

但不适用于：

⑶市况处于趋势之中；

⑷市场波幅率上升的市况。

以到期日的盈亏分析：

成　分＝沽空相同行使价的认购期权及认沽期权

最大回报＝期权金

结算价高于上打和点的风险＝行使价－结算价＋期权金

结算价低于下打和点的风险＝结算价－行使价＋期权金

上打和点＝行使价＋期权金

下打和点＝行使价－期权金

实例：

已沽空行使价10000恒指认购期权及行使价10000恒指认沽期权，期权金为120及100点。

若结算价为9500，风险＝9500－10000＋220＝－280

若结算价为10000，最大回报＝120＋100＝+220

若结算价为10500，风险＝10000－10500＋220＝－280

上打和点：10000＋220＝10220

下打和点：10000－220＝9780(图3.10，表3.12)

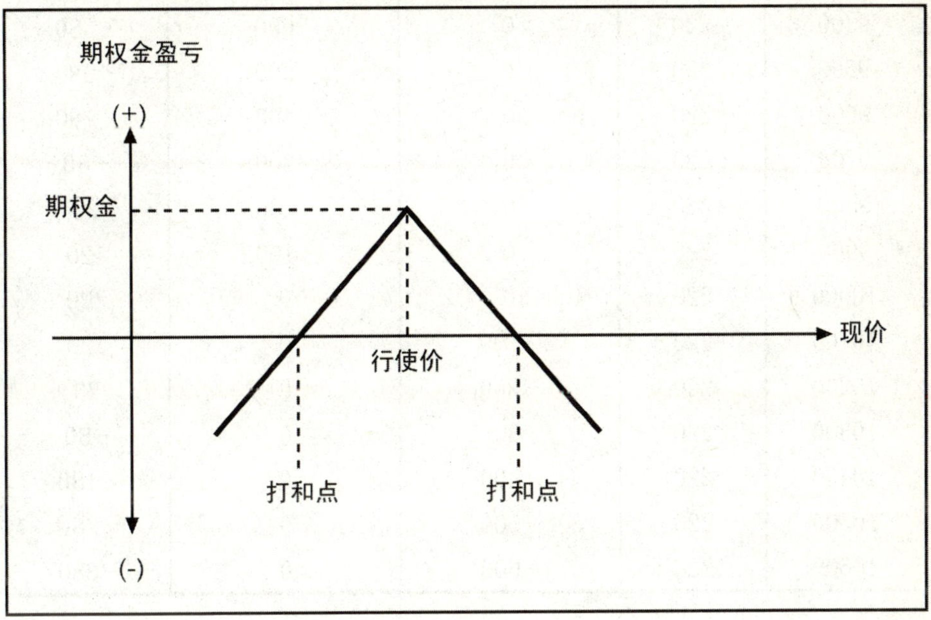

图3.10 沽空马鞍式期权组合

11. 买入勒束式期权组合(Long Strangle)

买入勒束式期权组合的英文是Long Strangle，是一种对市场方向中性，但对波幅率(Volatility)看升的投资策略。

投资者看市场经过一段整固后，将快出现向上或向下的突破性大趋势。不过，他对市况出现方向的信心较细，只认为波幅率会上升，希望用较细成本，以博取可能出现的大趋势。在这种情况下，投资者可同时买入低行使价的认沽期权及买入高行使价的认购期权，并支付期权金。

若市价如预期一样在到期日前向上或向下突破打和点，出现趋势，投资者所持其中一方的期权会赚取利润，而另一方的期权则价值下跌，

表 3.12　沽空马鞍式期权组合

结算价	净期权金	沽空 1 张 10000 认购期权	沽空 1 张 10000 认沽期权	到期日盈亏
9300	220	0	-700	-480
9400	220	0	-600	-380
9500	220	0	-500	-280
9600	220	0	-400	-180
9700	220	0	-300	-80
9800	220	0	-200	20
9900	220	0	-100	120
10000	220	0	0	220
10100	220	-100	0	120
10200	220	-200	0	20
10300	220	-300	0	-80
10400	220	-400	0	-180
10500	220	-500	0	-280
10600	220	-600	0	-380

若总利润能补偿所支付的期权金，市况无论上升或下跌均告有利可图。

相反，若市场价格在到期时仍处于窄幅上落，并未突破打和点，则投资者便损失了认购及认沽的期权金。

此外，投资者亦必须留意，即使市价并无大变化，若波幅率上升，无论认购或认沽期权的期权金均会上升，令所持有的勒束式组合有利可图，不过，勒束式组合受波幅率的影响较马鞍式为小。

因此，买入勒束式组合是风险有限，利润无限的投资策略。与马鞍式组合比较，买入勒束式组合的成本较低，但获利的机会相对较小。

买入勒束式期权组合适用于：

(1) 市况行将突破，出现颇大的向上或向下的趋势市；

(2) 市场波幅率大幅上升的市况。

但不适用于：

(3)市况转趋牛皮，在窄幅上落的整固市况；

(4)市场波幅率下跌的市况。

以到期日的盈亏分析：

成　分＝买入低行使价的认沽期权及高行使价的认购期权

结算价高于上打和点的回报＝结算价－高行使价－期权金

结算价低于下打和点的回报＝低行使价－结算价－期权金

最大风险＝期权金

上打和点＝高行使价＋期权金

下打和点＝低行使价－期权金

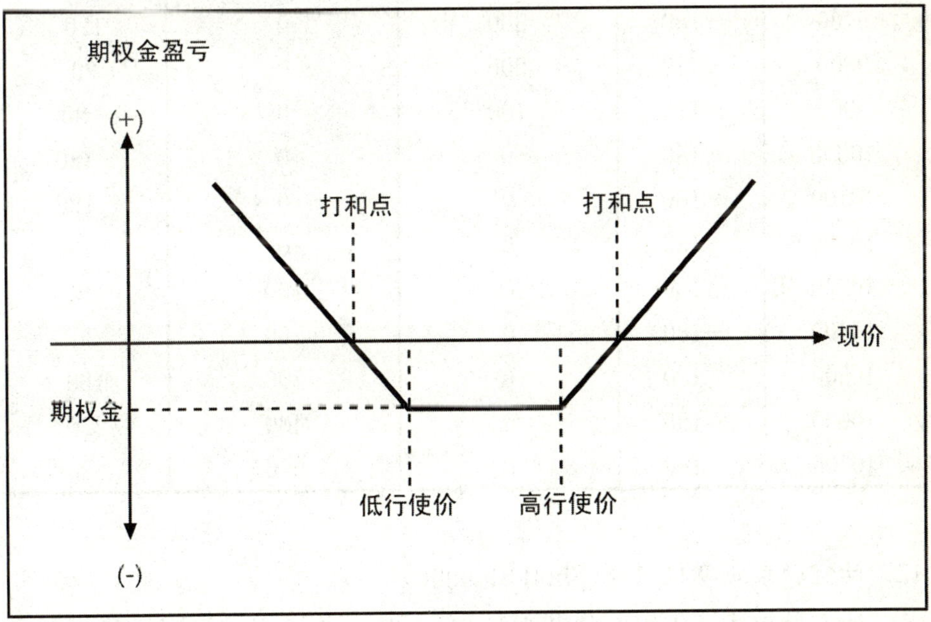

图 3.11　买入勒束式期权组合

实例：

已买入行使价 10000 恒指认沽期权及行使价 10200 恒指认购期权，期权金为 100 及 80 点。

若结算价为 9500，回报＝10000－9500－180＝+320

若结算价为 10000，最大风险＝－100－80＝－180

若结算价为 10700，回报＝10700－10200－180＝+320

上打和点：10200＋180＝10380

下打和点：10000－180＝9820（图 3.11，表 3.13）

表 3.13　买入勒束式期权组合

结算价	净期权金	买入 1 张 10000 认沽期权	买入 1 张 10200 认购期权	到期日盈亏
9400	-180	600	0	420
9500	-180	500	0	320
9600	-180	400	0	220
9700	-180	300	0	120
9800	-180	200	0	20
9900	-180	100	0	-80
10000	-180	0	0	-180
10100	-180	0	0	-180
10200	-180	0	0	-180
10300	-180	0	100	-80
10400	-180	0	200	20
10500	-180	0	300	120
10600	-180	0	400	220
10700	-180	0	500	320

12．沽空勒束式期权组合（Short Strangle）

沽空勒束式期权组合的英文是 Short Strangle，是一种对市场方向中性，但对波幅率（Volatility）看跌的投资策略。

投资者看市场经过一段趋势市后，将进入横向调整，市场转为上落市，投资者认为波幅率肯定将会下跌，但忧虑市价波幅扩大或出现趋势时招致损失。

在这种情况下，投资者可同时沽空低行使价的认沽期权及沽空高行使价的认购期权，并收取期权金。若市价如预期一样在到期日前在预期价位幅度内徘徊，并未出现趋势，则所沽空的期权大量流失时间值。直至到期日，若结算价刚在两种所沽空的期权的行使价之间，两种期权内在值都是零，则投资者可赚取所有期权金。若结算价高于或低于期权的行使价，其中一种期权的内在值为零，而另一种期权将有内在值，只要所收取的期权金大于剩余的内在值，则投资者将有利可图。

相反，若市价在到期前大幅偏离预期的上落幅度，并突破打和点，则投资者便会招致无限制的损失，而此损失要视乎期权的内在值及时间值而定。

此外，投资者亦必须留意，即使市价维持在预期的上落幅度，但若波幅率上升，则认购及认沽期权的期权金亦会上升，则投资者沽空勒束式期权组合亦会招致损失。

因此，沽空勒束式组合是风险无限，利润有限的投资策略。但与马鞍式组合相比，沽勒束式收取较低期权金，而风险相对亦较低。

沽空勒束式期权组合适用于：

⑴市况将日趋牛皮，价位上落幅度收窄的市况，图表上形成“收窄三角形”或“长方形”形态走势；

⑵市场波幅率下跌的市况。

但不适用于：

⑶市况处于趋势之中；

⑷市场波幅率上升的市况。

以到期日的盈亏分析：

成　分＝沽空不同行使价的认购期权及认沽期权

最大回报＝期权金

结算价高于上打和点的风险＝高行使价－结算价＋期权金

结算价低于下打和点的风险＝结算价－低行使价＋期权金

上打和点＝高行使价＋期权金

下打和点＝低行使价－期权金

实例：

已沽空行使价 10000 恒指认沽期权及行使价 10200 恒指认购期权，期权金为 100 及 80 点。

若结算价为 9500，风险＝9500－10000＋180＝－320

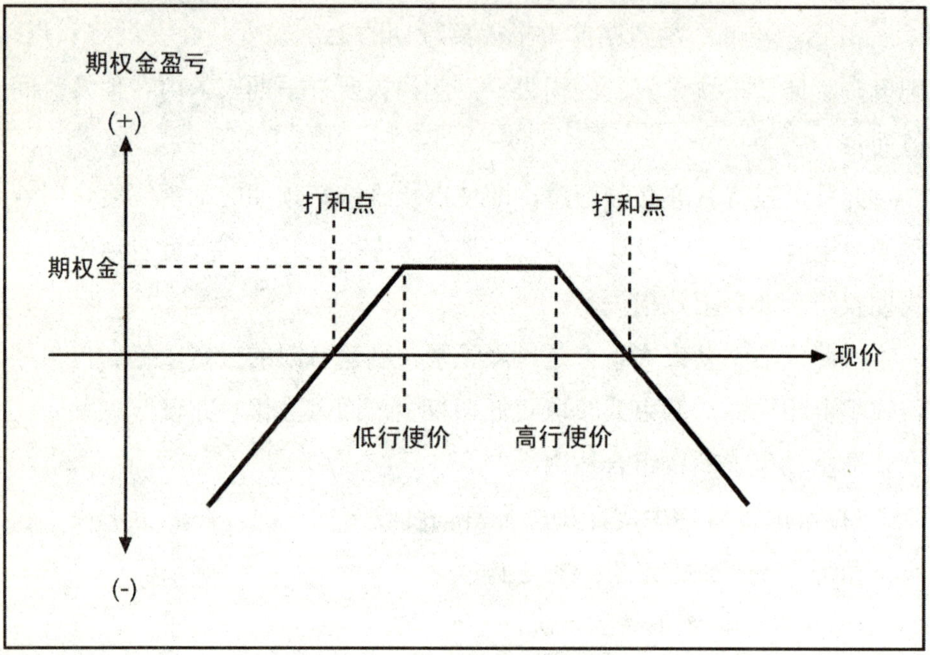

图 3.12 沽空勒束式期权组合

若结算价为 10000，最大回报＝100＋80＝+180

若结算价为 10700，风险＝10200－10700＋180＝－320

上打和点：10200＋180＝10380

下打和点：10000－180＝9820（图 3.12，表 3.14）

表 3.14 沽空勒束式期权组合

结算价	净期权金	买入 1 张 10000 认沽期权	沽空 1 张 10200 认购期权	到期日盈亏
9400	180	-600	0	-420
9500	180	-500	0	-320
9600	180	-400	0	-220
9700	180	-300	0	-120
9800	180	-200	0	-20
9900	180	-100	0	80
10000	180	0	0	180
10100	180	0	0	180
10200	180	0	0	180
10300	180	0	-100	80
10400	180	0	-200	-20
10500	180	0	-300	-120
10600	180	0	-400	-220
10700	180	0	-500	-320

13. 买入蝴蝶式期权组合(Long Butterfly)

买入蝴蝶式期权组合的英文是 Long Butterfly，是对期权结算价有看法，但对波幅率略看跌的投资策略。

投资者认为，市场在结算时会处于某个价位幅度之内，并认为波幅率会下跌；不过，他亦不希望承受过大的风险，即如果市价在结算前走出预期的范围，他的损失是可以计算得到，而不会无限制地扩大。

在这种情况下，投资者可有以下几种买卖方法：

(1)沽空马鞍式，然后再买入一套打和点较阔的勒束式，以对冲马鞍式的风险，亦即买入一张低行使价的认沽期权，沽空一张中行使价的认沽期权，沽空一张中行使价的认购期权，再买入一张高行使价的认购期权。

⑵买入一张低行使价的认购期权，沽空两张中行使价的认购期权，及买入一张高行使价的认购期权。

⑶买入一张高行使价的认沽期权，沽空两张中行使价的认沽期权，及买入一张高行使价的认沽期权。

在全认购期权的蝴蝶式期权组合中，若市况如蝴蝶式期权组合投资者的看法一样，投资者最大的风险会是所付出的期权金。相反，若市价结算时处于上下打和点之内，则投资者最大的回报是：高行使价减中行使价加净期权金；或中行使价减低行使价加净期权金。

此外，投资者必须注意，由于蝴蝶式组合涉及沽空两张接近等价期权及买入一张价外及价内期权，波幅率对组合的影响已大致中和。不过，由于所沽空的接近等价期权的Vega较价内及价外期权为高，因此，蝴蝶式期权组合仍会略为偏淡波幅率。

此外，由于中行使价期权有较高的Theta，时间值消耗较低行使价及高行使价期权者为高，因此，时间上稍为有利买入持蝴蝶式组合的投资者。

不过，上述两者的影响其实颇小。

换言之，买入蝴蝶式期权组合者的风险有限，回报亦有限，主要的考虑点会是风险与回报的比率。若可能得到的回报高于可能的风险有2倍以上，都是值得考虑的投资。

买入蝴蝶式期权组合适用于：

⑴市况牛皮，预期结算价在预期幅度之内；

⑵波幅率略偏软。

但不适用于：

⑶市况在趋势之中；

⑷波幅率大升的市况。

以到期日的盈亏分析。

方法一：买入一张低行使价的认沽期权

沽空一张中行使价的认沽期权
沽空一张中行使价的认购期权
买入一张高行使价的认购期权

方法二：买入一张低行使价的认购期权
沽空两张中行使价的认购期权
买入一张高行使价的认购期权

方法三：买入一张低行使价的认沽期权
沽空两张中行使价的认沽期权
买入一张高行使价的认沽期权

最大回报＝高行使价－中行使价＋净期权金

或

最大回报＝中行使价－低行使价＋净期权金

结算价高于高行使价的最大风险＝所付出的净期权金

结算价低于低行使价的最大风险＝所付出的净期权金

上打和点＝高行使价＋净期权金

下打和点＝低行使价－净期权金

实例：

已买入行使价 13000/13200/13400 蝴蝶式陪指认购期权组合，即：

买入一张 13000 认购期权：－290 点

沽空两张 13200 认购期权：+165 点×2 =+330 点

买入一张 13400 认购期权：－80 点

净期权金为－40 点

若结算价为 12800，最大风险＝－40

若结算价为 13200，最大回报＝13400－13200+(－40)=+160

若结算价为 13600，最大风险＝－40

上打和点：13400+(－40)=13360

下打和点：13000－(－40)=13040(图 3.13，表 3.15)

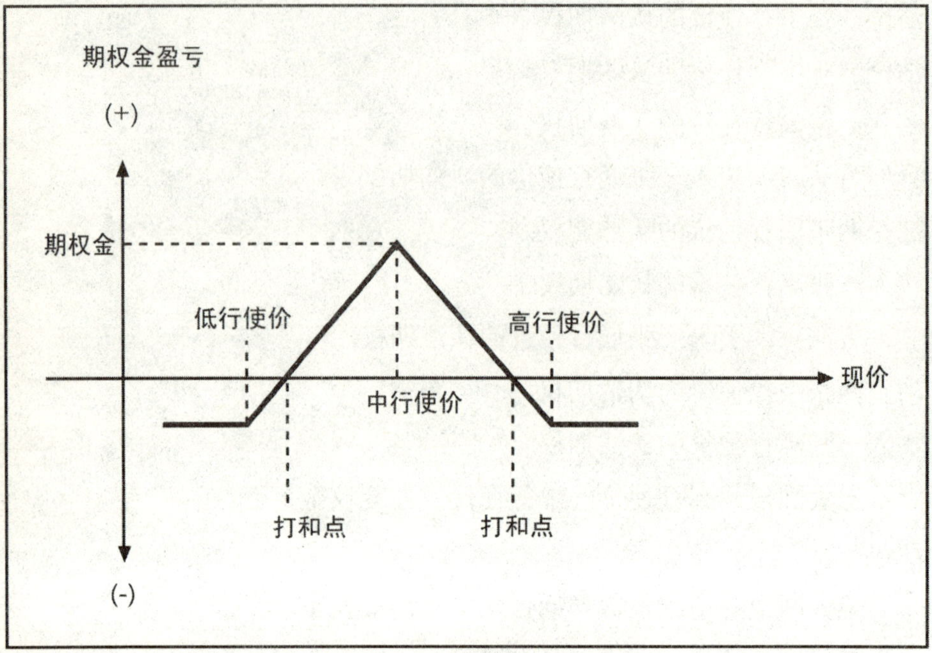

图 3.13　买入蝴蝶式期权组合

表 3.15　买入蝴蝶式期权组合

结算价	净期权金	买入 1 张 13000 认购期权	沽空 2 张 13200 认购期权	买入 1 张 13400 认购期权	到期日盈亏
12800	-40	0	0	0	-40
12900	-40	0	0	0	-40
13000	-40	0	0	0	-40
13100	-40	100	0	0	60
13200	-40	200	0	0	160
13300	-40	300	-200	0	60
13400	-40	400	-400	0	-40
13500	-40	500	-600	100	-40
13600	-40	600	-800	200	-40

14．沽空蝴蝶式期权组合（Short Butterfly）

沽空蝴蝶式期权组合的英文是Short Butterfly或Iron Butterfly，是预期市价出现大升或大跌，波幅率看升，但不希望支付太多期权金的投资策略。

投资者认为，市场会出现向上或向下的突破，但又稍嫌买入马鞍式组合的期权金太多。此外，他决定无论市升或市跌，市价一到某水平便将策略平仓套利，因此无必要保留市况无限上升或下跌的获利机会。

在这种情况下，投资者可以有以下几种买卖方法。

⑴买入马鞍式，然后沽空一套打和点较阔的勒束式，收取期权金以减少买入马鞍式的费用。此方法亦即：沽空一张低行使价的认沽期权，买入一张中行使价的认沽期权，买入一张中行使价的认购期权及沽空一张高行使价的认购期权。

⑵沽空一张低行使价的认购期权，买入两张中行使价的认购期权及沽空一张高行使价的认购期权。

⑶沽空一张低行使价的认沽期权，买入两张中行使价的认沽期权及沽空一张高行使价的认沽期权。

在全认购期权的蝴蝶式期权组合中，若市况如投资者的预期一样，结算价高于高行使价，回报会是所收取的净期权金。

若结算价低于低行使价，回报亦会是所收取的净期权金。

而投资者最大的风险处于中行使价，会是：①中行使价减高行使价加净期权金；或②低行使价减中行使价加净期权金。

值得注意的是，与买入蝴蝶式组合的情况相反，虽然四张期权成分因素大部分互相对销，但仍略为看好波幅率。此外，沽空蝴蝶式组合仍然要面对略为不利的时间值损耗。

总括来说，沽空蝴蝶式期权组合是风险有限，回报有限的策略。通常，这种组合的风险回报比例并不吸引，但投资者的著眼点会在后市的市价方向及成本的支出。

沽空蝴蝶式期权组合适用于：

(1)看后市出现方向，预期结算价会在打和点之外；

(2)波幅率上升。

但不适用于：

(3)市况在牛皮上落之中；

(4)波幅率下跌的市况。

以到期日的盈亏分析：

方法一：沽空一张低行使价的认沽期权
买入一张中行使价的认沽期权
买入一张中行使价的认购期权
沽空一张高行使价的认购期权

方法二：沽空一张低行使价的认购期权
买入两张中行使价的认购期权
沽空一张高行使价的认购期权

方法三：沽空一张低行使价的认沽期权
买入两张中行使价的认沽期权
沽空一张高行使价的认沽期权

最大回报＝所收取的净期权金

结算价处于中行使价的最大风险＝中行使价－高行使价＋净期权金；或

结算价处于中行使价的最大风险＝低行使价－中行使价＋净期权金

上打和点＝高行使价－净期权金

下打和点＝低行使价＋净期权金

实例：

已沽空行使价 13000/13200/13400 蝴蝶式恒指认购期权组合，即：

沽空一张 13000 认购期权：+290 点

买入两张 13200 认购期权：－165 点×2＝－330 点

沽空一张 3400 认购期权：+80 点

净期权金为 +40 点

若结算价为 12800，最大回报＝+40

若结算价为 13200，最大风险＝13200－13400+(+40)=－160

若结算价为 13600，最大回报＝+40

上打和点：13400－(+40)=13360

下打和点：13000+(+40)=13040(图 3.14，表 3.16)

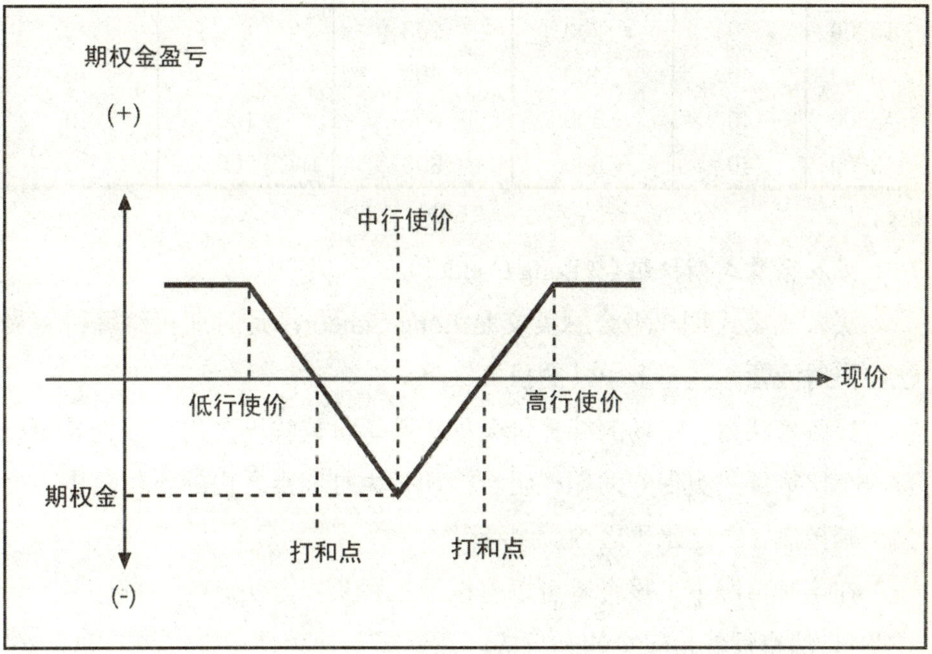

图 3.14　沽空蝴蝶式期权组合

表 3.16 沽空蝴蝶式期权组合

结算价	净期权金	沽空 1 张 13000 认购期权	买入 2 张 13200 认购期权	沽空 1 张 13400 认购期权	到期日盈亏
12800	40	0	0	0	40
12900	40	0	0	0	40
13000	40	0	0	0	40
13100	40	-100	0	0	-60
13200	40	-200	0	0	-160
13300	40	-300	200	0	-60
13400	40	-400	400	0	40
13500	40	-500	600	-100	40
13600	40	-600	800	-200	40

15. 买入飞鹰式期权组合(Long Condor)

买入飞鹰式期权组合的英文是 Long Condor，是对期权结算价有看法，但对波幅率差不多中性的投资策略。

投资者认为，市场的结算价会处于某个价位幅度之内，但他希望投资一个比蝴蝶式更保守的期权组合，即扩大打和点之内的价位范围，而损失则控制在一定水平之内。

在这种情况下，投资者可以有以下三种买卖方法。

(1)沽空行使价较窄的勒束式，然后买入一套行使价较阔的勒束式，以对冲前者的风险，亦即买入一张低行使价的认沽期权，沽空一张中低行使价的认沽期权，沽空一张中高行使价的认购期权及买入一张高行使价的认购期权。

(2)买入一张低行使价认购期权，沽空一张中低行使价的认购期权，沽空一张中高行使价的认购期权及买入一张高行使价的认购期权。

(3)买入一张低行使价的认沽期权，沽空一张中低行使价的认沽期权，沽空一张中高行使价的认沽期权，及买入一张高行使价的认沽期权。

在全认购期权的飞鹰式期权组合中，若市况如投资者的预期，市价在中低及中高行使价之间结算，最大回报是高行使价减中高行使价加净期权金；或是中低行使价减低行使价加净期权金。

若市价结算时处于上下打和点之外，投资者最大的风险会是所付出的期权金。

此外，买入飞鹰式组合的波幅率风险其实差不多已经对销，只有轻微看淡波幅率。另外，时间值的影响则只轻微对投资者有利。

换言之，买入飞鹰式期权组合者的风险有限，回报亦有限，主要的考虑点是市价是否在预期幅度内结算。

买入飞鹰式期权组合适用于：

⑴市况牛皮，预期结算价会在预期幅度之内；

⑵波幅率中性。

但不适用于：

⑶市况在趋势之中；

⑷波幅率大升的市况。

以到期日的盈亏分析：

方法一：买入一张低行使价的认沽期权
沽空一张中低行使价的认沽期权
沽空一张中高行使价的认购期权
买入一张高行使价的认购期权

方法二：买入一张低行使价的认购期权
沽空一张中低行使价的认购期权
沽空一张中高行使价的认购期权
买入一张高行使价的认购期权

方法三：买入一张低行使价的认沽期权
沽空一张中低行使价的认沽期权

沽空一张中高行使价的认沽期权

买入一张高行使价的认沽期权

最大回报＝高行使价－中高行使价＋净期权金

或

最大回报＝中低行使价－低行使价＋净期权金

结算价高于高行使价的最大风险＝所付出的净期权金

结算价低于低行使价的最大风险＝所付出的净期权金

上打和点＝高行使价＋净期权金

下打和点＝低行使价－净期权金

实例：

已买入行使价 12800/13000/13200/13400 飞鹰式恒指认购期权组合，即：

买入一张 12800 认购期权：－400 点

沽空一张 13000 认购期权：+290 点

沽空一张 3200 认购期权：+165 点

买入一张 13400 认购期权：－80 点

净期权金为－25 点

若结算价为 12800，最大风险＝－25

若结算价为 13000 至 13200，

最大回报＝13400－13200+（－25）=+175

若结算价为 13600，最大风险＝－25

上打和点：13400+（－25）=13375

下打和点：12800－（－25）=12825（图 3.15，表 3.17）

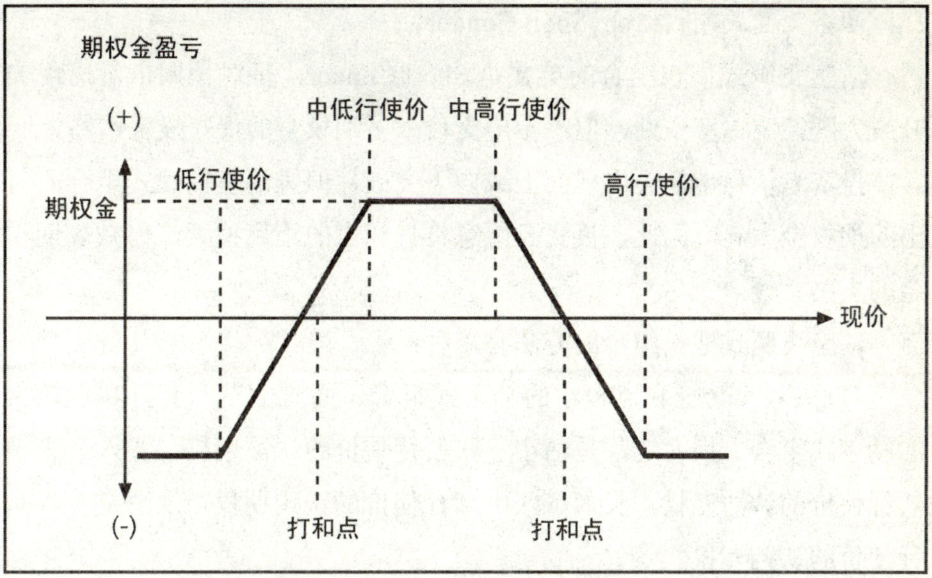

图 3.15　买入飞鹰式期权组合

表 3.17　买入飞鹰式期权组合

结算价	净期权金	买入 1 张 12800 认购期权	沽空 1 张 13000 认购期权	沽空 1 张 13200 认购期权	买入 1 张 13400 认购期权	到期日盈亏
12600	-25	0	0	0	0	-25
12700	-25	0	0	0	0	-25
12800	-25	0	0	0	0	-25
12900	-25	100	0	0	0	75
13000	-25	200	0	0	0	175
13100	-25	300	-100	0	0	175
13200	-25	400	-200	0	0	175
13300	-25	500	-300	-100	0	75
13400	-25	600	-400	-200	0	25
13500	-25	700	-500	-300	100	-25
13600	-25	800	-600	-400	200	-25

16．沽空飞鹰式期权组合（Short Condor）

沽空飞鹰式期权组合的英文是Short Condor，是对预期市价出现大升或大跌，波幅率中性，但不希望支付太多期权金的保守投资策略。

投资者认为市场会出现向上或向下突破，但嫌沽空蝴蝶式组合所付出的期权金太高，因此，投资者愿意将打和点的距离拉大，但减少期权金的支出。

沽空飞鹰式期权组合的方法有三种：

⑴买入一套打和点较小的勒束式组合，同时沽空一套打和点较大的勒束式组合。换言之，是沽空一张低行使价的认沽期权，买入一张中低行使价的认沽期权，买入一张中高行使价的认购期权，及沽空一张高行使价的认购期权。

⑵以认购期权作买卖组合，即沽空一张低行使价的认购期权，买入一张中低行使价的认购期权，买入一张中高行使价的认购期权，及沽空一张高行使价的认购期权。

⑶以认沽期权作买卖组合，即沽空一张低行使价的认沽期权，买入一张中低行使价的认沽期权，买入一张中高行使价的认沽期权，及沽空一张高行使价的认沽期权。

在全认购期权的飞鹰式期权组合中，若市价的走势如预期一样，市价在结算时向上或向下突破打和点，则投资者最大的回报会是所收到的期权金。

相反，若在中低及中高行使价之间结算，最大风险是中高行使价减高行使价加净期权金；或低行使价减中低行使价加净期权金。

这种策略对于波幅率已接近中性（虽然仍稍为看波幅率上），而时间消耗的影响亦已接近中性（时间消耗稍为不利）。

换言之，沽空飞鹰式期权组合者的风险及回报均有限，主要考虑点是市价是否如预期向上或向下突破。

沽空飞鹰式期权组合适用于：

(1)市况长期窄幅上落后，将向上或向下大幅度上升或下跌；

(2)波幅率中性。

但不适用于：

(3)市况牛皮上落；

(4)波幅率向下的市况。

以到期日的盈亏分析。

方法一：沽空一张低行使价的认沽期权

买入一张中低行使价的认沽期权

买入一张中高行使价的认购期权

沽空一张高行使价的认购期权

方法二：沽空一张低行使价的认购期权

买入一张中低行使价的认购期权

买入一张中高行使价的认购期权

沽空一张高行使价的认购期权

方法三：沽空一张低行使价的认沽期权

买入一张中低行使价的认沽期权

买入一张中高行使价的认沽期权

沽空一张高行使价的认沽期权

结算价高于高行使价的最大回报＝所收取的净期权金

结算价低于低行使价的最大回报＝所收取的净期权金

最大风险＝中高行使价－高行使价＋净期权金

或

最大风险＝低行使价－中低行使价＋净期权金

上打和点＝高行使价＋净期权金

下打和点＝低行使价－净期权金

实例：

已沽空行使价 12800/13000/13200/13400 飞鹰式恒指认购期权组合，

即：

沽空一张 12800 认购期权：+400 点

买入一张 13000 认购期权：－290 点

买入一张 13200 认购期权：－165 点

沽空一张 13400 认购期权：+80 点

净期权金为 +25 点

若结算价为 12800，最大回报＝+25

若结算价为 13000 至 13200，

最大风险＝13200－13400+(+25)= －175

若结算价为 13600，最大回报＝+25

上打和点：13400－(+25)=13375

下打和点：12800+(+25)=12825（图 3.16，表 3.18）

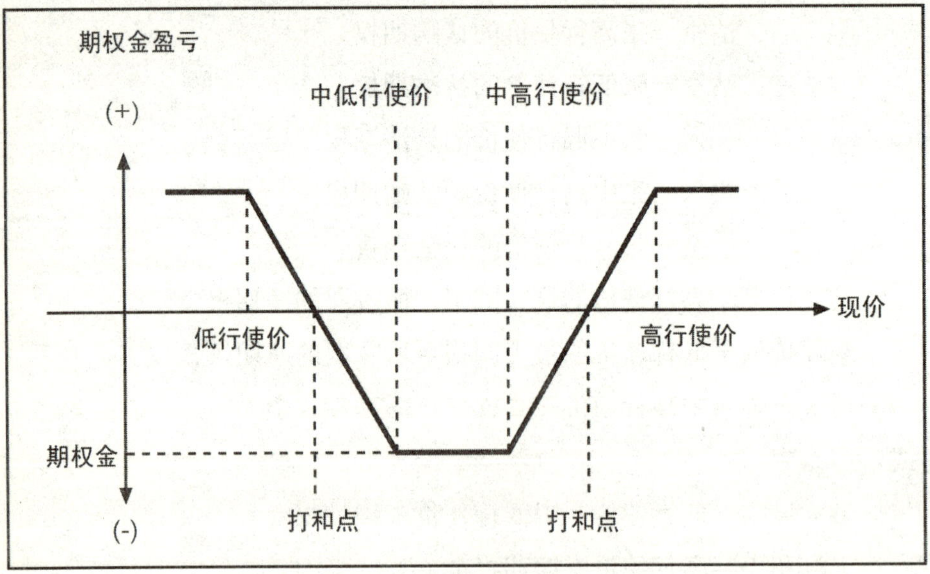

图 3.16　沽空飞鹰式期权组合

表 3.18　沽空飞鹰式期权组合

结算价	净期权金	沽空 1 张 12800 认购期权	买入 1 张 13000 认购期权	买入 1 张 13200 认购期权	沽空 1 张 13400 认购期权	到期日盈亏
12400	25	0	0	0	0	25
12500	25	0	0	0	0	25
12600	25	0	0	0	0	25
12700	25	0	0	0	0	25
12800	25	0	0	0	0	25
12900	25	-100	0	0	0	-75
13000	25	-200	0	0	0	-175
13100	25	-300	100	0	0	-175
13200	25	-400	200	0	0	-175
13300	25	-500	300	100	0	-75
13400	25	-600	400	200	0	25
13500	25	-700	500	300	-100	25
13600	25	-800	600	400	-200	25
13700	25	-900	700	500	-300	25

17．跨价比率认购期权组合(Ratio Call Spread)

跨价比率认购期权组合的英文是 Ratio Call Spread，是看波幅率下跌及看后市较淡的期权策略。

投资者看波幅率下跌，市价将在窄幅牛皮上落，理论上他可以沽空马鞍式组合。不过，投资者较为看淡市场走势，不排除市价会大幅下跌。为免当市价下跌会承受无限制的下跌风险，他希望控制下跌风险在固定水平之上，他可以选择跨价比率认购期权组合。

跨价比率认购期权组合，是买入一张低行使价的认购期权，同时沽空两张高行使价的认购期权。换言之，投资者是买入一套跨价认购期权组合，同时再沽空一张高行使价的认购期权。

若投资者正确预期市价牛皮，并在两个收市价内结算，他的最大回报是高行使价与低行使价之差加净期权金。

若市价跌破低行使价，投资者的风险亦有所限制，最大风险是净期权金的损失。

不过，若市价下破上打和点，投资者便要承受无限制的风险。

值得注意的是，当市价在两个行使价之间时，波幅率上升对组合价值不利，而时间损耗对组合价值有利，情形与沽空马鞍式组合一样。不过，在低行使价之下，波幅率上升对组合价值有利，而时间损耗对组合价值则不利，情形与买入认购期权相似。

跨价比率认购期权组合适用于：

⑴波幅率下跌的市况；

⑵市价窄幅上落的市况。

但不适用于：

⑶波幅率上升的市况；

⑷市价出现上升趋势的市况。

以到期日的盈亏分析：

买入一张低行使价的认购期权

沽空两张高行使价的认购期权

最大回报＝高行使价－低行使价＋净期权金

结算价低于低行使价的最大风险／回报＝净期权金

结算价高于高行使价的最大风险＝高行使价－结算价＋(高行使价－低行使价)＋净期权金

上打和点＝高行使价＋(高行使价－低行使价)＋净期权金

下打和点＝低行使价－净期权金

实例：

已买入一套1比2行使价13200/13400的跨价比率恒指认购期权组合，即：

买入一张13200认购期权：－140点

沽空两张 13400 认购期权：+65 点×2＝+130 点

净期权金为－10 点

若结算价为 13000，最大风险＝－10

若结算价为 13400，最大回报＝13400－13200+(－10)=190

若结算价为 13800，最大风险＝(13400－13800)+

(13400－13200)+(－10)＝－210

上打和点：13400+(13400－13200)+(－10)=13590

下打和点：13200－(－10)=13210(图 3.17，表 3.19)

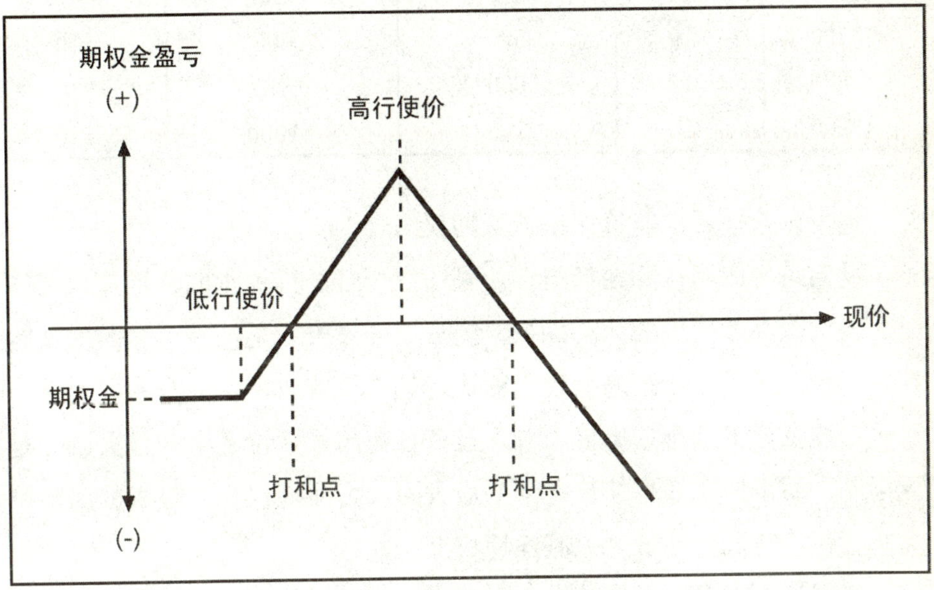

图 3.17　跨价比率认购期权组合

18. 反向跨价比率认购期权组合(Ratio Call Backspread)

反向跨价比率认购期权组合的英文为 Ratio Call Backspread，是看波幅率上升，同时看市价上升的期权策略。

投资者看波幅率上升，市价行将出现趋势，理论上，他可以买入马鞍式组合。不过，由于他较为看好市况，而且他希望付出较低的期权

表 3.19 买入跨价比率认购期权组合

结算价	净期权金	买入 1 张 13200 认购期权	沽空 2 张 13400 认购期权	到期日盈亏
13000	-10	0	0	-10
13100	-10	0	0	-10
13200	-10	0	0	-10
13300	-10	100	0	90
13400	-10	200	0	190
13500	-10	300	-200	90
13600	-10	400	-400	-10
13700	-10	500	-600	-110
13800	-10	600	-800	-210
13900	-10	700	-1000	-310

金，他可以选择反向跨价比率认购期权组合。

反向跨价比率认购期权组合，是沽空一张低行使价的认购期权，同时买入两张高行使价的认购期权。换言之，投资者是沽空一套跨价认购期权组合，再买入一张高行使价的认购期权以博取市场上升的利润。

若投资者正确预期市价上升，投资者在高行使价之上的最大回报是无限制，而市价在低行使价之下的最大回报为净期权金，最大的风险则为高行使价与低行使价之差减净期权金。

值得注意的是，在两个行使价之间，波幅率上升对组合价值有利，而时间损耗对组合价值不利，情形与买入马鞍式组合一样。不过，在低行使价之下，波幅率上升对组合价值不利，而时间损耗对组合价值则有利，情形与沽空认购期权相似。

反向跨价比率认购期权组合适用于：

⑴波幅率上升的市况；

⑵市价在趋势中调整，然后再展升浪的市况。

但不适用于：

(3)波幅率下跌的市况；

(4)市价牛皮的市况。

以到期日的盈亏分析：

沽空一张低行使价的认购期权

买入两张高行使价的认购期权

结算价低于低行使价的最大回报 / 风险－净期权金

结算价高于高行使价的最大回报＝结算价－高行使价－(高行使价－低行使价)－净期权金

最大风险＝低行使价－高行使价 － 净期权金

上打和点＝高行使价＋(高行使价－低行使价)＋净期权金

下打和点＝低行使价－净期权金

实例：

已沽空一套 1 比 2 行使价 13200/13400 的跨价比率恒指认购期权组合，即：

沽空一张 13200 认购期权：+140 点

买入两张 13400 认购期权：－65 点×2=－130 点

净期权金为 +10 点

若结算价为 13000，最大回报＝+10

若结算价为 13400，最大风险＝13200－13400－(－10)＝－190

若结算价为 13800，最大回报＝(13800－13400)－

(13400－13200)－(－10)＝＋210

上打和点：13400+(13400－13200)+(－10)=13590

下打和点：13200－(－10)=13210(图 3.18，表 3.20)

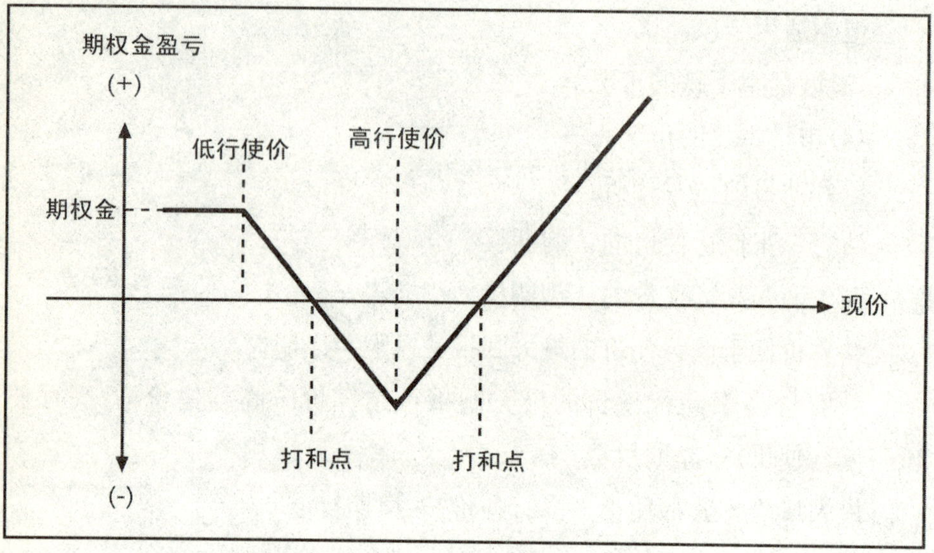

图 3.18　反向跨价比率认购期权组合

表 3.20　反向跨价比率认购期权组合

结算价	净期权金	沽空 1 张 13200 认购期权	买入 1 张 13400 认购期权	到期日盈亏
13000	10	0	0	10
13100	10	0	0	10
13200	10	0	0	10
13300	10	-100	0	-90
13400	10	-200	0	-190
13500	10	-300	200	-90
13600	10	-400	400	10
13700	10	-500	600	110
13800	10	-600	800	210

19. 跨价比率认沽期权组合（Ratio Put Spread）

跨价比率认沽期权组合的英文为 Ratio Put Spread，是看波幅率下跌及看后市较好的期权策略。

投资者看波幅率下跌，市况转趋窄幅上落，理论上可以沽空马鞍式组合。不过，投资者较为看好后市，忧虑市价会向上突破，为其持仓带来无限制的风险，因此，投资者选择跨价比率认沽期权组合，希望将市场上升所可能带来的风险固定在某水平之上。

跨价比率认沽期权组合是沽空两张低行使价的认沽期权，同时买入一张高行使价的认沽期权。换言之，投资者是买入一套跨价认沽期权组合，同时沽空一张认沽期权。

若投资者正确预期市况到结算时仍然牛皮上落于在打和点之内，则他的最大回报会是高行使价与低行使价之差加净期权金。相反，若市价向上突破打和点，投资者最大的损失会是净期权金；若市价向下突破下打和点，投资者最人的损失并无限制。

要注意的是，当市价在两个行使价之间时，波幅率下跌会对组合价值有利，而时间损耗亦会对组合价值有利，与沽空马鞍式组合的情况一样。相反，若市价下破上打和点，波幅率上升会对组合价值有利，而时间损耗会对组合价值不利，情形与买入认沽期权相似。

跨价比率认沽期权组合适用于：

(1)波幅率下跌的市况；

(2)市价窄幅上落的市况。

但不适用于：

(3)波幅率上升的市况；

(4)市价出现下跌趋势的市况。

以到期日的盈亏分析：

沽空两张低行使价的认沽期权

买入一张高行使价的认沽期权

最大回报＝高行使价－低行使价＋净期权金

结算价低于低行使价的最大风险＝结算价－低行使价＋(高行使价－低行使价)＋净期权金

结算价高于高行使价的最大风险／回报＝净期权金

上打和点＝高行使价＋净期权金

下打和点＝低行使价－(高行使价－低行使价)－净期权金

实例：

已沽空一套1比2行使价12200/12600的跨价比率恒指认沽期权组合，即：

沽空两张12200认沽期权：＋65点×2＝+130点

买入一张12600认沽期权：－140点

净期权金为－10点

若结算价为11700，最大风险＝(11700－12200)+(12600－12200)+(－10)＝－110

若结算价为12200，最大回报＝12600－12200＋(－10)＝+390

若结算价为12700，最大风险＝－10

上打和点：12600+(－10)=12590

下打和点：12200－(12600－12200)－(－10)=11810(图3.19，表3.21)

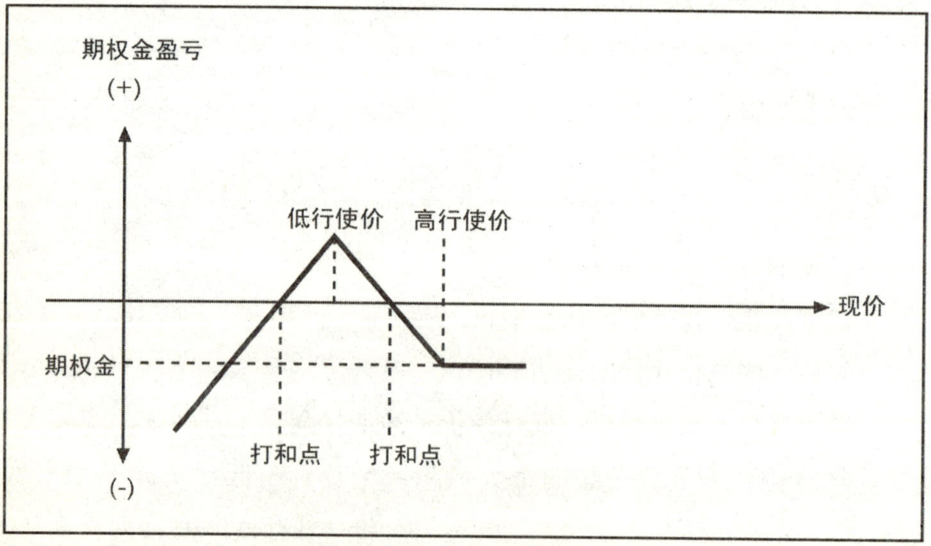

图3.19 跨价比率认沽期权组合

表 3.21 跨价比率认沽期权组合

结算价	净期权金	沽空 2 张 12200 认沽期权	买入 1 张 12600 认沽期权	到期日盈亏
11700	-10	-1000	900	-110
11800	-10	-800	800	-10
11900	-10	-600	700	90
12000	-10	-400	600	190
12100	-10	-200	500	290
12200	-10	0	400	390
12300	-10	0	300	290
12400	-10	0	200	190
12500	-10	0	100	90
12600	-10	0	0	10
12700	-10	0	0	10
12800	-10	0	0	10
12900	-10	0	0	10
13000	-10	0	0	10

20. 反向跨价比率认沽期权组合(Ratio Put Backspread)

反向跨价比率认沽期权组合的英文是 Ratio Put Backspread，是看波幅率上升，同时看市价下跌的期权策略。

投资者看波幅率上升，市价将出现向上或向下的突破，理论上，他可以买入马鞍式组合。不过，由于他较为看淡后市，而且希望付出较低的期权金，他可以选择反向跨价比率认沽期权组合。

反向跨价比率认沽期权组合，是买入两张低行使价的认沽期权，同时沽空一张高行使价的认沽期权。换句话说，投资者是沽空了一套跨价认沽期权组合，同时买入一张低行使价的认沽期权。

若投资者正确预期市价下跌，投资者在低行使价之下的最大回报是无限制，而市价在高行使价之上的最大回报是净期权金的收入。至于最大的风险，则是高行使价与低行使价之差加净期权金。

要注意的是，在两个行使价之间，波幅率上升对组合价值有利，而时间损耗对组合价值则不利，情形与买入马鞍式组合一样。不过，在高行使价之上，波幅率上升对组合价值不利，而时间损耗对组合价值则有利，情形与沽空认沽期权相似。

反向跨价比率认沽期权组合适用于：

(1)波幅率上升的市况；

(2)市价在趋势中调整后继续下跌趋势。

但不适用于：

(3)波幅率下跌的市况；

(4)市价牛皮的市况。

以到期日的盈亏分析：

买入两张低行使价的认沽期权

沽空一张高行使价的认沽期权

结算价低于低行使价的最大回报＝(低行使价－结算价)－(高行使价－低行使价)+净期权金

结算价高于高行使价的最大风险/回报＝净期权金

最大风险＝低行使价－高行使价+净期权金

上打和点＝高行使价－净期权金

下打和点＝低行使价－(高行使价－低行使价)+净期权金

实例：

已沽空一套1比2行使价12200/12600的跨价比率恒指认沽期权组合，即：

买入两张12200认沽期权：－65点×2＝－130点

沽空一张12600认沽期权：+140点

净期权金为 +10 点

若结算价为 11700，最大回报＝(12200－11700)－(12600－12200)+(+10)＝+110

若结算价为 12200，最大风险＝12200－12600+(+10)＝－390

若结算价为 12700，最大回报＝+10

上打和点：12600－(+10)=12590

下打和点：12200－(12600－12200)+(+10)=11810（图 3.20，表 3.22）

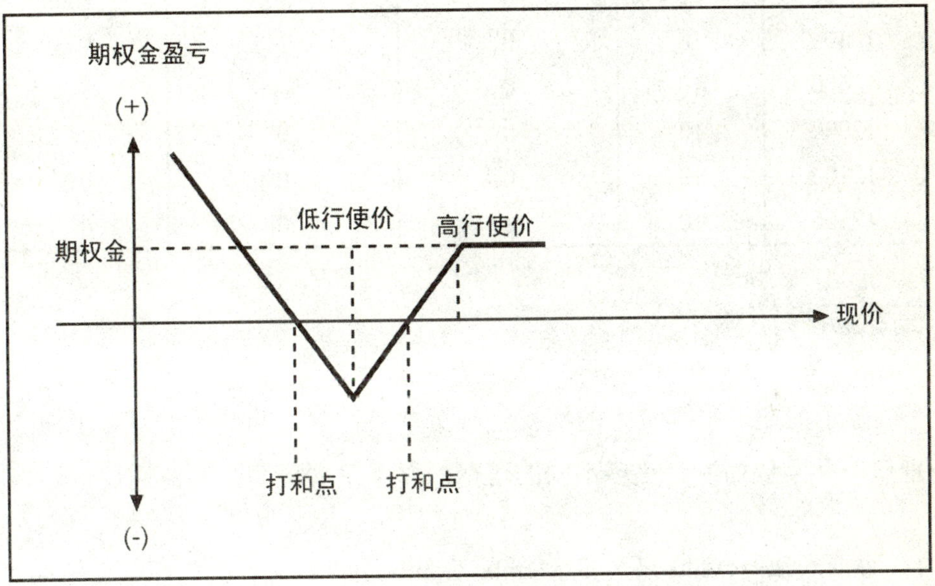

图 3.20　反向跨价比率认沽期权组合

表 3.22　反向跨价比率认沽期权组合

结算价	净期权金	买入 2 张 12200 认沽期权	沽空 1 张 12600 认沽期权	到期日盈亏
11700	10	1000	-900	110
11800	10	800	-800	10
11900	10	600	-700	-90
12000	10	400	-600	-190
12100	10	200	-500	-290
12200	10	0	-400	-390
12300	10	0	-300	-290
12400	10	0	-200	-190
12500	10	0	-100	-90
12600	10	0	0	0
12700	10	0	0	0
12800	10	0	0	0

高级期权策略

除了前述二十种基本的期权组合策略外，其实我们仍然可以因应个别策略和需要而制订更多不同的策略，以下笔者会简介其他期权策略。

1. 吉斯式组合(Guts)(又名 Mambo Combo)

吉斯式组合其实与马鞍式组合或勒束式组合一脉相承，可比较如下：

(1)买入勒束式——买入“价外”认购期权及买入“价外”认沽期权；

(2)买入马鞍式——买入“等价”认购期权及买入“等价”认沽期权；

(3)买入吉斯式——买入“价内”认购期权及买入“价内”认沽期权。

吉斯式策略容许投资者在结算时必然可以收取期权金，但这期权金未必比入市时所付出的期权金为多，上述策略多数用作现金管理用途

(图 3.21)。

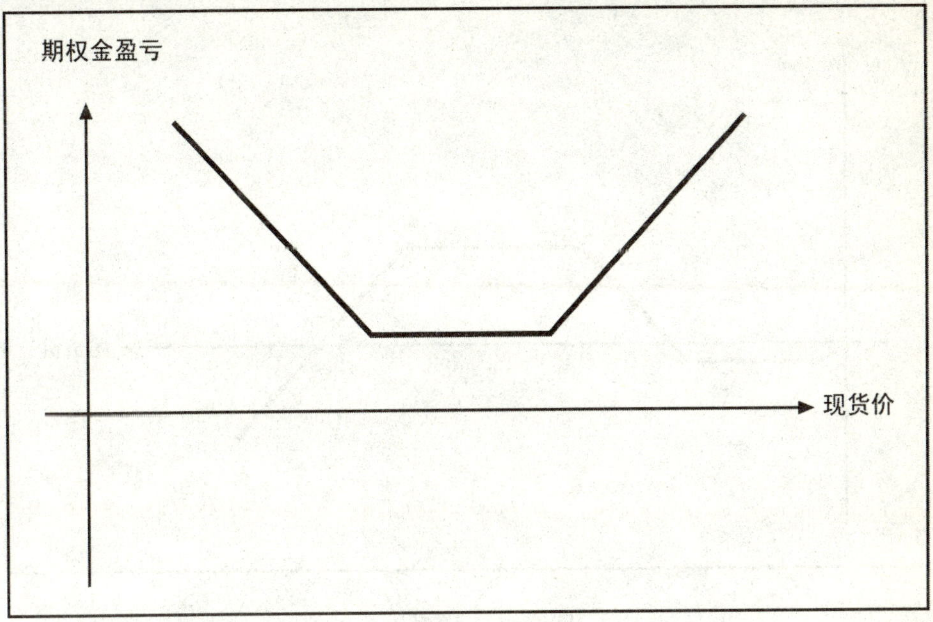

图 3.21 吉斯式组合

2. 梯形组合(Ladder)

在买入认购期权跨价组合中，投资者买入低行使价认购期权，并沽空高行使价认购期权以收取期权金，从而减少期权金的支出。如果投资者认为市况大幅上升的机会极微，他可以进一步沽空高行使价的认购期权，从而收取更多期权金，使平均成本进一步下降，甚至转为收取期权金。

若投资者沽空同一行使价的认购期权，他所运用的策略是比率跨价期权组合(Ratio Call Spread)，若投资者沽空更高行使价的认购期权，他的策略则为梯形期权组合(Ladder)(图 3.22)。

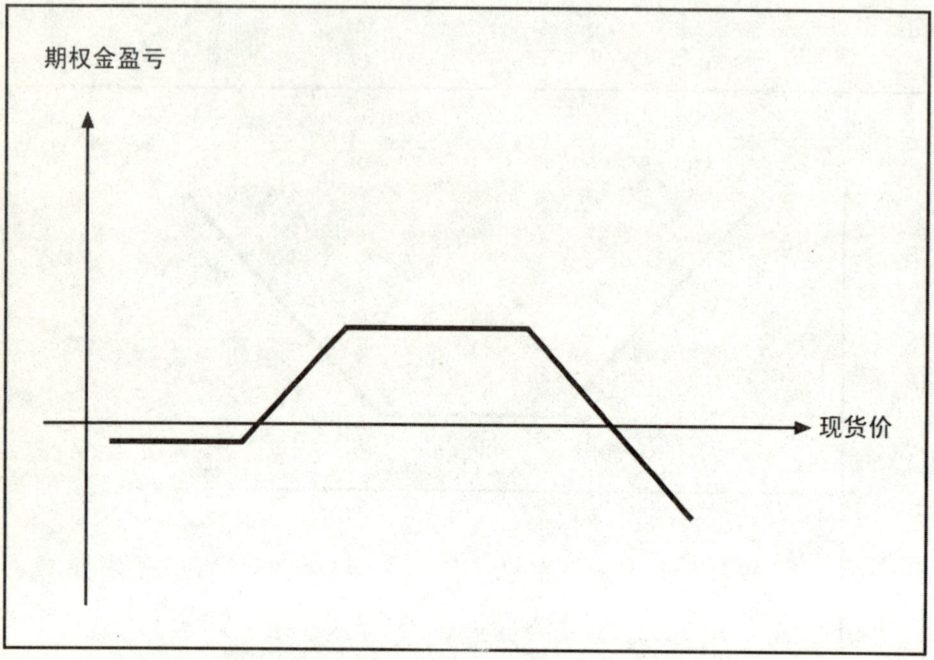

图 3.22　梯形组合

3．海鸥式期权组合（Seagull）或兰保组合（Rambo）

在买入跨价认购期权组合中，投资者买入低行使价的认购期权，并付出期权金。然而，若投资者希望减少期权金的支出，可以沽空高行使价的认购期权以收回部分期权金。不过，买入跨价认购期权组合仍要支付净期权金。

若投资者希望进一步减少期权金的支出，他可以选择沽空更价外的认购期权，以收取更多期权金，形成“梯形期权组合”。而他的风险是市价大幅上升，高于该组合的最高行使价。

若投资者对上述风险有保留，但认为市价大幅下跌的机会更微，他可以在买入跨价认购期权组合之外，沽空价外认沽期权以收取更多期权金。这种方法称为“海鸥式期权组合”（Seagull）、“兰保式组合”（Rambo）或“楼梯式期权策略”（Stair Case Strategy）。

这种策略容许投资者在入市时付出极少期权金，但若市价下跌至组合中最低行使价之下(认沽期权的行使价)，投资者便要接受无限制的风险(图 3.23)。

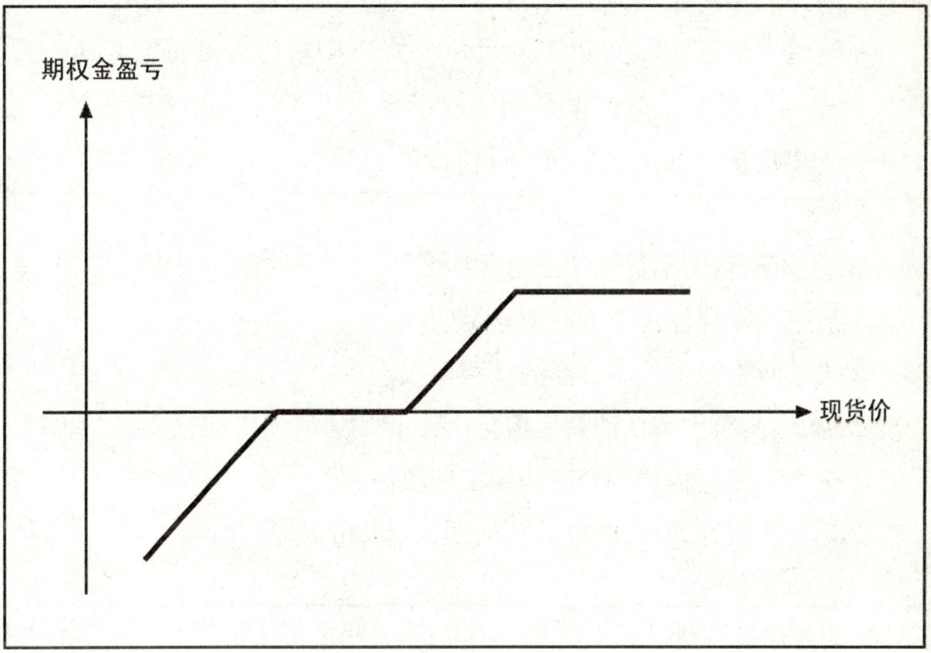

图 3.23 海鸥式组合

4. “争辩式”期权组合(Wrangle)

投资者预期波幅率大升，但不明市势升跌方向，他可以买入马鞍式组合。不过，马鞍式组合相当贵，包括买入认购期权及认沽期权。若投资者对市价方向略有看法，又希望减低期权金成本，他可以买入反向比率认购期权组合或买入反向比率认沽期权组合。

若他较看好市况，可沽空一张低行使价认购期权，并买入两张高行使价认购期权(价外)，以组成 1 比 2 反向比率认购期权组合。

若他较看淡市况，可沽空一张高行使价认沽期权，并买入两张低行使价的认沽期权(价外)，以组成 2 比 1 反向比率认沽期权组合。

不过，如果投资者真的对市价方向无看法，但认为市价一旦突破上下限，波幅率会上升，他应选择较平衡的组合。不过，投资者可能会担心，一旦市价维持在中央位置，波幅率的损失可能很大，此外，他亦不希望支付期权金多于买入马鞍式的费用。

在这些考虑下，他可以买入“争辩式”期权组合(Long Wrangle)。此组合是同时买入反向比率认购期权组合及买入反向比率认沽期权组合，而当中所沽空的期权是同一行使价。

实例：

(1)买入反向比率认购期权组合：

①沽空一张行使价 10000 的认购期权；

②买入两张行使价 10200 的认购期权。

(2)买入反向比率认沽期权组合：

①沽空一张行使价 10000 的认沽期权；

②买入两张行使价 9800 的认沽期权(图 3.24)。

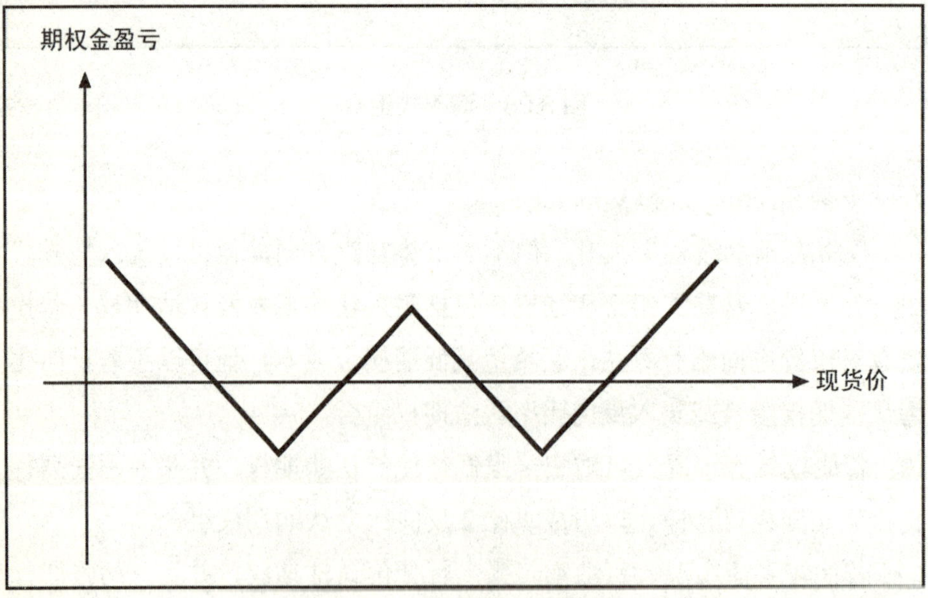

图 3.24 “争辩式”组合

由于所沽空的两张是等价认购期权及认沽期权，价值较高，而所买入的四张是价外认购及认沽期权，价值较低。因此，所付出的净期权金少于买入马鞍式组合。

上述组合亦即沽空一套马鞍式组合，同时买入两套勒束式组合，使成本可减低。

5．"侧手翻式"期权组合(Cart Wheel)

如果同时买入反向比率认购跨价期权组合及买入反向比率认沽跨价期权组合，可以产生类似买入马鞍式组合或勒束式组合的效果，则买入反向比率认购组合，同时买入比率认沽组合，便可以产生类似围墙式的期权组合效果。

实例：

(1)买入反向比率认购跨价期权组合：

①沽空一张行使价 10000 的认购期权；

②买入两张行使价 10200 的认购期权。

(2)同时，买入比率认沽跨价期权组合：

①买入一张行使价 10000 的认沽期权；

②沽空两张行使价 9800 的认沽期权(图 3.25)。

这种组合其实是沽空一套合成期货，同时买入两套看好的围墙式组合。

上述情况类似投资者已买入一套反向比率认购跨价期权组合，看波幅率上升，而市价会向上。若他对市势的信心很大，他可以沽空低行使价 (价外)的认沽期权以收取更多期权金，以减少期权金的支出，并承担市价下跌低于低行使价时的无限制风险。

上述策略所使用的期权金几乎是零，但对波幅率的敏感度较高。

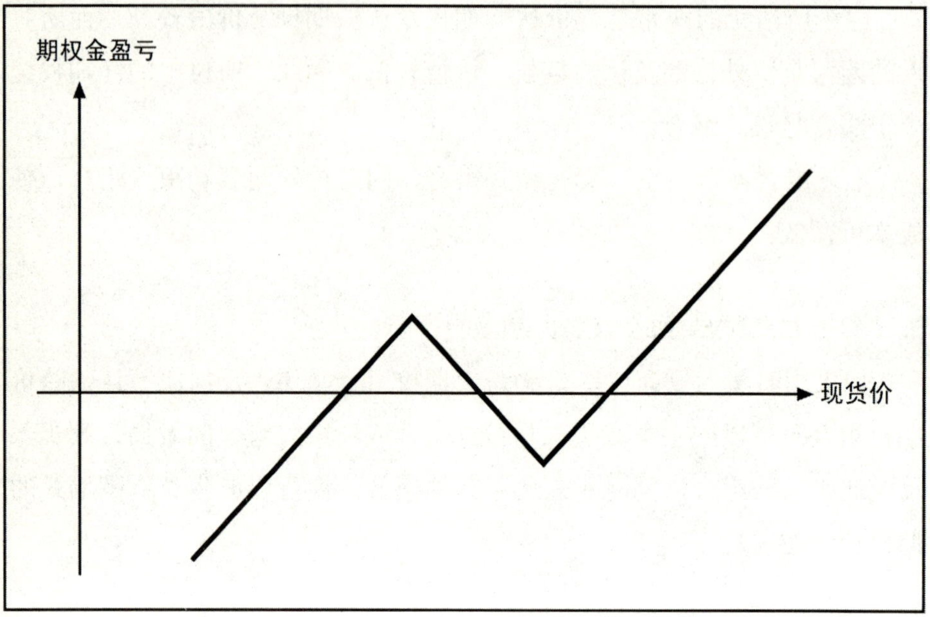

图 3.25 "侧手翻式"组合

6．合成期权(Synthetic Options)

合成期权(Synthetic Options)的策略是利用期权与期货合约组合而产生另一种期权，主要用作套利用途，合成期权包括：

合成认购期权(Synthetic Call)，是由认沽期权与期货合约组合而成。

(1)买入合成认购期权：买入期货及买入认沽期权(图 3.26)；

(2)沽空合成认购期权：沽空期权及沽空认沽期权(图 3.27)；

(3)买入合成认沽期权：沽空期货及买入认购期权(图 3.28)；

(4)沽空合成认沽期权：买入期货及沽空认购期权(图 3.29)。

基本上，合成期权与正式期权合约之间可作套戥用途，以赚取无风险利润。

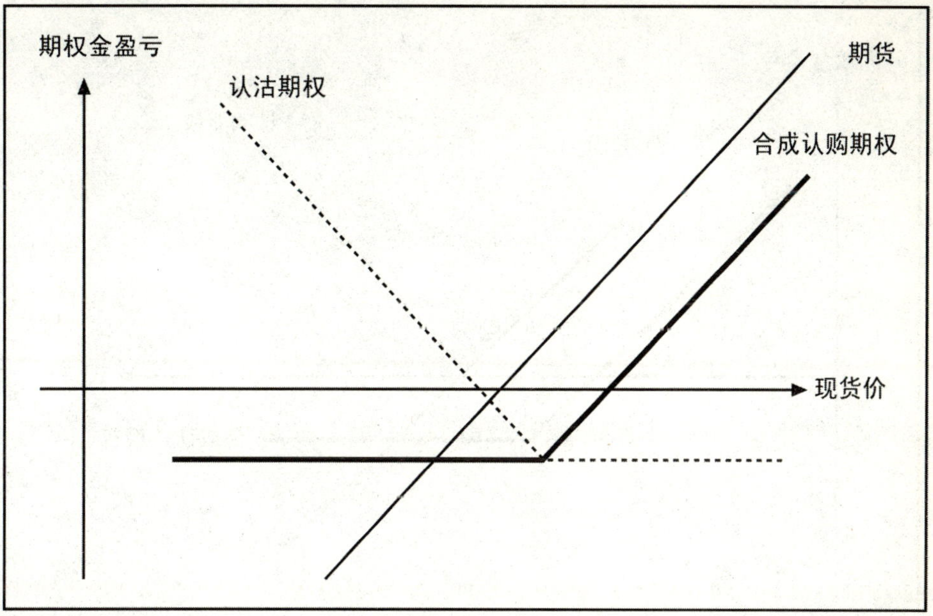

图 3.26　合成认购期权组合

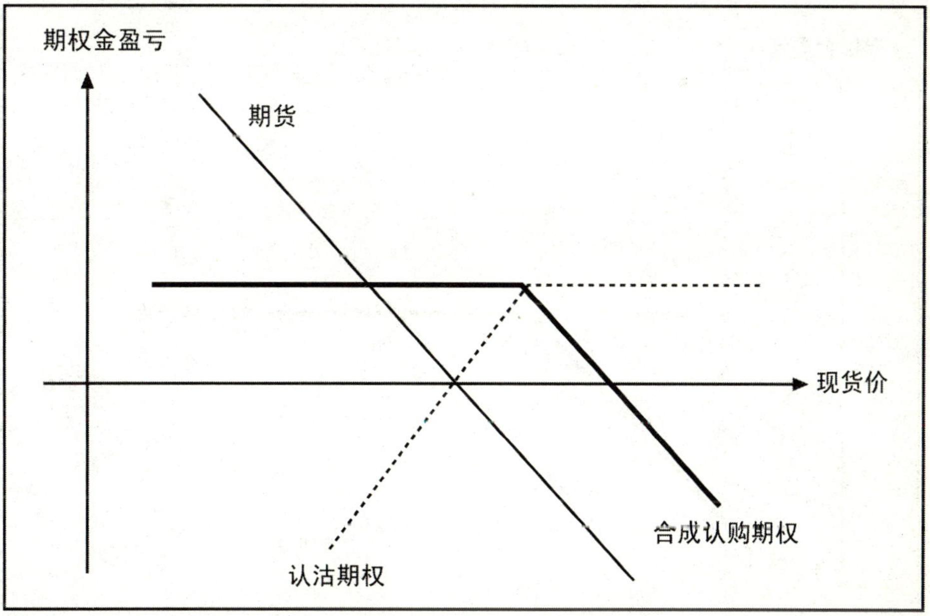

图 3.27　沽空合成认购期权

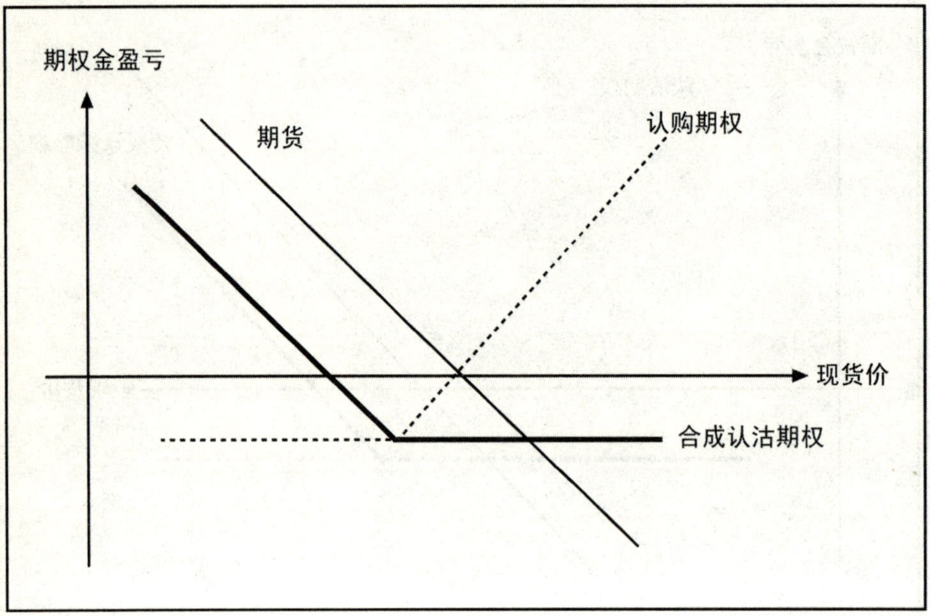

图 3.28　买入合成认沽期权

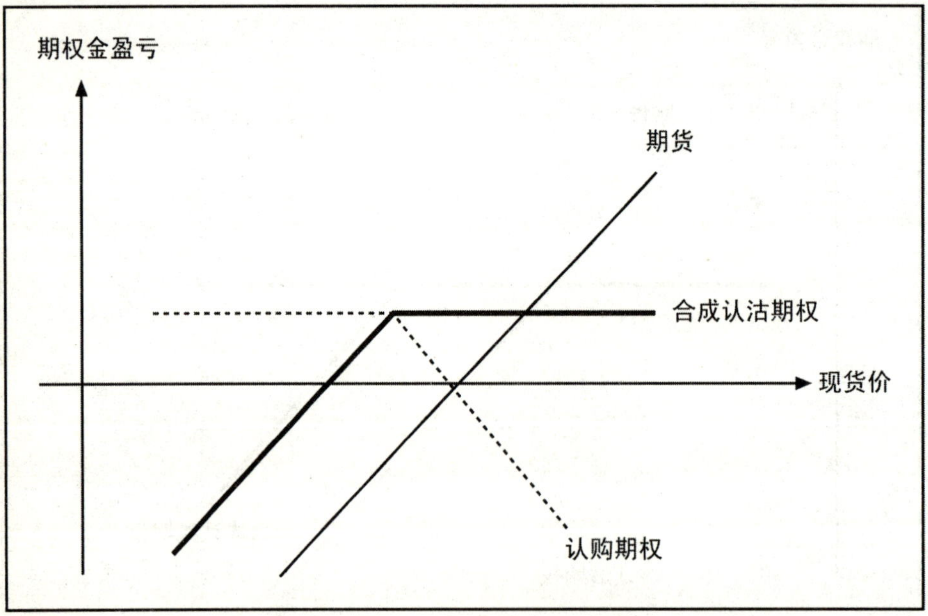

图 3.29　沽空合成认沽期权

7. 合成期货(Synthetic Futures)

除了利用期货及期权可以组成合成认购或认沽期权外，利用认购及认沽期权本身，又可组成合成期货(Synthetic Futures)。

买入合成期货，买入认购期权，同时沽空相同行使价的认沽期权(图 3.30)。

沽空合成期货，沽空认购期权，同时买入相同行使价的认沽期权(图 3.31)。

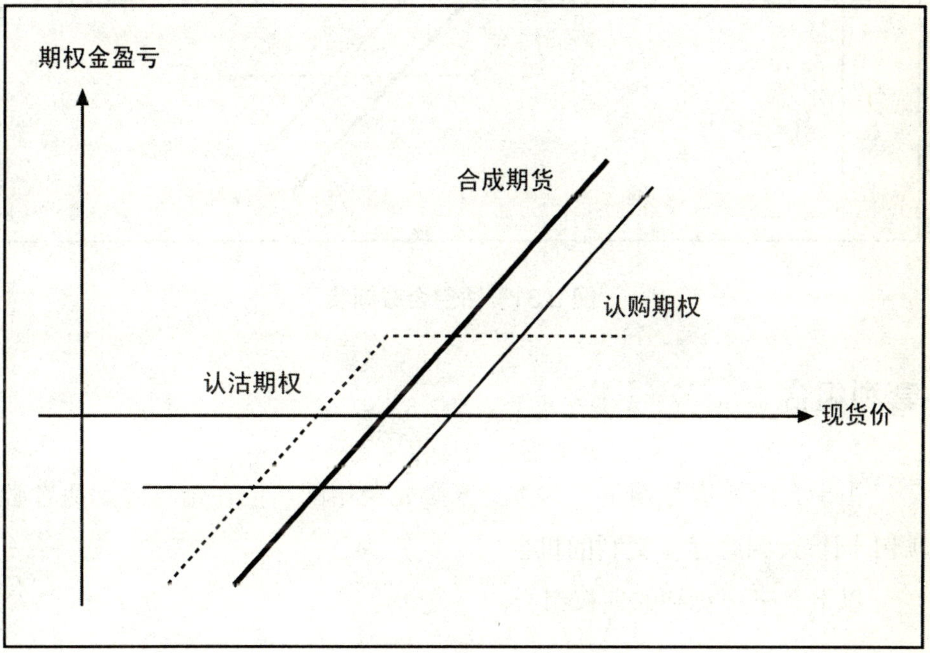

图 3.30　买入合成期货

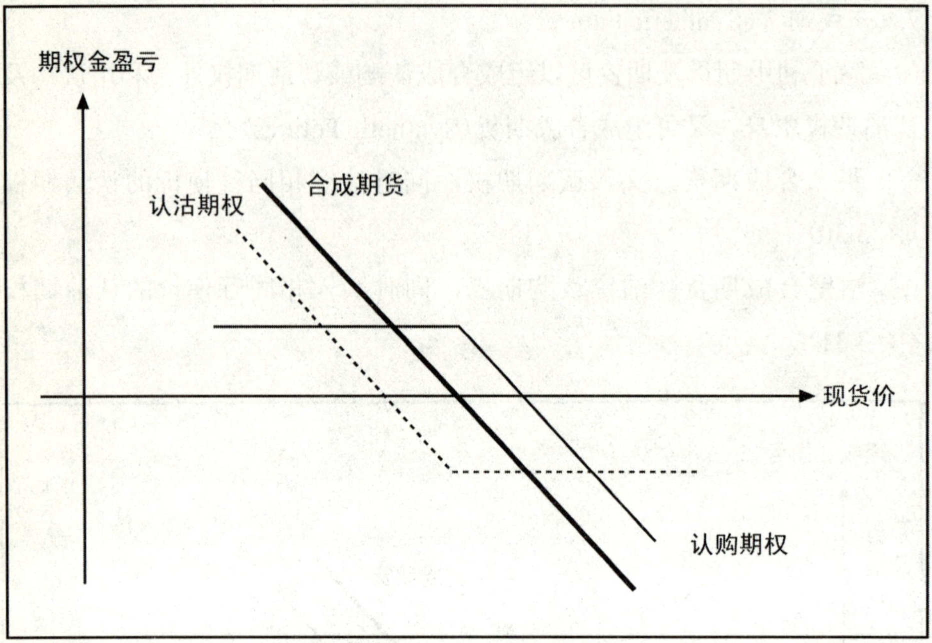

图 3.31 沽空合成期货

套利组合

由于合成期货与期货合约本身未必完全相同，但在结算时则两者必归于同价，因此存在套利的机会。

以下有三种套利的期权组合。

1. 换转式套利组合（Conversion）

若期货价低于当时合成期货价，投资者可以：

(1)买入期货合约；

(2)同时沽空合成期货。

2. 反转式套利组合（Reversal）

若期货价高于当时合成期货价，投资者可以：

(1)买入合成期货；

(2)沽空期货合约。

3．方盒式套利组合(Box)

由于期权行使价对所组成的合成期货并无影响，因此，不同行使价所组成的合成期货亦可互作套利，包括：

(1)买入低价的合成期货；

(2)沽空高价的不同行使价的合成期货。

喱呲转仓(Jellyroll)

投资者买入合成期货，即买入认购期权，同时沽空相同到期月份的认沽期权。若接近到期时，投资者可考虑转仓，即沽出即将到期的合成期货，同时买入下一个到期月份的合成期货，称为喱呲转仓(Jellyroll)，即：沽出本月认购期权及买入本月认沽期权。同时买入下月认购期权及沽空下月认沽期权。

换言之，是买入跨期认购组合，并沽空跨期认沽组合。

对冲组合

合成期货是方向性买卖，无论风险及回报都没有限制。事实上，我们亦可以用不同的期权组成以下类似的策略，现比较如下。

(1)买入合成期货(Synthetic Futures)：买入认购期权及沽空相同行使价认沽期权。

(2)买入围墙式跨价期权组合(Fence Spread)或称为买入风险反转组合(Long Risk Reversal)，买入认购期权及沽空较低行使价的认沽期权，通常两者皆为价外期权(图 3.32)。

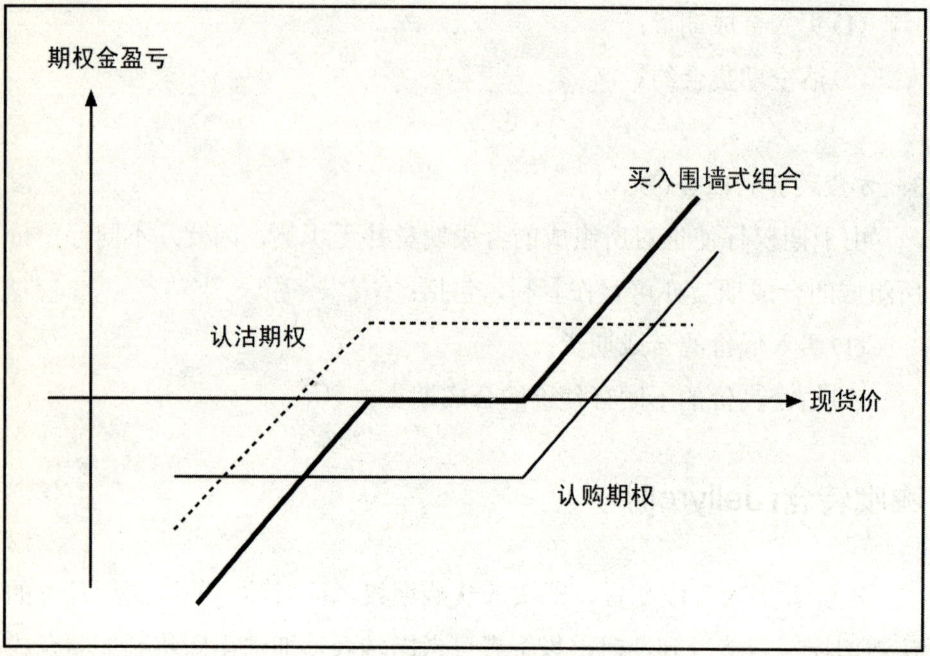

图 3.32　买入围墙式组合

围墙式组合令投资者在两个行使价之中时对市场方向中性，但在行使价之外则风险回报与买入期货相同。上述策略通常用作两个行使价之外的方向性对冲，但在开始时不用支付期权金。

(3)沽空围墙式组合(Bear Fence)或称沽空风险反转组合(Short Risk Reversal)：若投资者看淡市况，相反的买卖是买入认沽期权，同时沽空较高行使价的认购期权，其方向与围墙式刚好相反，亦称为 Combo。此组合通常用作持仓的零使费对冲，即将现货或期货好仓转为买入跨价认购期权组合(图 3.33)。

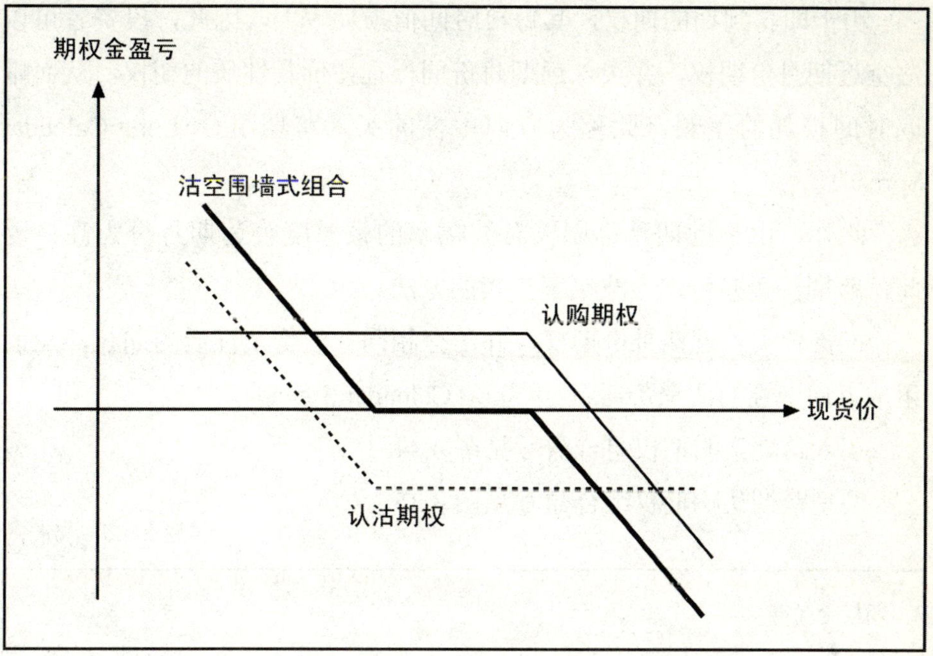

图 3.33　沽空围墙式组合

跨期期权组合（Calendar Spread）

通常，若我们买入某行使价认购 / 认沽期权，并沽空另一行使价的认购 / 认沽期权，只要是同一到期月份，我们会称之为垂直式买卖(Vertical Spread)。然而，若我们买卖不同到期月份的期权组合，一般我们会称之为横向式买卖(Horizontal Spread)。

横向式买卖亦称为跨期买卖(Calendar Spread)，例如沽空近期的认购 / 认沽期权，同时买入远期的认购 / 认沽期权，便是一种跨期买卖。

所谓近期月份，即到期日较远期月份较早到期的期权合约。在英文词汇里，近期月份称为 Near Month 或 Front Month，而远期月份称为 Far Month 或 Back Month。跨期买卖主要用以套取由期权到期时间长短不同，所衍生期权金时间损耗速度不同所带来的获利机会。

期权攻略

由于即将到期的期权，其每日时间值损耗较大，因此，投资者可以沽空近期月份期权，并买入远期月份同样行使价及性质的期权，从而赚取时间损耗的差额，此称为方向中性的买入跨期组合(Long Calendar Spread)。

此外，由于近期月份期权对波幅率的敏感度较远期月份为高，因此，跨期买卖亦可作为波幅率买卖的方法。

投资者买入近期月份期权，并沽空相同行使价及性质的期权，从而组成方向中性的沽空跨期组合(Short Calendar Spread)。

买入跨期认购期权组合盈亏见图 3.34。

沽空跨期认购期权组合盈亏见图 3.35。

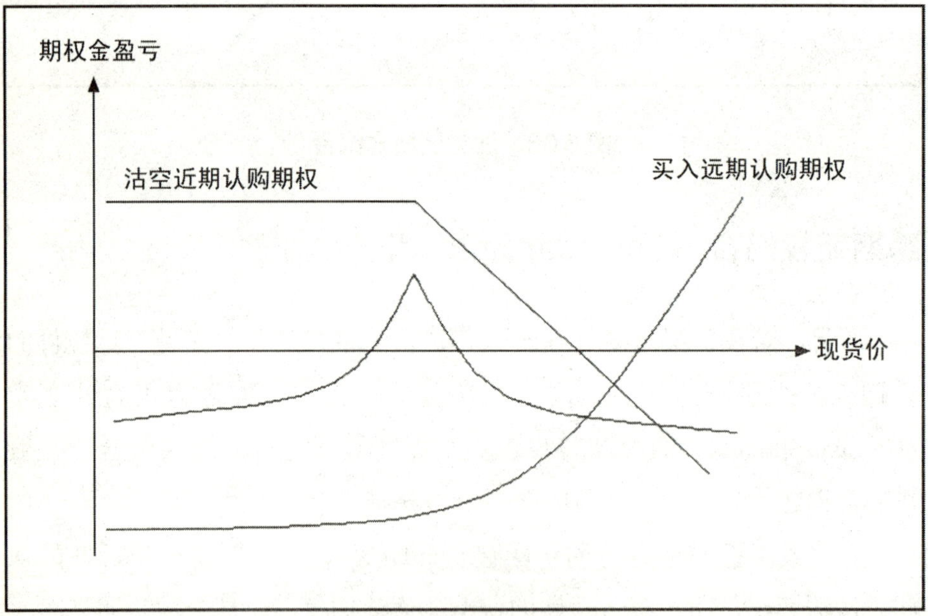

图 3.34　买入跨期认购期权组合

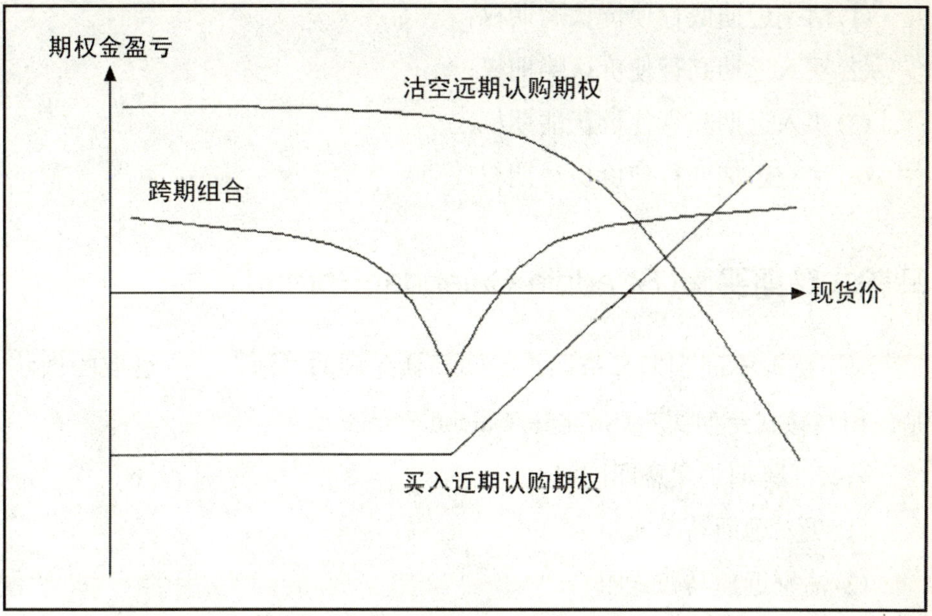

图 3.35　沽空跨期认购期权组合

对角跨期买卖(Diagonal Calendar Spread)

若投资者对于市价方向有看法，则可应用对角跨期买卖的方法增加胜算，对角跨期买卖即既“垂直”，又“横向”的买卖。

若投资者看好市况，可作以下对角跨期买卖：

(1)买入远期低行使价认购期权；

(2)沽空近期高行使价认购期权；

(3)沽空近期高行使价认沽期权；

(4)买入远期低行使价认沽期权。

上述沽空近期认购 / 认沽期权，可赚取时间损耗的价值，其他情形近似看好的跨价认购 / 认沽期权组合。当近期的月份到期时，该组合便变成买入认购 / 认沽期权。

若投资者看淡市况，可作出以下对角跨期买卖：

⑴沽空近期低行使价认购期权；

⑵买入远期高行使价认购期权；

⑶买入远期高行使价认沽期权；

⑷沽空近期低行使价认沽期权。

马鞍式跨期买卖(Straddle Calendar Spread)

对于赚取不同到期月份期权时间损耗差额的方法，更为进取的做法是应用马鞍式跨期买卖(Straddle Calendar Spread)。

马鞍式跨期买卖意即同时：

⑴买入远期马鞍式组合；

⑵沽空近期马鞍式组合。

由于近期期权时间值损耗较大，沽空近期马鞍式组合可得到更大时间损耗的利益，而买入远期马鞍式组合可保持对市价方向的中立。

不过，由于近期马鞍式组合对波幅率敏感程度大于远期组合，因此，实际上投资者亦沽空了波幅率。

第四章

波幅率的买卖

对于初涉期权理论者，很多都以期权到期日的盈亏分析为基础(Expiration Date Pay－Off Analysis)，然而，当我们掌握到期权原理后，我们第一件事必须做的就是了解市场波幅率(Volatility)对于期权价值的影响。

波幅率意义深远

所谓波幅率是指市场在某一个时间窗中上落的价位幅度而言。若市场牛皮上落，波幅率便低；相反而言，若市场价格波动大的话，波幅率便上升。

其实，波幅率亦可以看为是市场的机会或市场的风险。若市价牛皮上落，其实表示市价在指定时间内到达较远特定价位的水平的机会较细。相反，若市价大上大落，市价可能在指定时间内到达极远的价位水平。

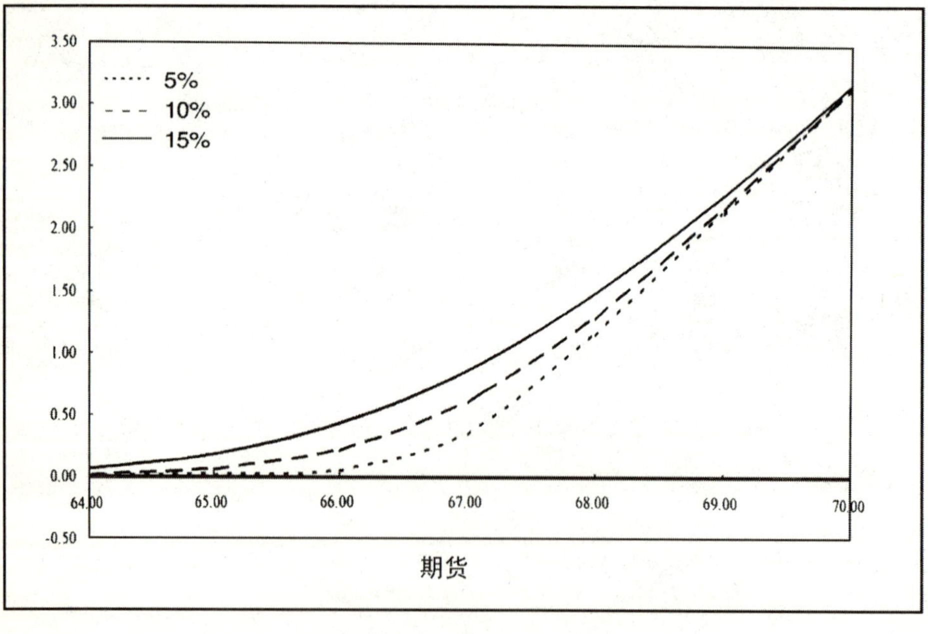

图 4.1　波幅率对认购期权的影响

若上面所指的价位水平为期权的行使价，在高波幅率下，期权由价外变为价内的机会较大；相反，在低波幅率下，期权由无内在值变成有内在值的机会亦较小。

换言之，波幅率愈高，期权的价值亦愈大。

图 4.1 是一个月期行使价 67 美仙，马克认购期权的理论值，由图可见，15%波幅率的期权值较 10%及 5%波幅率的期权值为高。

波幅率(Volatility)计算方式

波幅率是期权定价的重要元素，波幅率是计算现货或期货的一年回报的标准差(Annualized Standard Deviation on Rate of Return)。换言之，波幅率是计算现货或期货的一年回报或风险的机会。

波幅率有两种主要计算方式，第一种是以历史价格计算，第二种是以期权金倒数计算出来。

1．历史波幅率 (Historical Volatility)

若昨天收市价为 C_1，当天收市价为 C_2，当天的连续复息率回报为：

每日回报：$r = \ln(C_2/C_1)$

在 n 天的时间内，每日平均回报为：

每日平均回报：$\mu = \frac{1}{n}\sum_{i=1}^{n} r_i$

在 n 天之中，每日回报率偏离平均回报率的变异数为：

n 天的变异数(n days Variance)：$\sigma^2 = \frac{1}{n-1}\sum_{i=1}^{n}(r_i-\mu)^2$

一年 252 个交易日的变异数(Annual Variance)：$\sigma^2 * 252$

一年的标准差即波幅率(Volatility)：$r = \sigma^* \sqrt{252}$

波幅率所代表的是市场在一年内的风险和回报，按统计理论，若假设市场回报的机会率是以平均回报率上下以钟形(Bell Shape)形式分布

(即常态 Normally Distributed)，则在平均回报率上下：

一个波幅率之内的机会率为 68.26%；

两个波幅率之内的机会率为 95.46%。

历史波幅率的计算见表 4.1。

表 4.1　历史波幅率的计算

(1) 日期	(2) 最高	(3) 最低	(4) 收市	(5) 每日收市回报	(6) 20 天回报平均数	(7) 每日回报与平均差距平方	(8) 20 天变异数	(9) 20 天标准差	(10) 一年波幅率
01－08－1996	0.6823	0.6787	0.6791						
02－08－1996	0.6794	0.6765	0.6792	0.000147	－0.000088	0.000000			
05－08－1996	0.6813	0.6751	0.6764	－0.00413	－0.000088	0.000016			
06－08－1996	0.6769	0.6735	0.6753	－0.00163	－0.000088	0.000002			
07－08－1996	0.6766	0.6739	0.6753	0	0.000088	0.0000000			
08－08－1996	0.676	0.6729	0.6753	0	0.000088	0.0000000			
09－08－1996	0.6785	0.675	0.6779	0.003843	－0.000088	0.000015			
12－08－1996	0.6798	0.6775	0.6777	－0.0003	－0.000088	0.000000			
13－08－1996	0.6797	0.6775	0.679	0.001916	－0.000088	0.000004			
14－08－1996	0.6788	0.6732	0.6734	－0.00828	－0.000088	0.000067			
15－08－1996	0.6752	0.6721	0.6737	0.000445	－0.000088	0.000000			
16－08－1996	0.6746	0.6701	0.6715	－0.00327	－0.000088	0.000010			
19－08－1996	0.6739	0.6704	0.6732	0.002528	－0.000088	0.000007			
20－08－1996	0.6736	0.6711	0.6728	－0.00059	－0.000088	0.000000			
21－08－1996	0.6764	0.6723	0.6754	0.003857	－0.000088	0.000016			
22－08－1996	0.6763	0.669	0.6712	－0.00624	－0.000088	0.000038			
23－08－1996	0.679	0.6703	0.6773	0.009047	－0.000088	0.000083			
26－08－1996	－0.6781	0.6763	0.6769	－0.00059	－0.000088	0.000000			
27－08－1996	0.6794	0.6764	0.6772	0.000443	－0.000088	0.000000			
28－08－1996	0.679	0.6756	0.678	0.001181	－0.000088	0.000002			
29－08－1996	0.6786	0.6754	0.6779	－0.00015	－0.000088	0.000000	0.000014	0.003713	5.89%

2. 引伸波幅率(Implied Volatility)

引伸波幅率是期权市场的期权金所代表的市场波幅率，反映当时市场对于未来市场波幅率的预期。引伸波幅率是用当日期权价格按期权定价模式倒转计算出来的波幅率。一般而言，我们会以预期引伸波幅率输入期权定价模式以计算期权未来的理论值。

生指数期权自1993至1997年的引伸波幅率见图4.2。图4.2表示，恒指期权在1997年10月股灾中，引伸波幅率高达90%，超出1996年平均的20%接近4倍，显示在上述期间，市场预期的风险极高。

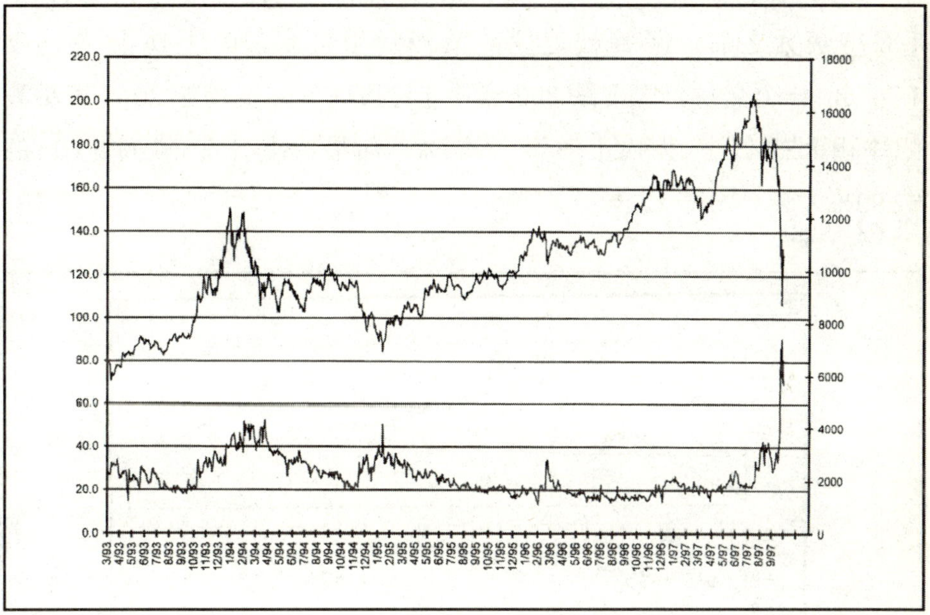

图4.2 恒指期货与恒指期权引伸波幅率

如何判别波幅率高低？

在运用期权策略时，我们经常会碰到一个问题：究竟目前的市场波幅率是属于偏高还是偏低？

一般而言，我们有以下几个判断的方法：

(1)比较当前波幅率及其过往的情况，若以往的市况每每在5%之下即见回升，则5%之下的波幅率便叫偏低。此外，若以往的波幅率经常在30%之上便见顶，则我们可以说30%之上的波幅率为偏高。

(2)应用波幅率的250天平均线去判断：波幅率在其上则偏高，在其下则偏低。

(3)应用波幅率的10天平均线去判断波幅率的短期趋向，若波幅率高于10天平均线，波幅率趋升；相反，波幅率低于10天平均线，波幅率则趋跌。

以英镑在1992年9月大贬值的情况为例，英镑期货在9月15日收1.8276美元之后，英镑被迫脱离欧洲货币机制，9月16日英镑收1.7476，一个交易日内下跌800点。在这段时间，英镑的20天历史波幅率由8.37%，一天内上升至16.64%，而最后上升至10月13日的22.90%才转势。

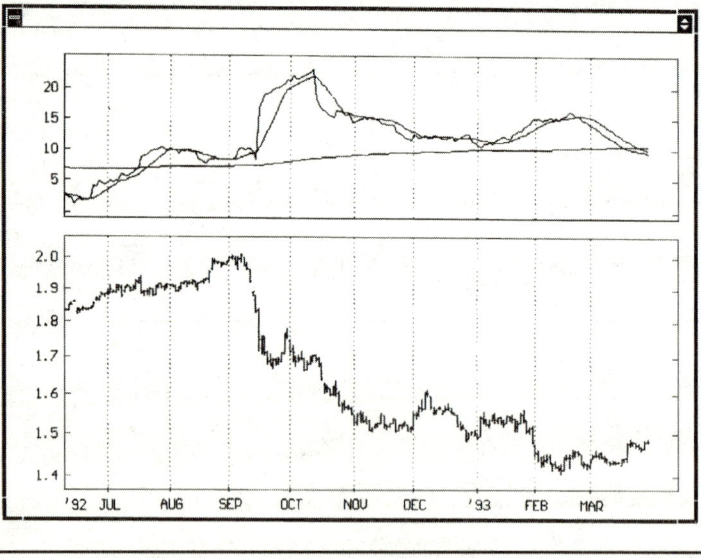

图4.3　英镑1992年股值与历史波幅率

图4.3可见，英镑的波幅率在9月初处于8%左右，一直高于其250

天线及 10 天线，表示波幅率上升，直至波幅率高见 22.90%后下破 10 天线，上升的趋势才终结。

股灾波幅率有多大？

一般我们想到高波幅率市况，必然会想到股灾，究竟股灾的波幅率会有多高呢？

以 1987 年美国股灾为例，美国标准普尔 500 指数（S&P 500）期货的 20 天历史波幅率由 15%左右大幅上升至 54.07%。换言之，历史波幅率的记录显示市场的历史风险一年会有下跌 54.07%或回报上升 54.07%的可能，数字极及惊人。然而，事实上，在图 4.4 的例子之中，当历史波幅率上升至高峰时，其实市场的抛售高潮已经过去。换言之，历史波幅率是后于市况的，以历史波幅率作为厘定期权金的价值者，实有失之交臂之嫌。

不过，笔者认为以历史波幅率趋势去判断市况的发展，则往往极有启示作用。

图 4.4 是标准普尔 500 指数期货日线图及 20 天保历加通道。此通道的上下限是计 20 天平均线上下 2 个标准差，在一般市况下，上下限均不轻易突破。

在 1987 年 10 月 16 日，指数收 282.94，下破了通道下限线，而即日价位幅度大增，保历加通道向外扩宽，反映市场的走势已偏离一般市况。

在此情况下，20 天历史波幅率，上破 10 天线，并抛离 250 天线之上，反映市场结构出现剧变。结果，在下一个交易日 10 月 19 日，市场即发生史无前例的急跌。

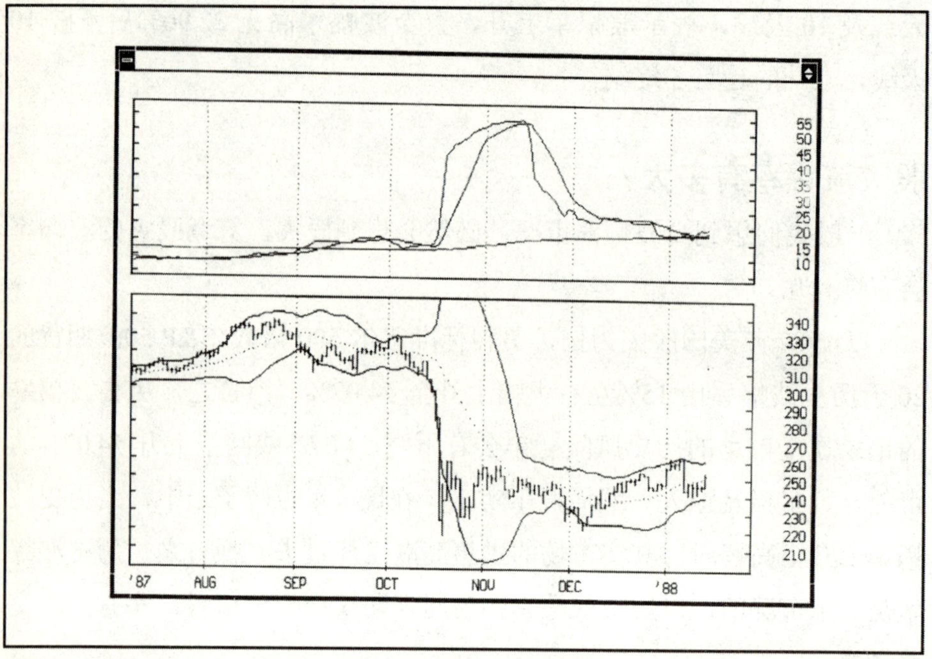

图 4.4 标准普尔 500 指数期货历史波幅率(1987 年)

波幅判别趋势

历史波幅率一般都给予我们了解市场的风险与回报的信息，然而，我们不应单从市场的波幅去衡量市场的投资回报，因为若市场的价格出现趋势，市场的投资回报便不单只是市价的标准差，其平均回报率亦会作出了适量的改变。因此，我们对于市场都应该有一个较为动态的了解。我们的经验是，若市场出现趋势，通常收市价都会收于市场价格平均数的两个标准差之外。由此，我们亦可利用标准差以判断市场趋势的出现。

以图 4.5 英镑期货的例子，英镑在升破 1.57 美元关口之后，出现连续两星期以上周线图收市价收高于 20 星期保历加通道上限之上。保历加通道上下限的意思是计算 20 星期平均线上下两个标准差的价位。换言之，市场已经出现了一个中短期的上升趋势，最后，英镑果然上升至最高 1.69 美元高位。由此可见，市场的历史波幅，对于判断市场趋势的出现尤其重要。

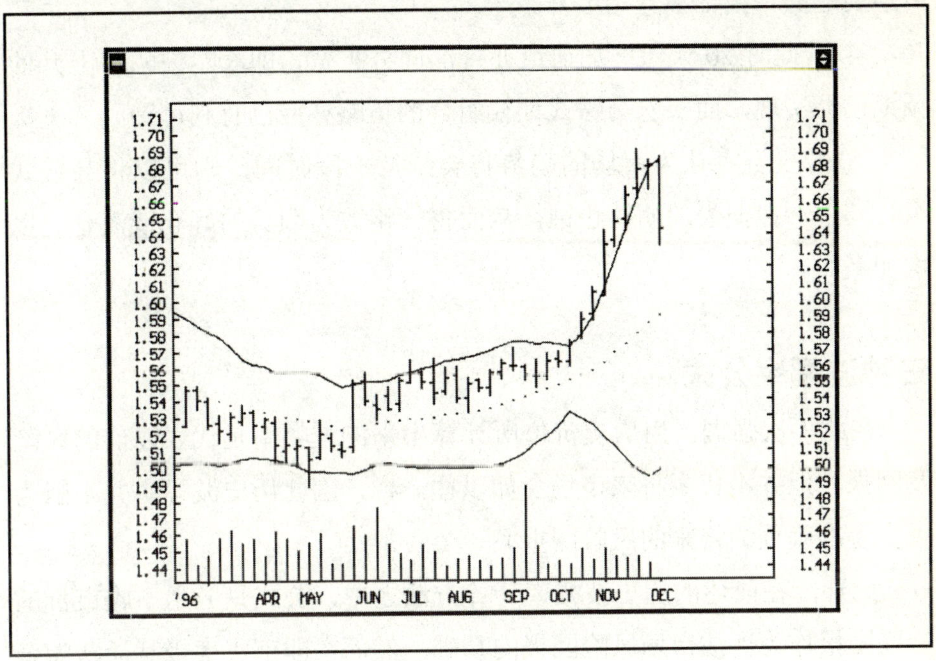

图 4.5　英镑期货与保历加通道

保历加通道的期权策略

对于历史波幅率在市势分析的应用上，笔者在另一著作《技术分析原理》(明报出版社，第三版，1997)一书之中曾经介绍过，其中，笔者应用保历加通道的分析以厘定期权买卖策略，主要来说有以下几个步骤：

(1)若见市价牛皮上落了一段时间，20 天保历加通道的阔度开始收缩，表示市场的历史波幅率已下跌至较低的水平，市场将随时会出现新的趋势。

(2)在此段时间，期权投资者可以考虑买入一套马鞍式期权组合，亦即同时买入平价(At－the－Money)的认购及认沽期权，以捕捉市场趋势再度出现，波幅率上升所带来的利润。

(3)收市价若升破保历加通道的上限或下限，即表示市场已经出现单边的趋势，波幅率开始上升。

(4)若此时20天保历加通道亦持续向外扩宽，即表示波幅率上升的预期已经实现，而买入马鞍式期权组合的策略亦应已有利可图。

(5)若投资者认为市场的趋势将会维持一段时间，则可以将马鞍式组合其中一边损失的期权止蚀，从而将策略改为顺势的好仓或淡仓，以增加赢面。

三种波幅率公式

在此再次强调，用历史价位所计算出来的波幅率是代表以前的风险及回报，但并不代表将来市场会如以往一样，因此历史波幅率并不能为投资者准确预测将来的风险回报。

此外，在前述的历史波幅率计算方法之中，公式只应用了收市价的升跌回报作为评估市场风险回报的基础，然而在即市买卖极其活跃的金融市场，收市价的资料便未必能够有效为投资者评估市场即市高低价位所带来的风险及回报。

有见及此，目前市场亦有另外两种计算波幅率的方法，以包括当日高低对于市场风险回报的因素。

在第一种以收市价计算的公式中，市场每日回报以下面计算：

$$r = \ln\left(\frac{C_2}{C_1}\right)$$

在第二种以市场当日高低位计算的公式中，市场波幅率以下面计算：

$$V_2 = \sqrt{252} \times 0.601 \times \ln\left(\frac{H}{L}\right)$$

在第三种以市场高、低及收市价计算的波幅率公式中，计算方法是：

$$V_3=\sqrt{252}\times 0.5\ln(\frac{H}{L})^2-0.39\ln(\frac{C_2}{C_1})^2$$

如何选择波幅率公式?

上面分别介绍过三种不同的历史波幅率计算方法，至于何种计算公式为佳，则要视乎投资者认为那一种波幅率与市场的实况最为接近而定。

一般而言，市场最普遍所使用的，是以收市价回报率为基础的历史波幅率公式，因为，其中所涉及的数据最少。

实际上，投资者亦应对于波幅率在不同的市场上的应用有所区别，譬如：某市场每交易日的高低波幅甚细，又或该市场每口交易的时间很短的话，则投资者便应该避免选用包括高低价位的历史波幅率公式。

相反而言，若某些市场每日的价位，高低幅度甚大，则单以收市价计算波幅率，便可能对市场的风险及回报有所低估，而包括高低价位的历史波幅率公式亦可大派用场。

此外，若投资者所计算的波幅率是以较长线的“时间窗”，则收市价的波幅率已可应用，相反，较短的“时间窗”应该使用包括高低收市价的历史波幅率公式。

最后，我们应该选择的公式是可以较接近期权金所计算出来的引伸波幅率。

引伸波幅率更为重要

前述利用历史波幅率可捕捉市场趋势，但若以历史波幅率去决定期权策略，我们仍然要面对一定困难。

期权的定价是根据市场预期将来的波幅率，而非根据由历史资料计算出来的波幅率，因此，两者是截然不同的事。历史波幅率计算已发生的市场的既有风险和回报，但期权的订价是折现将来预期的市场风险和回报，两者可以相去甚远。

若我们要了解目前市场所预期的风险和回报，我们可以将当时期权金的价值输入期权订价的公式(例如，布力克•索尔斯模式)，从而倒转计算出市场波幅率，此一波幅率我们称之为“引伸波幅率”，意即期权金所引伸出来的市场预期风险和回报。现实上，市场的引伸波幅率与历史波幅率两者相去可以甚大。

以英镑期货的例子，英镑由 1996 年 12 月 2 日高峰 1.6866 美元三天内下跌至 12 月 5 日 1.6100 美元，跌幅 766 点，而 20 天历史波幅率则由 5.89%上升至 9.70%（图 4.6)。不过，在此期间，市场所预期的市场风险及回报则大得多，由 12 月 6 日到期的平价期权金所计算出来的引伸波幅率由 8.30%上升至 20.31%。其中原因是，12 月期权只有一天便到期，市价变化对期权金以至引伸波幅的影响极大。

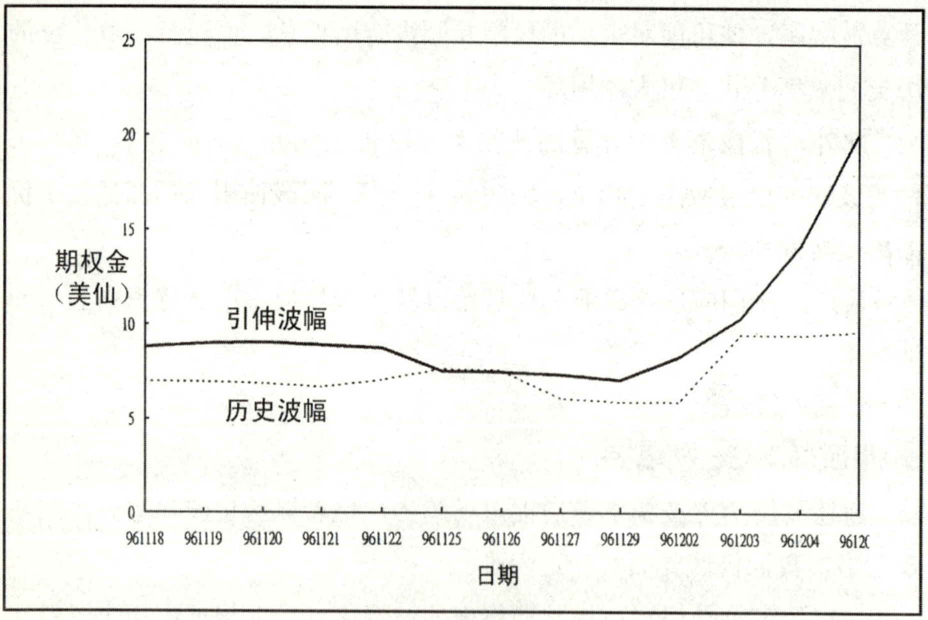

图4.6　英镑平价期权引伸波幅率与历史波幅率的比较

数据比较可参考表 4.2。

表 4.2　引伸波幅与历史波幅比较

英镑 12 月期货	日期	引伸波幅	历史波幅
BP1996Z	1996. 11. 18	8. 79	6. 97
BP1996Z	1996. 11. 19	8. 98	6. 95
BP1996Z	1996. 11. 20	9. 03	6. 85
BP1996Z	1996. 11. 21	8. 89	6. 66
BP1996Z	1996. 11. 22	8. 74	7. 04
BP1996Z	1996. 11. 25	7. 52	7. 63
BP1996Z	1996. 11. 26	7. 47	7. 55
BP1996Z	1996. 11. 27	7. 32	6. 08
BP1996Z	1996. 11. 29	7. 03	5. 87
BP1996Z	1996. 12. 02	8. 30	5. 89
BP1996Z	1996. 12. 03	10. 35	9. 48
BP1996Z	1996. 12. 04	14. 26	9. 48
BP1996Z	1996. 12. 05	20. 31	9. 70

引伸波幅率的斜度

市场引伸波幅率固然与历史波幅率不同，即使在同一个到期月份里，不同行使价的期权的引伸波幅率亦存在差异，称之为“引伸波幅率的斜度”(Implied Volatility Skew)，或称波幅率的“微笑”(Volatility Smile)。

以认购期权的系列来说，若价外(Out－of－Money)期权的引伸波幅率较等价(At－the－Money)期权为高，称为正认购期权波幅斜度(Positive Call Skew)；相反，则称为负认购期权波幅斜度(Negative Call

Skew)。

认沽期权系列方面，若价外期权的引伸波幅率较平价期权为高，称为正认沽期权波幅斜度(Positive Put Skew)；相反，则称为负认沽期权波幅斜度(Negative Put Skew)。一般金融产品的期权都以正斜度为主。

下面是1996年12月6日到期的12月的马克认购期权系列。于11月5日，12月马克期货价收66.04美仙，而认购期权结算价与引伸波幅率如表4.3所示。

表 4.3　马克引伸波幅率

行使价	期权金	引伸波幅率
63.00	3.07	10.08%
64.00	2.13	9.08%
65.00	1.26	8.00%
66.00	0.62	7.85%
67.00	0.27	8.27%
68.00	0.12	9.08%
69.00	0.06	10.13%

从图4.7可见，平价期权引伸波幅率最低。

对于金融产品的期权系列，通常出现正引伸波幅斜度的现象，换言之，价外期权的引伸波幅率较平价期权的引伸波幅为高，究其原因，一般归因于市场人士的买卖行为。

(1)投机者一般喜欢买入价外期权以低成本博取高杠杆回报，因而期权金的价格受需求影响而推高。

(2)期权主力或短线炒家则喜欢沽空平价期权，原因是沽空平价期权所赚的时间值最大。由上面可见，正引伸波幅斜度反映了一般市场的买卖行为。

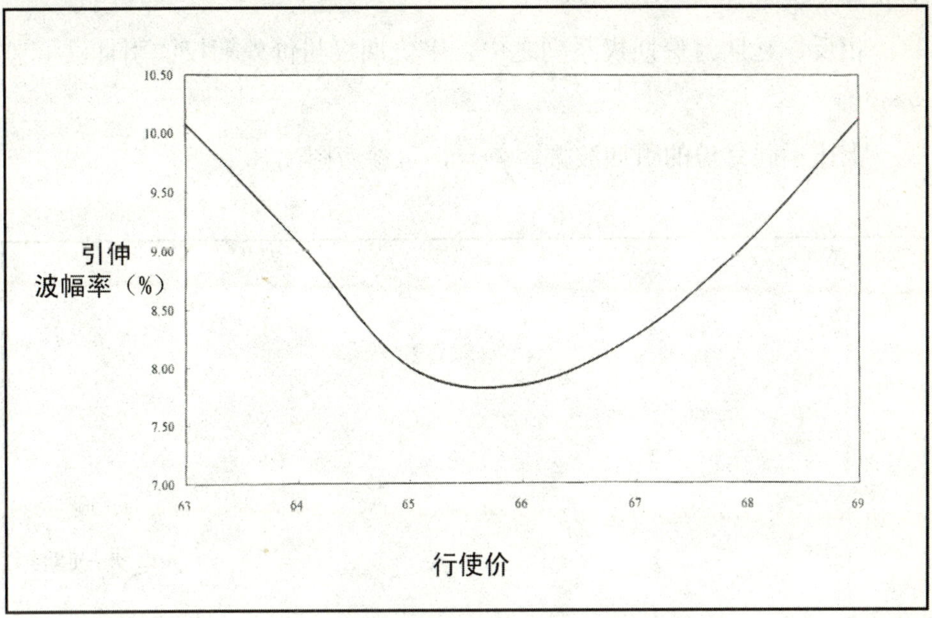

图4.7　某产品认购期权引伸波幅率

不过正如分析家A. J. Baird所言，在股市指数期权市场中，经常会出现价外期权的引伸波幅率较平价期权的引伸波幅率为低。对这种现象，笔者相信是因为对冲行为所致，即长线股票投资者买入股票，同时在股市指数期权市场沽空价外认购期权以收取期权金作对冲下跌风险，因而使价外认购期权的价值偏低，引伸波幅较低。

Baird所指出的另一现象是在商品期权市场出现“负认沽期权引伸波幅率斜度”，亦即价外认沽期权引伸波幅率较平价期权为低。笔者相信，此亦为生产商的对冲行为所致。他们生产商品，并在期货市场沽空期货合约，以对冲价格风险，然后再在期权市场沽空认沽期权收取期权金。

对于引伸波幅率的差异，除了存在于同一个到期月份的期权系列之中外，其实亦存在于不同到期月份之间。

主要来说，在近期的到期月份期权系列之中，平价与价外期权的引伸波幅率之间差异较大。

相反，远期月份期权系列之中，平价期权与价外期权的引伸波幅差异较细。

上述不同月份的引伸波幅率差异，可参考图 4.8。

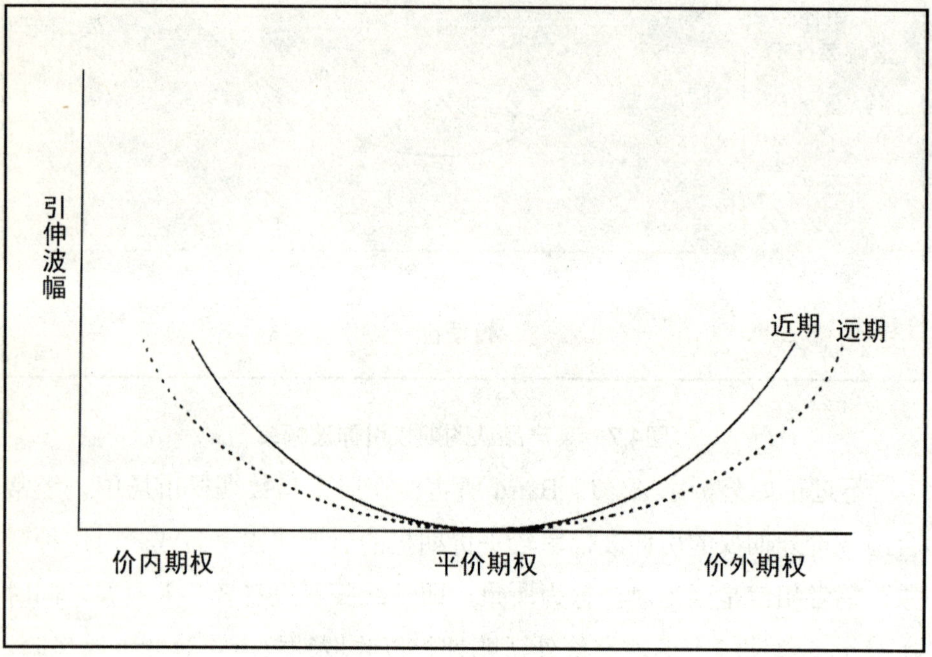

图4.8　引伸波幅率的斜度

在图 4.8 中，引伸波幅率差异较大的是近期月份，而引伸波幅率差异较细者是远期月份。

对于上述引伸波幅率差异，其实套利者未必有利可图，主要引致引伸波幅之间的差异是时间长短的差异。

若短期市场大幅波动，对于即将到期的期权引伸波幅影响最大；相反，短期市场的波动对于远期的期权价值影响较细，因为远期期权的定价早已算入较大的市场波幅。

换句话说，只有两星期便到期的期权，所预期的市场标准差，必然较一年的市场标准差为细。因此，若市场在短期大幅波动，短期的标准差大升，对短期引伸波幅影响最大。

如何判断引伸波幅高低？

前面笔者介绍以历史波幅率作为厘定期权买卖策略的根据，事实上，更准确而言，我们应该以市场预期引伸波幅率的趋势，来决定期权策略的应用。

一般而言，若期权金的引伸波幅率大幅高于历史波幅率，我们可以初步判断引伸波幅率偏高，相反，若引伸波幅率大幅低于历史波幅率，我们可初步判断引伸波幅率偏低。

上面用“初步判断”字眼的意思，是我们不能单单因为引伸波幅率偏高或偏低而贸然应用期权策略，我们仍然需要以引伸波幅率的趋势来作判断。

若引伸波幅率高于其 250 天线，我们大致上判断该引伸波幅率偏高；相反，低于 250 天线的引伸波幅率则属于偏低。

在决定引伸波幅率是否见底回升，或见顶回落时，引伸波幅率的 10 天平均线往往可以扮演极之重要的角色。若引伸波幅率上破其 10 天平均线，可看为见底回升；若下破其 10 天平均线，则可看为见顶回落。

若我们看引伸波幅率上升，可行的期权策略包括：买入认购或认沽期权并以期货作对冲，买入马鞍式或勒束式等组合。相反，看引伸波幅率下跌，可沽空上述期权策略。

引伸波幅与对冲策略

其实，波幅率除了可以帮助我们正确判断市场，从而厘定期权投资策略外，对于引伸波幅率后向的正确预期，可以帮助我们决定期权对冲的策略。

一般来说，当引伸波幅率偏低时，我们的对冲策略希望将现有的持仓改变，而成一个背向性跨价期权组合(Back Spread)，即类似马鞍式组合的 Delta-Neutral 仓盘。所谓 Delta-Neutral，即市价轻微的上落，对于仓盘的价值并无重大影响。不过，若其后引伸波幅率上升至应有的合理水平的话，则所持仓盘便会因波幅率上升而获利。

相反来说，当引伸波幅率偏低时，我们的对冲策略希望将现有的持仓改变，而成一个面向性跨价期权组合(Front Spread)，即类似沽空马鞍式组合的盈亏情况。这种组合本身亦是一个 Delta-Neutral 的仓盘，市价轻微的上落并不影响仓盘的价值。不过，若其后市场的引伸波幅率回落至合理水平，仓盘价值下跌，从而令面向式组合策略有利可图。

对于上述对冲策略，一般为期权主力或短线期权炒家所应用，其买卖目标是赚取引伸波幅率的利润，并尽量消除市价升跌对其买卖的影响。

第五章

认沽—认购期权：平价原理与套戳策略

在现实生活中，如果今日我们付出资金在股票市场上买入一手股票，经过交收后，我们便拥有一手股票，这手股票的买卖可称为现货买卖，是以现时市价买入并交收现时的资产。这些资产可以是一篮子股票、债券、商品、货币或农作物。

若我们在现时与买卖对手订下协议，以现时合约所订下的价格买入或沽出一段时间之后才交收的资产，我们称此种交易为期货市场的交易。由于由现在至交收时存在一段时间，当中涉及资金的利息成本，因此，此种利息成本亦会计算在目前所订下的买卖价之内，而所订的价格，便是期货价格。

理论上，现货价与期货价存在着一个利息的因素。在现货的交易中，资产的沽出者可以经交收后很快得到资金，而这些资金可以存在银行或购买债券收息。相反，在期货交易中，资产持有者承诺沽出资产，但由于资产要在一段时间后才可以交换成为现金，无形中沽出期货合约者是损失了在这段时间之中将现金存在银行或买入债券收息的机会，而所损失的便是这些现金的利率。

因此，在一切不变的情况下，资产拥有者宁愿以现货交易而不愿以期货形式交易，除非，买入者愿意以较高的订价买入期货，而期货价高于现货价的溢价，理论上便是利率的成本。

以数学公式表示，期货的价值应等如现货的将来价值(Future Value)。假设现货价为 S，期货价为 F，一年的利率为 r，则现货与一年期货价之间的关系如下：

$F=S+Sr$

若时间为一年的分数或倍数，时间 t 的因素令公式改写成：

$F=S(1+r)^t$

实例：

若现货 S 是\$100，利率是 10%，时间 t 是 2 年，则期货价应为：

$F=100\times(1+0.10)^2$

$F=\$121$

换言之，在一切不变的情况下，资产拥有者以$100 的代价即时以现货交易沽出资产，与承诺以$121 的代价在两年后沽出资产(期货交易)，基本上并无分别。

当然大家知道，一切并非不变，股市在两年前与两年后的分别极大，买卖双方必然不会纯以利率决定期货价，当中还包括了风险因素，是故在实际的现货市场上，在极短暂的时间内，一切都大致未变，期货与现货价之间的关系便大致由利率的高低所决定。在这里，我们便可以考虑另一种利率的计算方式，称为连续复息利率(Continuous Compound Interest Rate)。

当我们计算期货与现货的利率差时，其实计算利率的时间及密度对于最后所得是有一定的影响的，以下是其中的推论。

连续复息率计算方法：

在一般的利息计算中，假设本金为 S，利息年率为 r，则本金 S 存在银行一年，本金将增长至 $S(1+r)$。由此推出以后 3 年的增长：

1 年后：$S(1+r)^1$

2 年后：$S(1+r)^2$

3 年后：$S(1+r)^3$

t 年后：$S(1+r)^t$

假设，银行每半年计息一次，则存户每年资金增长情况如下。

1 年后：$S(1+\frac{r}{2})^{2(1)}$

2 年后：$S(1+\frac{r}{2})^{2(2)}$

3 年后：$S(1+\frac{r}{2})^{2(3)}$

t 年后：$S(1+\frac{r}{2})^{2t}$

若进一步，某银行每年计算 m 次，则存户资金增长情况如下。

1 年后：$S(1+\frac{r}{m})^{m(1)}$

2 年后：$S(1+\frac{r}{m})^{m(2)}$

3 年后：$S(1+\frac{r}{m})^{m(3)}$

t 年后：$S(1+\frac{r}{m})^{mt}$

假设以 $m=nr$，则上述公式可以写成：

$S(1+\frac{1}{n})^{nrt}$

若现在银行每时每分都在计息，一年计算无限次，则计息的形式便成为连续复息利率。此计息法亦即计算上述公式的极限(limit)，由于变数为 n，实际上公式可以下面形式计算：

$$\lim_{n\to\infty}$$

$$S(1+\frac{1}{n})^{nrt}$$

$$=S\left[\lim_{n\to\infty}(1+\frac{1}{n})^{n}\right]^{rt}$$

依照数学方法，定义：

$$e=\lim_{n\to\infty}(1+\frac{1}{n})^{n}$$

因此，依连续复息利率计算，在 t 年之后，本金将增长至：

Se^{rt}

此公式相对于每年计算一次的公式：

$S(1+r)^{t}$

换言之，期货价 F 与现货价 S 的关系可写成：

$F=Se^{rt}$ 或 $S=Fe^{-rt}$

e 的推算

推算上面公式颇为复杂，有兴趣的读者可参考以下二项式(Binomial)的演算：

$$\lim_{n\to\infty}(1+\frac{1}{n})^n=1+n(\frac{1}{n})+\frac{n(n-1)}{2!}(\frac{1}{n})^2+\frac{n(n-1)(n-2)}{3!}(\frac{1}{n})^3+\cdots\cdots$$

$$=1+1+\frac{(1-\frac{1}{n})}{2!}+\frac{\frac{(n-1)\cdot(n-2)}{n\quad n}}{3!}+\cdots\cdots$$

$$=1+1+\frac{(1-\frac{1}{n})}{2!}+\frac{(1-\frac{1}{n})\cdot(1-\frac{2}{n})}{3!}+\cdots\cdots$$

由于 n 为无限大，因此$\frac{1}{n}$，$\frac{2}{n}$，$\frac{3}{n}$......都等于 0。

上面公式变成：

$$=1+1+\frac{1}{2!}+\frac{1}{3!}+\cdots\cdots$$

$$=1+1+\frac{1}{2(1)}+\frac{1}{3(2)(1)}+\cdots\cdots$$

$=2+0.5+0.1667+\cdots\cdots$

$=2.718282\cdots\cdots$

数学上，以上公式所衍生的数值定义为 e。

购期权与认沽期权之间的关系

其实认购期权与认沽期权之间，并非互不相关的合约，相反，我们可以从利率的角度去了解两者之间的关系。

假设，目前我们有两套投资组合。

组合一：

买入一手股票 S，并同时买入一手行使价 E 的认沽期权 P 以保障下跌的风险。

组合二：

期权攻略

买入一手行使价 E 的认购期权 C，并将余下资金买入政府债券 B 收取无风险的利息。该债券应于期权到期时，连本带利等如以行使价 E 买入一手股票 S 的价值：

$$E=B(1+r)^t$$

上述两套组合都容许投资者获利有无限上升的可能，但则保障了下跌的风险。

期权到期时我们可以考虑以下市况。

1．若股价 S 高于行使价 E

在组合一中，投资者可以股价 S 在市场沽出一手股票，套现资金相等于股价 S。至于认沽期权 P，则由于行使价 E 低于股价 S，未有行使价值，因此价值下跌至零。换言之，组合一的价值为 S。

在组合二中，投资者见股价 S 高于认购期权 C 的行使价，行使有利可图，于是行使认购期权。他沽出债券 B，连本带利得到相等于行使价 E 的资金，并行使认购期权，以行使价 E 买入正股。由他得到的正股股价为 S，他将股票沽出市场，可得回资金相等于股票 S。另一个方法是，若他的认购期权是以现金结算，到期时，他得到市价 S 与行使价 E 的差价，此外，投资债券为他带来连本带利 E 的资金，两者加起来，价值亦为 S。

换言之，组合一与组合二的价值相同。

2．若股价 S 低于行使价 E

在组合一中，认沽期权的行使可赚取行使价与股价 S 之间的差价（$E-S$），而沽出正股可收回资金 S。换言之，组合一的价值是：

$$(E-S)+S=E$$

在组合二中，认购期权未能行使，价值等如零，而沽出债券，连本带利可收回相等于 E 的资金。

换言之，组合一与二的价值一样。

3．若股价 S 等如行使价 E

在组合一中，认沽期权并无行使价值，因此价值为零。而沽出正股所得回的资金为 S。换言之，组合一的价值为 S。

在组合二中，认购期权无行使价值，因此价值为零。而沽出债券，连本带利可收回资金 E。

由于 S 等如 E，组合一及组合二的价值亦是相同。

在上面两种组合中，我们可以找到认购期权与认沽期权之间的关系，可以下面数学公式表示：

$$S+P=C+B$$

其中：S= 股价；P= 行使价 E 的认沽期权；C= 行使价 E 的认购期权；B= 所买入的债券。

关于上面的债券投资，其实我们可以用银行存款代替。

认沽－认购期权平价原理

假设投资者在价位水平 K 买入现货，若在一年后现货价升至价位水平 S，则投资者在帐面上赚取 $S-K$ 的利润。然而，由于投资者将资金投入现货买卖中，投资者实质另外损失了资金的利息，或称为持仓成本(Cost of Carry)。若当时一年利息为 r，则投资者付出的利息为 Kr。换言之，投资者实质赚取了（$S-K-Kr$)的利润。

假设，投资者希望改持认购期权而达到上述效果，他可持有行使价 E 的认购期权。并将资金准备，直至期权到期时行使期权，以资金相等于行使价 E 换取现货。由于他在一年后所需要的资金是 E，目前他只需要预备资金 K，并将之放在银行收息，一年后便可获得资金 E，公式是：

$$E=K(1+r)^t$$

若以连续复息利率计算，公式为：

$E = Ke^{rt}$

现时预备的资金可折算如下：

$K = Ee^{-rt}$

上述 Ee^{-rt} 亦可看为现时买入债券或银行存款的金额。

由于投资者买入一手认购期权，其意义便等如买入现货并同时买入认沽期权，则读者必然会问，全世界的投资者为甚麼不全部买认购期权，至少原先买入现货的资金可以转而放进银行收息？

事实上，由于持有认购期权有此优惠，认购期权的期权金便会自然上升，以补回此一利息收入予期权的沽家，否则市场上无人会沽出认购期权予买家。

由此，我们得到认沽—认购期权平价理论：

$S+P = C+Ee^{-rt}$

此公式可以简化为：

$C = S-Ee^{-rt}+P$

实际上，认购期权金亦等如现货价－行使价＋认沽期权＋行使价现值在未结算前所赚的利息：

公式是：

$C = S-E+P+(E-Ee^{-rt})$

在上面公式中：C= 认购期权金；S= 现货价；E= 认购期权行使价；P = 认沽期权金；e^{-rt}= 折现率。

此外，$(E-Ee^{-rt})$即期权未行使前，所预备的资金可赚取的利息。

若现价 S 等如行使价 E，认购期权金便等如认沽期权金加所预备资金的利息：

$C = P+E(1-e^{-rt})$

在上面所讨论的认沽——认购期权平价理论中，所应用的公式是：

$C = S-E+P+(E-Ee^{-rt})$

其中，S 所代表的是现货资产，并未包括持有现货资产 S 所带来的回报。

S 的回报包括：

(1)若 S 为外币，则理论上持有 S 应可收取外币的利率 i；

(2)若 S 为股票，则理论上持有 S 应可收取股息率 d；

(3)若 S 为股市指数，则理论上持有 S 应可收取整体盈利率 y(Market yield)。

基于以上原因，上面的公式未达到完全的平价，因此上述认购期权 C 的公式，应减去持有现货时所得到的收入，亦即是应用现货资产 S 的折现值 Se^{-it} 以代替 S，公式如下：

$$C=Se^{-iit}-E+P+(E-Ee^{-irt})$$

化繁为简，上述公式应为：

$$C=Se^{-iit}-Ee^{-irt}+P$$

期货期权的平价

在我们应用认沽—认购期权平价理论时，另一个重要的问题是，究竟我们是应用在现货合约抑或期货合约之上。

若我们所买卖的是现货期权，例如场外的 OTC 外汇期权，费城交易所现货外汇期权，前述的公式已可应用。不过，如我们所买卖的是期货期权(Options on Futures)，则投资者便需要另作考虑。

所谓期货期权，意思是期权所代表或交收是以期货合约为基础，而参考的价位亦以交易所的期货价为主。目前买卖极之活跃的美国芝加哥商品交易所(CMEO)、纽约商品交易所(NYMEX/COMEX)等期权产品全部都为期货期权，因此影响性甚大。这些期权包括：美国 IMM 货币期权、S&P 500 指数期权、CBOT 美国 30 年债券期权、CMX 黄金及白银期权等等。

至于香港期货交易所的恒生指数期权，虽然该期权所代表的资产是恒生指数，是一种现货指数，但由于恒指期权与恒指期货都是在同一个交易日到期，其结算指数是一样的，因此，实际上，恒指期权亦可看为是恒指期货合约的欧式期权。

对于期货期权的平价，其实并不太过复杂，只要我们将现货 S 与期货 F 的关系清楚界定便成。

对于计算期货合约的期权平价，首先我们必须了解所讨论的资产是否会产生回报。

(1)若资产 S 是一项商品或农产品，本身不会产生回报，则期货 F 的公式为：

$$F = S(1+r)^t$$

(2)若资产 S 是一项外币，持有外币有利息收入，目前由于只持有期货合约，投资者将少收利息 i，是故：

$$S(1+r)^t = F(1+i)^t$$

$$F = S\frac{(1+r)^t}{(1+i)^t}$$

若以连续复息计算，其公式为：

$$F = S\frac{e^{rt}}{e^{it}}$$

$$S = Fe^{(i-r)t}$$

由于认沽—认购期权平价理论公式为：

$$C = Se^{-it} - Ee^{-rt} + P$$

将 S 的公式代入后：

$$C = Fe^{-rt} - Ee^{-rt} + P$$

上面的公式表示，当我们计算外币期货合约的期权时，并不用考虑该外币的利率，而只需要计算本地利率便可以。同理，对于股市指数期货的期权，股市的息率亦不用计算。

上面所讨论的期货期权的认沽——认购期权平价公式中，有以下几点值得注意，在公式中：

$C = e^{-rt}(F-E)+P$

(1)由于(F−E)大致上等于认购期权的内在值，因此，若期货价 F 等于期权的行使价 E，认购期权 C 便等于认购期权 P。

(2)若时间 t 十分短，e^{-rt} 便差不多等于1。此外，若利率 r 十分细，e^{-rt} 亦差不多等于1。另外，由于(F−E)的数值本身颇小，换言之，对于一至两个月的期货期权，认沽—认购期权平价公式可以简单写成：

$C = F-E+P$

(3)对于价内期权或等价期权，认购期权金会大于认沽期权。

三种期权套戥策略

上面讨论认沽—认购期权平价理论，目的是与读者讨论三种期货与期权的合成套利策略，分别为：

(1)期权转换策略(Conversion)；

(2)期权反转策略(Reversal)；

(3)期权方盒策略(Box)。

1. 期权转换策略(Conversion Strategy)

所谓期权转换策略，乃是指利用买入期货合约，并同时沽空合成期货组合，以赚取其中差价，以达致套戥的目的。

若我们以短期期货期权的市场为例，由于认沽—认购期权平价理论的公式为：

$C = F - E + P$

期货合约理论上亦应等如：

$F = E + C - P$

一旦套利者发现，在行使价 E 上，连交易费用后，买入一张认购期权及沽空一张认沽期权再加行使价 E 大于当时期货市场的期货价的话，投资者即可进行套戥的活动，包括：买入一手期货合约，同时沽空一手行使价 E 的认购期权及买入一手行使价 E 的认沽期权。

换言之，期权转换策略可在以下情况运用：

$F<E+C-P$

2．期权反转策略(Reversal Strategy)

这种策略亦即转换策略的相反，是以买入合成期货组合，同时沽空期货市场的期货合约，以套取其中差价，从而收到套利之效。

若投资者发现，当时期货相对于买入认购期权及沽空认沽期权加行使价 E 为高时，投资者将可得到一个套利的机会。

方法是：买入行使价 E 的认购期权及沽空行使价 E 的认沽期权，同时沽空期货合约。

换言之，期权反转策略可在以下情况运用：

$F>E+C-P$

对于期权转换策略及期权反转策略，套利者当然需要将交易成本，例如经纪佣金、交易所征费等杂项计入。此外，由于期货、认购期权及认沽期权是三个市场，因此买卖差价的影响十分大。

此外，在执行上述买卖时，时间先后亦十分重要，若在“快市”中执行上述买卖，其中一边未能按预期价位执行的话，将对套戥者带来风险。

是故，上述策略一般由已有“仓底”者、盘房交易员或出市代表运用，普通散户则要格外小心其中运作上的风险。

3．方盒策略(Box Strategy)

此套利策略的意义是：一方面在一行使价上买入合成期货组合；另一方面，在另一行使价上沽出合成期货组合。

方盒策略的主要目的是套取市场基于供求关系而间中产生的差价，

从而达到套利的效果。

实际上，买入合成期货是买入认购期权，同时沽空认沽期权；此外，在另一行使价上，套利者沽空认购期权，同时买入认沽期权，从而沽出一套合成期货组合。

上面的期权运作其实亦等如买入一套看好的跨价认购期权组合(Long Bull Call Spread)，同时沽空一套看好的跨价认沽期权组合(Short Bull Put Spread)。

由于在认购期权及认沽期权两个市场上有不同的供求关系，因此投资者亦可趁两者出现价格偏差时入市套取差价。

套利的主要风险是利率所引致的期权价格变化，是套利者不可忽视的问题。

实例：

假设现时 1 月份陞指期货买入及卖出价报 10740/10745，而 1 月份恒指期权的买入及卖出价如表 5.1 所示。

表 5.1　期权报价

认购期权		行使价	认沽期权	
买入价	卖出价		买入价	卖出价
1000	1070	10000	280	300
860	910	10200	330	350
700	730	10400	400	420
580	620	10600	450	470
470	490	10800	520	540
400	440	11000	660	640

套戥机会可用以下公式计算：

(1)买入合成期货价 = 行使价 + 买入认购期权(卖出价) − 沽空认沽

期权(买入价)。

(2)沽空合成期货价 = 行使价 + 沽空认购期权(买入价)－买入认沽期权(卖出价)。

上述数据计算如表 5.2 所示。

表 5.2　计算结果

行使价	买入期货价	卖出期货价	买入合成期货价	沽出合成期货价	套戥机会
10000	10740	10745	10790	10700	×
10200	10740	10745	10780	10710	×
10400	10740	10745	10730	10680	√
10600	10740	10745	10770	10710	×
10800	10740	10745	10770	10730	×
11000	10740	10745	10840	10760	√

假如每张期货或期权买卖的经纪佣金均为每边$100，而交易征费共$11.5，套利交易费用为：

$C = 3\times(100+11.5)=334.5$

上述交易费用约 7 点。

上面例子共有三个套利机会：

(1)转换策略(Conversion Strategy)。

投资者可以：

买入行使价 10400 的合成期货及沽空一手期货合约，利润如下：

利润 = 沽空期货价－买入合成期货价－交易费用

=10740－10730－7

=3 点

上述套利策略其实包括三种组合：

①在 10740 沽空期货；

②以 730 点买入行使价 10400 认购期权；

③以 400 点沽空行使价 10400 认沽期权。

若最后交易日最后结算价在 10950，上述仓盘盈亏如下。

①沽空期货：10740－10950=－210

②买入认购期权：（10950－10400）－730=－180

③沽空认沽期权：400－0=+400

结算后利润 =－210－180+400=+10

扣除交易费用 7 点，投资者实际赚 3 点。

(2) 反转策略（Reversal Strategy）。

投资者可以：

买入一手期货合约，同时沽空一套合成期货合约（行使价 11000），利润如下：

利润 = 沽空合成期货价－买入期货价－交易费用

=10760－10745－7

=8 点

上述套利策略其实包括三种组合：

①以 10745 买入期货；

②以 400 点沽空行使价 11000 认购期权；

③以 640 点买入行使价 11000 认沽期权。

若最后交易日最后结算价在 10950，上述仓盘盈亏如下：

①买入期货：10950－10745=+205

②沽空认购期权：400－0=+400

③买入认沽期权：（11000－10950）－640=－590

结算后利润 =+205+400－590=+15

扣除交易费用 7 点，投资者实际赚 8 点。

(3) 方盒策略（Box Strategy）。

投资者可以增加套利的利润，即同时以行使价 10400 及 1000 的期权作套利。投资者可以：

买入行使价 10400 的合成期货，同时沽空行使价 11000 的合成期货，利润如下：

(交易费用包括 4×111.5=$446，即 9 点)：

利润 = 沽空合成期货价－买入合成期货价－交易费用

= 10760－10730－9

= 21 点

上述套利策略包括四种组合：

①以 730 点买入行使价 10400 认购期权；

②以 400 点沽空行使价 10400 认沽期权；

③以 400 点沽空行使价 11000 认购期权；

④以 640 点买入行使价 11000 认沽期权。

若最后交易日最后结算价在 10950，上述仓盘盈亏如下：

①买入 10400 认购期权：(10950－10400)－730 =－180

②沽空 10400 认沽期权：400－0 = + 400

③沽空 11000 认购期权：400－0 = + 400

④买入 11000 认沽期权：(11000－10950)－640 =－590

结算后利润 =－180 + 400 + 400－590 = + 30

扣除交易费用 9 点后，投资者实际赚 21 点。

(注：上面例子未计按金的利息)

第六章

期权定价模式

要解决期权的定价问题，我们必须从金融价格的机会率著手。假设股票 A 现时价格是$100，预期三个月后，该股票到达下面价格水平的机会如下：

股价	预期机会率	预期三个月后股价
70	3%	70×0.03=2.1
80	7%	80×0.07=5.6
90	10%	90×0.10=9.0
100	15%	100×0.15=15.0
110	40%	110×0.40=44.0
120	15%	120×0.15=18.0
130	10%	+) 130×0.10=13.0
	100%	106.7

从上面的计算，预期三个月后的股价应为$106.70。

期权应如何定价？

若现在我们要计算上述预期价格的现值，我们可以根据下面公式计算。

假设，目前利率为 5%，预期股价的现值为：

$$PV(E(S)) = \frac{E(S)}{(1+r)^n}$$

其中：$PV(E(S))$ = 预期股价的现值； $E(S)$ = 预期股价;r = 利率（年率）；n = 时间（以年为单位）。

将上述数字代入：

$$PV(E(S)) = \frac{106.70}{(1+0.05)^{0.25}} = 105.41$$

换言之，三个月后的预期股价现值为$105.41，而目前股票市价$100，两者之间的差价包括预期股息等因素在内。

认购期权的理论值

若现在我们要计算股票 A 认购期权的预期价值(理论值)，我们可以用下面方式计算。

假设该认购期权的行使价为$100，三个月后到期，意即三个月后若股价低于行使价$100，认购期权的价值为零，若股价高于$100，则认购期权的价值是股价与行使价之间的差价，亦即到期日期权的内在值。

该认购期权在三个月后的价值应为如下：

股价	认购期权内在值	预期机会率	预期三个月后认购期权价
70	0	3%	0×0.03 =0
80	0	7%	0×0.07 =0
90	0	10%	0×0.10 =0
100	0	15%	0×0.15 =0
110	10	40%	10×0.40 =4.0
120	20	15%	20×0.15 =3.0
130	30	10%	+) 30×0.10 =3.0
		100%	10.0

根据上面的计算，行使价$100 的认购期权在三个月后到期日的预期价值是$10.0。

若计算上述期权的预期现值，则可应用以下方式计算：

$$PV(E(C)) = \frac{E(C)}{(1+r)^n}$$

其中: $PV(E(C))$ = 认购期权 C 的预期现值；

$E(C)$ = 预期认购期权价值；r = 利率（年率）；

n = 时间（以年为单位）

代入上面数据，

$$PV(E(C)) = \frac{10}{(1+0.05)^{0.25}} = 9.88$$

换言之，行使价\$100 的认购期权现时的预期价值（理论值）应为\$9.88。

认沽期权的理论值

若现在我们要计算股价 A 认沽期权的预期价值(理论值)，我们可以用下面的方式计算。

假设该认沽期权的行使价为\$100，三个月后到期，意即三个月后，若股价高于行使价\$100，认沽期权的价值为零，若股价低于\$100，认沽期权的价值则为行使价减股价之间的差额，亦即到期日认沽期权的内在值。

该认沽期权在三个月后的价值应为如下：

股价	认沽期权内在值	预期机会率	预期三个月后认沽期权价
70	30	3%	30×0.03 =0.9
80	20	7%	20×0.07 =1.4
90	10	10%	10×0.10 =1.0
100	0	15%	0×0.15 =0
110	0	40%	0×0.40 =0
120	0	15%	0×0.15 =0
130	0	10%	+) 0×0.10 =0
		100%	3.3

据上面的计算，行使价$100 的认沽期权在三个月后到期日的预期价值是 $3.3。

若计算上述期权的预期现货，则可应用下面方式计算：

$$PV(E(P)) = \frac{E(P)}{(1+r)^n}$$

其中：$PV\ (E(P))$ = 认沽期权 P 的预期现值；$E(P)$ = 预期认沽期权价值；r = 利率（年率）；n = 时间（以年为单位）。

代入上面数据：

$$PV(E(P)) = \frac{3.3}{(1+0.05)^{0.25}} = 3.26$$

换言之，行使价$100 的认沽期权现时的预期价值（理论值）应为 $3.26。

期权的数学公式

上面是期权定价的最基本概念，然而，最困难的地方是如何知道股价到达不同价格水平的机会率，事实上，这涉及我们对价格波动的假设，而根据这些假设，我们可以用数学方法将不同价格的机会率计算，并乘以期权在不同价格的内在值，将这些项目总和，我们便可以计算期权理论值的现值。

（注：进一步的数学推算请参本章后的附录。）

期权定价模式（布力克•索尔斯（Black－Scholes））

1973 年美国芝加哥期权交易所（CBOE）成立，开始了场内期权的标准合约买卖，与此同年，美国学术界对于期权的定价问题亦出现了突破性的发展。芝加哥大学教授费沙•布力克（Fischer Black）及麻省理工学院教授米罗•索尔斯（Myron Scholes）在 1973 年《政治经济学报》（Journal of Political Economy）发表了一篇名为“期权定价与公司负债”（The Pricing of Options and Corporation Liabilities）的论文，从此结束了数十年来对于期权定价理论的争论，亦开创了五花八门期权理论的其他发展。

在文章中，作者主要讨论股票期权的定价公式，其中包括以下假设：

(1)短期利率是固定而清楚的；

(2)股价按“随机漫步”式波动，即每次股价跳动之间并不存在关系。因此，股价的回报变异率(Variance Rate of Return)是固定，与股价成平方关系。而股价的分布是对数正态的(Log－Normal Distribution)；

(3)股票并不支付股息；

(4)股票期权是“欧式”的，即只可在到期日才行使；

(5)买卖股票及期权并无交易费用；

(6)可以短期利率借贷部分股票的资金；

(7)抛空股票并不违法。

对于上述七个假设，虽然部分与事实有所差别，但由于其影响实际上有限，因此该理论仍有十分重要的参考作用。

期权定价模式的基础是基于一种套戥(Arbitrage)的概念，即股票期权的定价，最后将行使期权与股票本身所组成的对冲组合，市况无论市价升跌均对其价值无影响，并且不会产生套戥的机会。

作者利用随机微积分(Stochastic Calculus)的方法及物理学上的热能转移(Heat transfer)的公式，最后提出以下期权定价理论公式：

$C = SN(d_1) - Ke^{-rt}N(d_2)$

其中：C = 股票的认购期权价；S = 现时股价；K = 认购期权的行使价；e = 2.71828(请参阅第五章 e 的推算方法)；r = 短期利率(无风险利率)；t = 期权离到期日的时间(年率)；e^{-rt} = 连续复息折现率(Continuous Compound Discount)；d_1 = 股票 S 达到平均回报率的标准差百分比；$N(d_1)$ = d_1 的累进正态机会率(Cumulative Normal Probabilities)，即股价达到 d_1 回报的机会率；d_2 = 股票 S 到达行使价的回报率的标准差百分比；

$N(d_2)=d_2$ 的累进正态机会率，即股价达至 d_2 回报的机会率。

d_1 及 d_2 的公式为：

$$d_1=\frac{\ln(\frac{S}{K})+(r+0.5V^2)t}{V\sqrt{t}}$$

$$d_2=d_1-V\sqrt{t}$$

其中：V = 股价标准差的年率，即一年波幅率（Annualized Volatility）。

正态分布机会率

对于 $N(d_1)$ 及 $N(d^2)$ 的计算，分析者可用正态分布表（Normal Distribution Table）查出相对的机会率。

此外，读者亦可利用以下公式计算：

（1）如 d 大于或等如 0：

$$N(d)=1-N'(d)(a_1X+a_2X^2+a_3X^3+\cdots\cdots)$$

其中：

$$N'(d)=(\frac{1}{\sqrt{2\pi}})e^{\frac{d^2}{2}}$$

$$X=\frac{1}{1+kd}$$

若要公式准确至小数位后 5 个位，可用 X、X^2 及 X^3 三项，其中参考数可用：

$K=0.33267$

$a_1=0.4361836$

$a_2=-0.1201676$

$a_3=0.937298$

（2）若 d 小于 0，则取 d 的绝对值 $|d|$ 以计算 $N(|d|)$：

$N(d)=1-N(|d|)$

实例：

假设某股票现价为$100，短期利率为5%，一年波幅率为25%。若在其间股票不派息，而交易费用相对微不足道，则一个在60天后到期的欧洲式股票认购期权，行使价$110，期权金的理论值应为多少？

运算：

应用布力克·索尔斯的期权定价模式：

$C=SN(d_1)-Ke^{-rt}N(d_2)$

其中：

$S=\$100$

$K=\$110$

$r=\text{In}(1+0.05)=0.0488$（连续复息利率）

$t=\dfrac{60}{365}=0.1644$ 年

$V=0.25$

$$d_1=\frac{\text{In}(\frac{S}{K})+(r+0.5V^2)t}{V\sqrt{t}}$$

$$=\frac{\text{In}(\frac{100}{110})+[0.0488+0.5(0.25)^2](0.1644)}{0.25(\sqrt{0.1644})}=-0.81043$$

$d_2=d_1-V\sqrt{t}=0.81043-0.101366=-0.9118$

(1)由于 $d_1<0$，

$N(d_1)=1-N(|d_1|)$

$N(|d_1|)=1-N'(|d_1|)(a_1X+a_2X^2+a_3X^3+\cdots\cdots)$

$$N'(|d_1|)=\frac{1}{\sqrt{2\pi}}e^{-(\frac{[d_1]}{2})^2}$$

$$= \frac{1}{\sqrt{2(3.1416)}} e^{\frac{-(0.81043)^2}{2}}$$

$$= 0.287269$$

以参数：

$K = 0.33267$

$a_1 = 0.4361836$

$a_2 = -0.1201676$

$a_3 = 0.937298$

$$X = \frac{1}{1+k(|d_1|)} = \frac{1}{1+(0.33267)(0.81043)} = 0.787646$$

$$N(|d_1|) = 1 - 0.287269[(0.4361836)(0.787646) + (-0.1201676)(0.787646)2 + (0.937298)(0.787646)3]$$

$$= 0.791152$$

$N(d_1) = 1 - N(|d_1|) = 0.208848$

(2) 由于 $d_2 < 0$，

$N(d_2) = 1 - N(|d_2|)$

$N(|d_2|) = N(0.9118)$

$N(|d_2|) = 1 - N'(|d_2|)(a_1X + a_2X^2 + a_3X^3 + \cdots\cdots)$

$$N'(|d_1|) = \frac{1}{\sqrt{2\pi}} e^{-\frac{1}{2}(|d_1|)^2}$$

$$= \frac{1}{\sqrt{2(3.1416)}} e^{-\frac{1}{2}(0.9118)}$$

$$= 0.263256$$

由于 $K = 0.33267$

$a_1 = 0.4361836$

$a_2 = -0.1201676$

$a_3 = 0.937298$

$$X = \frac{1}{1+K(|d_2|)} = \frac{1}{1+0.33267(0.9118)} = 0.767266$$

$$N(|d_2|) = 1-0.263256[(0.4361836)(0.767266) + (-0.1201676)(0.767266)^2+(0.937298)(0.767266)^3] = 0.819066$$

$$N(d_2) = 1-N(|d_2|) = 1-0.819066 = 0.180934$$

最后，认购期权的理论值为：

$$C = SN(d_1) - Ke^{-rt}N(d_2)$$

$$C = 100(0.208848) - 110[e^{-(0.0488)(0.1644)}](0.180934) = 1.1411$$

认沽期权定价模式

与认购期权的定价模式如出一辙，认沽期权的定价可按以下公式进行：

$$P = e^{-rt}K[1-N(d_2)]-S[1-N(d_1)]$$

实例：

依前述例子，若现时股价为$100，认沽期权的到期日在60天之后，行使价为$110，则认沽期权的理论值应为若干？

运算：

$e^{-rt} = 0.9920$

$K = 110$

$N(d_2) = 0.180934$

$S = 100$

$N(d_1) = 0.208848$

$$P = 0.9920(110)(1-0.180934)-100(1-0.208848) = 89.3765-79.1152 = 10.2613$$

在上述公式中，虽然已大致将期权定价的问题解决，但在公式的假设中，仍有以下几点值得商榷：

(1)若公司在期权到期前派息，将会令股价下跌，从而令认购期权下跌，认沽期权的期权金上升，期权定价应如何修正？

(2)若期权所指定的资产是股市指数，则其年息率(Dividend Yield)应如何计算入期权定价之中？

(3)在美国，不少期权的指定资产为期货合约，究竟与上述期权定价模式有何分别？

(4)对于外妹现价期权，期权定价模式有何分别？

(5)在美国，大部分的期权都采用“美式行使”(American Exercise)的方式进行，由于美式行使方式容许期权持有人随时在到期前行使，其价值应稍较“欧式”为高，究竟我们应如何将“美式”期权定价？

股票派息的期权公式

对于股票在期权到期前派息，最简单的方法是在现时股价上作出修正，可在现价之上减去预期派息金额的折现值，其公式是：

$S' = S - De^{-rt'}$

其中：S'= 经派息金额折现后的股价；t'= 由现时至除净日的时间(年率)。

期权公式则为：

$C = (S - De^{-rt'})N(d_1) - Ke^{-rt}N(d_2)$

$P = e^{-rt}K[1 - N(d_2)] - (S - De^{-rt'})[1 - N(d_1)]$

指定资产为股市指数

若期权的指定资产为股市指数，一般表示期权合约是以现金交收，不会将其代表的股票作实物交收。不过，由于股市指数所代表的股票每年均会在不同时间派息，因此，股市指数亦相应可计算其息率(Dividend Yield)。Robert Merton 在 1973 年春季在《布尔经济及管理、科学学报》(Bell Journal of Economics and Management Science) 中发表了一篇名为“理性期权定价理论”(The Theory of Rational Option Pricing) 的文章。

在计算股市指数的期权理论值，现时股价可作息率的折现，其公式可用连续复息折现方式进行：

$I' = Ie^{-yt}$

其中：I = 现时指数；I' = 折现息率后指数；y = 指数整体息率 (Divi dend Yield)；t = 由现时到欧式期权到期日。

欧式指数期权公式为：

$C = Ie^{-yt} N(d_1) - Ke^{-rt} N(d_2)$

$P = e^{-rt} K [1 - N(d_2)] - Ie^{-yt} [1 - N(d_1)]$

$$d_1 = \frac{\ln(\frac{I}{K}) + (r - y + 0.5V^2)t}{V\sqrt{T}}$$

$d_2 = d_1 - V\sqrt{T}$

上述期权是欧式的指数期权，而股市息率应为预期的息率。

期货的期权(Option on Futures)

所谓期货的期权，即期权的指定资产为期货合约的意思。在 1976 年，费沙·布力克 (Fischer Black) 另外发表了专文讨论期货合约的期权定价问题，该文发表于 1976 年 3 月《财务经济学报》(Journal of Finan cial Eonomics)，名为“商品合约的定价”(The Pricing of Commodity Contracts)。

在撇除息率及持仓成本后，期货价 F 与现货价 S 的关系为：

$S = Fe^{-rt}$

其中：现货价 S = 期货价 F 的折现值。

期权定价公式：

$C = Fe^{-rt}N(d_1) - Ke^{-rt}N(d_2)$ 或

$C = e^{-rt}[FN(d_1) - KN(d_2)]$

此外，由于期货合约并不涉及投资资金，因此：

$$d_1 = \frac{\ln(\frac{F}{K}) + (0.5V^2)t}{V\sqrt{T}}$$

$$d_2 = d_1 - V\sqrt{T}$$

其中，无风险利率 r 并不存在。总括而言，欧式期货期权的公式为：

$C = e^{-rt}[FN(d_1) - KN(d_2)]$

$P = e^{-rt}[K(1 - N(d_2)) - F[1 - N(d_1)]$

实际应用：

由于恒指期货与恒指期权是同一到期日，因此，恒指期权理论上可看为恒指期货的期权，可应用恒指期货作为恒指期权的指定资产。不过，在计算时，必须确定恒指期货与期权的到期月份相同。

现时，最活跃的恒指期货合约是现货月合约，而大部分期货 / 期权的对　活动都以现货月合约为主，因此，若所计算的期权到期日并非现货月，则我们便应该将现货月期货合约价转为引伸期货合约价，以保证期货与期权的到期日相同。

引伸期货价（Implied Futures Price）是计算现货月期货价加跨期擘价（Inter－month Roll 或 Roll－over Spread）。

其公式如下：

$F_2 = F_1 + Q$

Q 是市场报出的转仓价（沽空某月份的期货合约，并买入另一个月份的期货合约），以指数点报出，主要是反映持货成本及股息因素。

实例：

今天是 12 月 20 日，投资者希望计算 3 月份行使价 10000 的恒指认购期权的理论值，现时的现货月是 12 月，现货月期货价是 9850，期权尚有 100 天才到期。

在计算之前，投资者要计算 3 月份的引伸期货价，现时，现货月价为 9850，现货月转 3 月季月的擘价（Roll－over Spread）市场报 140 点，则 3 月份引伸期货价为：

$F = 9850+140$

$\quad = 9990$

其他市场资料包括：

$E = 10000$

r = 三个月外汇基金票据利率 5.50%

t = 100/365 = 0.2740 年

v = 波幅率 30%

引用布力克公式，恒指认购期权的理论值应为：

$$C = e^{-rt}[FN(d_1) - EN(d_2)]$$

$$d_1 = \frac{\ln(\frac{F}{E}) + 0.5V^2 t}{V\sqrt{t}}$$

$$d_2 = d_1 - V\sqrt{t}$$

$$d_1 = \frac{\ln(9990/10000) + 0.5(0.30)^2(0.2740)}{0.30\sqrt{0.2740}} = 0.072$$

$$d_2 = 0.072 - (0.30)\sqrt{0.2740} = 0.085$$

$$C = e^{-0.055(0.2740)}[9990\ (0.072) - 10000N(-0.085)] = 611$$

外汇期权定价

布力克·索尔斯的期权定价模式基本是以无息率的股票作基础。对于外汇期权，由于涉及两种货币及其利息，在外汇期权的定价上亦应有所修改。

M.B.Garman 及 S.W.Kohlhagen 在 1983 年 12 月《国际货币及财务学报》(Journal of Money & Finance)上发表了一篇名为“外汇期权价值”(Foreign Currency Option Values)的论文，应用布力克•索尔斯的方法设计了外汇期权的定价模式，他们的公式与 Robert Merton 在 1973 年发表的股票派息的公式如出一辙：

$$C = e^{-r_f t} S N(d_1) - e^{-r_d t} K N(d_2)$$

$$P = e^{-r_d t} K [1 - N(d_2)] - e^{-r_f t} S [1 - N(d_1)]$$

$$d_1 = \frac{\text{In}\frac{S}{N} + (r_d - r_t + \frac{V^2}{2}) t}{V\sqrt{t}}$$

$$d_2 = d_1 - V\sqrt{t}$$

其中：C = 认购期权；S = 现货汇率(Spot Rate)；r_f = 外国货币无风险利率；r_d = 本地(基础)货币的无风险利率；t = 到期时间(年率)；K= 期权行使价；V = 波幅率(年率)。

美式期权的定价

美式期权与欧式期权主要分别是：美式期权给予期权持有者在期权到期前行使的机会；欧式期权则只可在到期日行使。因此，美式期权金略贵于欧式期权金，其差额称为提前行使的风险溢价(Early Exercise Premium)。

在美国两大主要交易所，包括 CME 及 CBOT，均以美式期货期权制为主，此外，香港联交所的股票期权亦为美式行使方式。

对于美式期权，目前广泛使用的定价模式是二项期权定价模式(Binomial Option Pricing Model)，此模式是由 John C.Cox、Stephen A. Ross 及 Mark Rubinstein 于 1979 年 7 月在《财务经济学报》(Journal of Financial Economics)首先发表，迅即成为投资界广泛使用的期权定价工具。

二项期权定价模式

二项期权定价模式是以套戥原理作为基础，即如果投资组合经过期权的对冲，指定资产的市价无论升跌都不会经过对冲组合产生影响，因而并不产生套戥的机会。

假设：投资者以借贷形式投资股票，其中，他以年息 i 发行债券 B 以借入为资本，一年后，他要偿还金额 rB，即 $B(1+i)$，其中 $r=(1+i)$。

此外，他抛空一张行使价 K 的认购期权，以收取期权金 C。最后，他将收到的金额买入△手股票 S。

由于投资者要视乎可借到的金额 B 有多少，因此必须在买入股票的手数△上有所调整。

在起始时，投资者的投资组合为：$-B+C=\triangle S$。

如果投资者所持有是一个完全对冲的投资组合，则股票 S 无论升跌皆对组合盈亏并无影响。

现假设两种情况：

(1)股价上升 u 倍。

假设一年后，股价上升 u 倍，则完全对冲后组合如下：

$\triangle uS+rB-C_u=0$

其中：

①股票由$\triangle S$ 上升至$\triangle uS$；

②还债的金额为 rB；

③认购期权由 C 上升至 C_u。

(2)股价下跌 d 倍。

假设一年后股价下跌 d 倍，则完全对冲后组合如下：

$\triangle dS+rB-C_d=0$

其中：

①股票值由$\triangle S$ 下跌至$\triangle dS$；

②还债的金额为 rB；

③认购期权由 C 下跌至 C_d。

在一个完全的对冲的组合下，投资者应借多少钱 B 及买多少股票 $\triangle$？

其公式可以下列两公式相减求得：

$$\triangle uS+rB-C_u=0$$

$$\frac{-)\ \triangle dS+rB-C_d=0}{\triangle(uS-dS)-(C_u-C_d)}=0$$

$$\triangle=\frac{C_u-C_d}{S(u-d)}$$

将△代入上述公式：

$$rB=C_u-\frac{C_u-C_d}{S(u-d)}(uS)$$

$$B=\frac{C_u(u-d)-uC_u+uC_d}{r(u-d)}$$

$$B=\frac{uC_d-dC_u}{r(u-d)}$$

将△及 B 代入起初时投资组合的公式：

$$C=\triangle S+B$$

$$C=[\frac{C_u-C_d}{S(u-d)}]S+\frac{uC_d-dC_u}{r(u-d)}$$

$$=\frac{rC_u-rC_d+uC_d-dC_u}{r(u-d)}$$

$$=\frac{C_u(r-d)+C_d(u-r)}{r(u-d)}$$

$$C=\frac{1}{r}[\frac{(r-d)}{(u-d)}C_u+\frac{(u-r)}{(u-d)}C_d]$$

事实上，由于：

$$\frac{(r-d)}{(u-d)}\equiv 1-\frac{(u-r)}{(u-d)}$$

若定义 $P \equiv \frac{(r-d)}{(u-d)}$

则 $1-P=\frac{(u-r)}{(u-d)}$

上述期权公式可简化为：

$$C=\frac{1}{r}[PC_u+(1-P)C_d]$$

在这里，有两个条件必须接受：

(1) 利率 r 必须大于 d 及小于 u，亦即 $d<r<u$，否则投资者只需买卖债券已有利可图，不用投资股票。

(2) 在美式期权中，由于期权可随时在到期前行使，故必须留意期权持有人提前行使的因素。一个理性投资者，若发觉 $\triangle S+B$ 小于 $S-K$，表示投资者可以即时行使认购期权，收取 $S-K$ 的差价，然后再买入 $\triangle S+B$ 的组合，以赚取无风险利润。相反，期权金大于 $S-K$，期权持有者可抛空期权及买入 $\triangle S+B$ 以作套戳。因此，期权金在该时段价值应为 Max[0，$S-K$]。

股价与期权金的二项发展

以图表来看，若时间为一个单位，股价及期权的发展将成两项式：

$s \to us$，$s \to ds$

$c \to c_u = \text{Max}[0,\ (us-k)]$

$c \to c_d = \text{Max}[0,\ (ds-k)]$

若时间为两个单位，其发展将为如下：

$s \to us \to uus$，$us \to uds$

$s \to ds \to uds$，$ds \to dds$

$s \to c_u \to c_{uu} = \text{Max}[0,\ u^2s-k]$

$c_u,\ c_d \to c_{ud} = \text{Max}[0,\ uds-k]$

$s \to c_d \to c_{dd} = \text{Max}[0,\ d^2s-k]$

如此类推，股价及期权金的发展将有无尽的可能。

在认购期权的公式上：

(1)一个时段的公式是：

$$C=\frac{1}{r}[PC_{u}+(1-P)C_{d}]$$

(2)两个时段的公式是：

$$C_{u}=\frac{1}{r}[PC_{uu}+(1-P)C_{ud}]$$

$$C_{d}=\frac{1}{r}[PC_{du}+(1-P)C_{dd}]$$

$$C=\frac{1}{r}P\left\{\frac{1}{r}[Pc_{uu}+(1-P)C_{ud}]\right\}+(1+P)\left\{\frac{1}{r}[Pc_{uu}+(1-P)C_{dd}]\right\}$$

$$=\frac{1}{r^{2}}[P^{2}C_{uu}+2P(1-P)C_{ud}+(1-P)^{2}C_{dd}]$$

$$=\frac{1}{r^{2}}\left[\begin{array}{l}P^{2}\mathrm{Max}[0,u^{2}S-K]+2P(1-P)\mathrm{Max}[0,duS-K]+\\(1-P)^{2}\mathrm{Max}[0,d^{2}S-K]\end{array}\right]$$

(3)若时段增加至 n 的情况下，其公式可写成：

$$C=\frac{1}{r^{n}}\left[\sum_{j=0}^{n}\left[\frac{n!}{j!(n-j)!}\right]P^{j}(1-P)^{n-j}\mathrm{Max}[0,u^{j}d^{n-j}S-K]\right]$$

其中：n = 时段数目；j = 时段之中第 j。

$\frac{n!}{j!(n-j)}Pj(1-P)^{n-j}$ = 二项的机会率，亦即是 n 次时段中第 j 项的机会率

对于 $\mathrm{Max}[0,u^{j}d^{n-j}S-K]$，在运算上仍有困难，然而我们亦可将之进一步简化。

由于在所有可能性中，不是全部都可产生大于 0 的期权金价值，因此可定义 a 为 0 至 n 次时段之中的分界线，其中：

若 $j<a$, $\mathrm{Max}[0,u^{j}d^{n-j}S-K]=0$

若 $j\geqslant a$, $\mathrm{Max}[0,u^{j}d^{n-j}S-K]=u^{j}d^{n-j}S-K$

此外，若上述 r 为每时段的利率 $\hat{r}$，整个时段的利率将为 $\hat{r}^n$，而此亦等如利率 r^t，认购期权的公式可进一步简化为：

$$C=\frac{1}{\hat{r}}\left\{\sum_{j=a}^{n}\left[\frac{n!}{j!(n-j)!}\right]P^j(1-P)^{n-j}\left[u^jd^{n-j}S-K\right]\right\}$$

至于 a 项方面，可按以下不等式求得：

$$u^ad^{n-a}S>K$$

上述公式即第 a 项股价变动高于行使价，将公式调整：

$$a\ln u+(n-a)\ln d+\ln s>\ln k$$

$$a\ln u+n\ln d-a\ln d+\ln s>\ln k$$

$$a(\ln u-\ln d)=\ln k-n\ln d-\ln s$$

$$a=\ln\left(\frac{k}{d^ns}\right)/\ln\left(\frac{u}{d}\right)$$

1. u 及 d 的公式

正如前述，u 及 d 是股票每一时段上升或下跌的倍数，亦即是股票回报率，由此在 n 个时段中的 j 项，股票回报率为：

$$\frac{S'}{S}=u^jd^{n-j}$$

$$\lg\frac{S'}{S}=j\lg u+n\lg d-j\lg d$$

$$=j\lg\left(\frac{u}{d}\right)+n\lg d$$

若每次上升 u 倍的机会为 q，则回报率的平均值 μ 及变异率 σ^2 将会以下面公式表达（假设 n 接近 ∞）：

上升 u 的机会率：$q=\frac{j}{n}$

$$\left[q\lg\left(\frac{u}{d}\right)+\lg d\right]n=\mu t$$

$$q(1-q)\left[\lg(\frac{u}{d})\right]^2 n=\sigma^2 t$$

因此：

(1) 由于 $\lg u=\sigma\sqrt{\frac{t}{n}}$，因此 $u=e^{\sigma\sqrt{\frac{t}{n}}}$

(2) 由于 $\lg d=\sigma\sqrt{\frac{t}{n}}$，因此 $d=e^{\sigma\sqrt{\frac{t}{n}}}$

(3) $q=\frac{1}{2}+\frac{1}{2}(\frac{\mu}{\sigma})\sqrt{\frac{t}{n}}$

2. r 的公式

由于公式中所用的利息回报率 $\hat{r}$ 是以一个时段的回报率为标准，在 n 个时段中，回报应为 $\hat{r}^n$。

若 n 时段发生在时间 t 之内，而年息率为 R，其连续复息回报将为 e^{Rt}，换言之，

$$\hat{r}^n=e^{Rt}$$

$$\hat{r}=e^{\frac{Rt}{n}}$$

其中：R = 利率（年率）；r = 每时段利息回报率；R = 市场利率。

连续复息利率 $R=\ln(1+R)$

实例：

应用前述例子，若股票不派息，现价为$100，其美式认购期权行使价为$110，到期日为 60 天之后，年利率为 5%，波幅率为 25%，则应用二项期权定价，期权金应为若干？

运算：

已知：

现股价 $S=100$

行使价 $K = 110$

时间 $t = 60/365$

$= 0.1644$ 年

波幅率 $V = 0.25$

年利率 $R = 0.05$

(1)若二项式的时段共有 5 个，则：

时段 $n = 5$

每时段利率回报 $\hat{r} = \mathrm{e}\frac{Rt}{\pi}$

$$= \mathrm{e}^{[\frac{0.05(0.1644)}{5}]}$$

$$= 1.0016$$

每时段上升回报 $u = \mathrm{e}^{v\sqrt{t/n}}$

$$= \mathrm{e}^{(0.25)\sqrt{(0.1644)/5}}$$

$$= 1.0464$$

每时段下跌回报 $d = \mathrm{e}^{-v\sqrt{t/n}}$

$$= \mathrm{e}^{-(0.25)\sqrt{(0.1644)/5}}$$

$$= 0.9557$$

$$p = \frac{r - d}{u - d}$$

$$= \frac{(1.00116) - (0.9557)}{(1.0464) - (0.9557)}$$

$$= 0.5068$$

$$a = \lg(K/d^n s) / \lg(u/d)$$

$$= 4\text{（整数）}$$

认购期权的公式是：

$$C = \frac{1}{r^n}[\sum_{j=a}^{n}[\frac{n!}{j!(n-j)}][p^j(1-p)^{n-j}][u^j d^{n-j} S - K]$$

$$=\frac{1}{(1.0016)^5}[\frac{(5\times4\times3\times2)}{(4\times3\times2)(1)}][(0.5068)^4(1-0.5068)^1][(1.0464)^4$$

$$(0.9557)^1(100)-110]+\frac{1}{(1.0016)^5}[\frac{(5\times4\times3\times2)}{(4\times3\times2)(1)}][(0.5068)^5]$$

$$(1-0.5068)^0][(1.0464)^5(0.9557)^0(100)-110]$$

$$=1.2489$$

(2)若时段 $n=100$，上述计算的结果将为 1.1469，与布力克·索尔斯模式的数字极之接近。

总结而言，二项式与布力克·索尔斯期权定价模式两者极之接近。换言之，在股票不派息的情况下，两者期权定价模式并无明显分别，不过，若在其间派发股息，可能催使美式认购期权持有者在到期前行使期权，以获取正股收息。因此，若在派息的情况下，美式期权的定价将与欧式期权有明显分别。

美式认沽期权定价

对于美式认沽期权，其定价方法如出一辙。

(1)假设时段 $n-1$，认沽期权的定价如下：

$$P\begin{cases}P_u=\mathrm{Max}[0,\ k-us]\\ P_d=\mathrm{Max}[0,\ k-ds]\end{cases}$$

若 $P=\frac{r-d}{u-d}$，则

$$P=[pP_u+(1-P)P_d]\frac{1}{r}$$

(2)假设时段为 n，认沽期权的定价公式为：

$$P=\frac{1}{r^n}[\sum_{j=0}^{n}[\frac{n!}{j!(n-j)}]P^j(1-P)^{n-j}\mathrm{Max}[0,K-u^jd^{n-j}S]$$

派息的影响

若股票的期权在到期前，正股宣布派息，由于派息会令正股股价下跌，因而令期权持有者希望将期权在到期前行使。

在计算期权的价值时，若考虑派息因素，可假设：

y = 每时段的派息率

w = 除净日处于期权到期前的时段数目

假设时段 $n=1$，认购期权的价值为：

$$C \begin{cases} C_u = \text{Max}[0,\ u(1-y)^w s - k] \\ C_d = \text{Max}[0,\ d(1-y)^w s - k] \end{cases}$$

此外，$C = \frac{1}{r}[PC_u + (1-P)C_d]$

若$[u(1-y)^w S - K]$大于 $1/r[PC_u + (1-P)C_d]$，将引发期权提前行使，因此，假设时段为 n，除净日处于期权到期前 i 时段，该认购期权的公式为：

$$C(n,i,j) = \text{Max}\left[u^j d^{n-i-j}(1-y)^{w(n-i)}S - K, [pC(n,i-1,j+1) + (1-p)C(n,i-1,j)]\frac{1}{r}\right]$$

其中：

$$W(n-i) = \sum_{k=1}^{n-j} W_k$$

通用公式为：

$$C = \frac{1}{r^n}\left[\sum_{j=0}^{n}\left[\frac{n!}{j!(n-j)!}\right]P^j(1-P)^{n-j}C(n,i,j)\right]$$

美式期货期权的定价模式（American Futures Options）

美式期货期权在美国主要期货交易所十分流行，例如 CME 的标准普尔500指数期权、货币期权等，其指定资产皆为期货合约，而这些美式期货期权的特点是投资者可以在到期日或以前随时行使期权以行使价买入或沽出期货合约。于期货合约的成交及流通性较现货为大，实际有助期权使用者用期货合约作套戥或对冲的安排。

由于美式期货期权有提前行使的权利，因此，其理论值应高于欧式期货期权。在20世纪80年代，学者Barone-Adesi及E.Whaley发展出一种美式期货期权的定价模式，称为Quadratic Approximation Method。这个模式相当复杂，其计价公式可参考如下。

(1)美式期货认购期权。

假设：C_a = 美式期货认购期权，C_e = 欧式期货认购期权（布力克模式），E = 期货行使价，V = 期货合约波幅率，t = 时间（年率），r = 无风险利率，F'= 满足以下公式的期货价

$$F' = C_a + E + A_1$$

其中：

$$A_1 = \frac{F'}{a_1}[1 - e^{-rt}N(d_1)]$$

$$a_1 = \frac{1}{2}(1 + \sqrt{1+4b})$$

$$b = \frac{2r}{V^2(1 - e^{-rt})}$$

$$d_1 = \frac{\ln(\frac{f'}{E}) + \frac{1}{2}V^2 t}{V\sqrt{t}}$$

美式期货认购期权的定价是：

①如期货现价小于 F'

$$C_a = C_e + A_1(\frac{F}{F'})a_1$$

②如期货现价大于或等于 F'

$$C_a = F - E$$

(2)美式期货认沽期权。

假设：P_a = 美式期货认沽期权，P_e = 欧式期货认沽期权(布力克模式)，E = 期货行使价，V = 期货合约波幅率，t = 时间(年率)，r = 无风险利率，F'= 满足以下公式的期货价

$$F' = E - P_a + A_2$$

其中：

$$A_2 = \frac{F'}{a_2}[1 - e^{-rt} N(-d_1)]$$

$$a_2 = \frac{1}{2}(1 - \sqrt{1+4b})$$

$$b = \frac{2r}{V^2(1 - e^{-rt})}$$

$$-d_1 = \frac{\ln(\frac{F'}{E}) + \frac{1}{2}V^2 t}{V\sqrt{t}}$$

美式期货认沽期权的定价是：

①如期货现价大于 F

$$P_a = P_e + A_2(\frac{F}{F'})a_2$$

②如期货现价 F 小于或等于 F'

$$P_a = E - F$$

（注：参考 Barone-Adesi、Giovanni and E. Whaley, "Efficient Analytic Approximation of American Option Values" Journal of Finance, June 1987, P301-320）

附录：

期权的数学公式

以数学公式表达，假设：

$f(s)$是股价在时间 t 之后在价位 S 的机会率函数，则认购期权在时

间 t 之后的预期价值可以用以下公式表达：

$$E(C_t)=\int_K^{\infty}[S-K]f(s)dS$$

上面微积分的公式是计算股价在到期日 t 时，价格 S 在行使价 K 之上直至无限的机会价值的总和。

而认购期权的理论值则等如预期价值的现值（以连续复息率计算现值），公式如下：

$$C_0=e^{-rt}E(C_t)$$

至于认沽期权，则可以用下面的公式表示：

$$E(P_t)=\int_0^K[K-S]f(s)dS$$

$$P_0=e^{-rt}E(P_t)$$

关于机会率分布的函数 $f(s)$，我们必须去到最基础对于金融价格波动的假设上。

对市场价格的假设

在期权定价的模式中，它假设金融价格是随意跳动（Stochastic），而未来价格只受现在的变数影响，从前的资料并无参考作用，称为马克夫过程（Markov Process）。

根据上面的假设，金融价格变化的数学公式如下：

$$\triangle S=\mu S\triangle t+\delta S\triangle Z$$

其中：S = 金融市场价格；μ= 价格平均值；σ= 价格的标准差；t= 时间；Z= 误差。

认购期权理论值公式

上面我们曾指出，认购期权时间 t 的理论值为：

$$E(C_t) = \int_K^{\infty} [S-K] f(s)\, dS$$

由于股价波动假设为随机，因此，其机会率函数 $f(s)$ 是 Transition Density Function。

由于上述函数是受变数 t、S 及 S_0 的影响，该函数可写成：

$$f(t,S,S_0) = \frac{1}{S\sigma\sqrt{2\pi t}} \exp\left[-\frac{\left\{ \ln S - \left[\ln S_0 + (r - \frac{\sigma^2}{2})t \right] \right\}^2}{2\sigma^2 t} \right]$$

经过数学的过程，认购期权的公式可写成：

$$C_t = S_0 e^{rt} \int_{-\infty}^{a} \frac{1}{\sqrt{2\pi}} e^{\frac{x^2}{-2}} dx - k \int_{-\infty}^{b} \frac{1}{\sqrt{2\pi}} e^{\frac{y^2}{-2}} dy$$

其中：

$$x = \frac{\ln S - (\mu + \sigma^{-rt} t)}{\sigma\sqrt{t}}$$

$$y = \frac{\ln S - \mu}{\sigma\sqrt{t}}$$

$$\mu = \ln S_0 + (r - \frac{\sigma^2}{2})t$$

$$a = \frac{\ln K - (\mu + \sigma^2 t)}{\sigma\sqrt{t}}$$

$$\sigma = \frac{\ln K - \mu}{\sigma\sqrt{t}}$$

由于：

$$N(d) = \int_{-\infty}^{d} \frac{1}{\sqrt{2\pi}} e^{-\frac{\Sigma^2}{2}} d\Sigma$$

其实是标准正态分布(Standard Normal Distribution)的函数，可用 $N(d)$ 作表示，因此，上述公式亦可写成：

$$C_t = S_0 e^{rt} N\left[\frac{\ln(\frac{S_0}{K}) + (r + \frac{\sigma^2}{2})t}{\sigma\sqrt{t}}\right]$$

$$= -KN\left[\frac{\ln(\frac{S_0}{K}) + (r + \frac{\sigma^2}{2})t}{\sigma\sqrt{t}}\right]$$

上述认购期权的现值则为：

$$C_0 = S_0 N(d_1) - Ke^{-rt} N(d_2)$$

其中：

$$d_1 = \frac{\ln(\frac{S_0}{K}) + (r + \frac{\sigma^2}{2})t}{\sigma\sqrt{t}}$$

$$d_2 = \frac{\ln(\frac{S_0}{K}) + (r + \frac{\sigma^2}{2})t}{\sigma\sqrt{t}} - \sigma\sqrt{t}$$

（注：上述引述仅为极简化的数学过程，详细的数学推算可参考 M.T.Cheung 及 David W.K.Yeung 的著作“Pricing Foreign Exchange Options: Incorporating Purchasing Power Parity”,Hong Kong University Press, 1992）

第七章

期权风险管理与对冲策略

投资者持有现货外币或股票作为中长线投资，但预期市场短期可能出现下跌，则投资者可以有多少种方法对冲以保障损失呢？

对冲策略

⑴沽空期货：首选者是沽空期货合约以作全面对冲，从而将价位锁在现有水平，以收取利息，这是成本最低的方法。不过，由于现货与期货的盈亏此消彼长，实质上投资者已无缘于其后现货价位上升。若投资者希望获取现货价位上升可能所带来的利润，则投资者应选择期权的对冲方式。

⑵买入认沽期权：最简单的期权对冲方式是买入平价（ATM）认沽期权。若所持有的现货价格下跌，投资者可以从认沽期权金上升中获利，以抵销现货的损失。不过，到了期权到期日，投资者整体上仍然要损失当初所付出的认沽期权的期权金，此一损失，可视为期间保险的保费。

⑶沽空认购期权：若投资者认为市价的下跌只属调整，下跌幅度不大，或甚至只会横向发展，故不希望付出昂贵的期权金，则投资者可以考虑沽空认购期权。这种策略最大的好处是收取期权金，以补贴市价调整时的损失，但坏处是若市价继续上升，幅度多于期权金的话，其后升幅的利润便与投资者无缘。

上面介绍过利用期货、认购期权及认沽期权作为对冲工具的方法，不过，上述三者都各有利弊。

期货对冲虽然成本最低，但亦失去市价上升的获利机会。买入认沽期权，可为对冲者提供市价上升的获利机会，但却需要付出期权金的费用。若以沽空认购期权作对冲，对冲者可收取期权金；但若市价大幅下跌，则投资者仍未能得到完全的对冲保险。

换言之，期货对冲与未入市前一样；用买入认沽期权作对冲，情形与买入认购期权一样；至于以沽空认购期权作对冲，则情形便与沽空认沽期权一样。在三种对冲策略之中，只有沽空认购期权是风险无限的一种，因此，是一般投资者最后的对冲选择。投资者可因应个别的情况而作适当的取舍，以达致更佳的对冲效果。

在上面以买入认沽期权作为对冲策略者，好处是有市价下跌的保险，但坏处是要付出期权金。然而，我们可以有两种选择：

(1)在买入平价认沽期权后，再沽空平价认购期权，从而达致合成期货（Synthetic Futures)的对冲。

(2)在买入价外认沽期权后再沽空价外认购期权，从而合成一个围墙式(Fence)的策略。对冲后，整个组合便变成一个跨价认购期权组合（在汇市中，此种组合常称为Range Forward，在利率市场则称为collar)，即市价下跌时存在有限风险；而市价上升，则存在有限回报。

“围墙式”(Fence)的对冲策略对于不少专业投资者来说是最佳策略，其优点是：投资者买入价外认沽期权以对冲所持现货或期货的下跌风险，但由于要付出期权金，帐面上并不好看，因此，投资者愿意牺牲部分市价上升的利润，沽空价外认购期权以收取期权金，从而大致抵销认沽期权的费用。换言之，投资者在进行“围墙式”对冲策略时，实际上未有付出或收取期权金，但若市价跌低于认沽期权的行使价时，“围墙式”策略便对投资者起了对冲作现货价下跌的作用。当然，若市价上升超越了认购期权的行使价，投资者所持仓盘便失去进一步获利的机会。

换句话说，在认沽期权的行使价与认购期权的行使价之间，投资者的盈亏与未对冲大致一样，但超出上述范围后，“围墙式”策略便起对冲的作用。

不过，“围墙式”对冲策略并非一种完全的对冲策略，至少在两个行使价之间，市场的风险及回报皆由投资者自负，其盈亏情况便成为一个看好的跨价认购期权组合(Bull Call Spread)。

最重要的一种对冲策略，就是称为“的打”中性(Delta－Neutral)的对冲策略，意思即无论市价上升或下跌，对于所持有的对冲后仓盘的价值都不会引起大幅的改变。

简单来说，若投资者已持有1张隑指期货合约，若希望以认沽期权作对冲，当时平价认沽期权的Delta值为0.5，则投资者便需要买入2张平价认沽期权，以对冲1张恒指期货合约。方法上，这种中性的对冲策略是将所持有有方向性的仓盘，改变而成为无方向性的仓盘，例如改变而成马鞍式或勒束式的仓盘，但必须对于引伸波幅的升跌方向作出取舍。主要而言，方向中性的对冲策略可分为四种：

⑴若投资者已买入一手现货或期货，并预期引伸波幅率会上升，投资者的对冲策略是买入两手平价认沽期权。其中一手认沽期权是将已持有的现货或期货改变而成一手合成认购期权，与另一手认沽期权结合而成一套买入马鞍式期权组合。对于此组合，市价无论升跌都对组合价值有利，而引伸波幅率上升，亦使组合的价值增加。

⑵若投资者已沽空一手现货或期货，并预期波幅率上升，则对冲方法是买入两手平价认购期权，将之改变而成买入马鞍式组合。

⑶若投资者已买入一手现货或期货，并预期波幅率下跌，则对冲方法是沽空两手平价认购期权，以改变成沽空马鞍式组合。此方法中，市价轻微上落对持仓价值影响不大，但波幅率下跌则使组合获利。

⑷若投资者已沽空一手现货或期货，并预期波幅率下跌，可沽空两手平价认沽期权作对冲。

期权对冲策略除了可以应用在现货与期货的合约外，期权对冲策略亦可应用在期权持仓，包括：

①若持有认购期权，并预期引伸波幅率上升，可买入一手认沽期权作对冲；

②若持有认沽期权，并预期引伸波幅率上升，可买入一手认购期权作对冲；

③若已沽空认购期权，并预期引伸波幅率下跌，可沽空一手认沽期

权作对冲；

④若已沽空认沽期权，并预期引伸波幅率下跌，可沽空一手认购期权作对冲。

上述四种策略是以期权持仓看对了引伸波幅率走势为主，不过，若投资者所持期权仓看错波幅率后向，可作何种对冲方式呢？投资者可采用跨期买卖对冲方式(Time Spread)。

(5)若已持有认购期权，但预期引伸波幅率下跌，可沽空远期认购期权，以合成“沽空跨期认购期权组合”(Short Time Call Spread)。

(6)若已持有认沽期权，但认为引伸波幅率会下跌，可沽空远期认沽期权，以合成“沽空跨期认沽期权组合”(Short Time Put Spread)。

(7)若已沽空认购期权，但预期引伸波幅率上升，可买入远期认购期权，以合成“买入跨期认购期权组合”(Long Time Call Spread)。

(8)若已沽空认沽期权，但预期引伸波幅率上升，可买入远期认沽期权，以合成“买入跨期认沽期权组合”(Long Time Put Spread)作对冲。

对于方向中性的期权对冲策略，事实上并不局限于马鞍式或勒束式等期权组合方式，上述对冲方式亦存在一定的风险，主要的风险是：若市价以极快的速度运行单边市，则对于沽空面向性跨价组合(Short Front Spread)的投资者而言，将产生甚大的风险，因为市价无论大幅上升或下跌，都令所沽空的仓盘产生亏损，以更技术性的名词来说，方向中性的特性受到了破坏。

对于这种风险，投资者可以每日重新平衡其所持仓盘，或干脆将所持仓盘改变而成以下几种期权组合。

(1)蝴蝶式组合：买入蝴蝶式组合，即沽空平价马鞍式组合，同时买入勒束式期权组合。

(2)买入飞鹰式组合：即沽空勒束式组合，并同时买入更价外的勒束式组合。

上面的对冲方法是从期权组合的层面去看风险，事实上，我们有更精确的数学模式去看期权的风险管理，以下部分将详作交代。

期权的风险管理

在第二章中，笔者曾简单介绍过期权价值会受到不同因素所影响，包括：市场风险、波幅风险、时间风险及持仓成本风险等因素，若我们能够对这些风险的影响有所计算，对于我们的期权买卖将甚有裨益。尤有进者，我们可以对不同风险做出预先的部署及安排对冲，以减低我们投资期权的风险。

在上一章我们所提及的布力克•索尔斯期权定价模式中，其实已引伸出五个风险计算公式，以衡量期权受到市价、时间、波幅及利率的影响，这些风险指标我们称为期权的衍生比率（Options Derivatives）。

根据布力克•索尔斯期权定价模式，欧式股票期权的风险主要有五种。

1．Delta

Delta（△）是量度市价每日升跌一个单位对期权金的影响。Delta 亦即对冲比率（Hedge Ratio）。

其公式是：

Call Delta = $N(d_1) > 0$

Put Delta = $N(d_1) - 1 < 0$

实例：

若目前认购期权 Delta 为 0.3，则表示正股每升 1 元，认购期权金会上升 0.3 元。

（1）期权的杠杆率。

Lambda 所量度的期权风险大致上与 Delta 一样，不过 Lambda 所量度的是指定资产每升跌百分之一对期权金的百分比的影响。换言之，

Lambda 是量度期权的杠杆率(Gearing)。

Lambda(∧)的公式是：

Call Lambda = $(\frac{S}{C})N(d_1)$

Put Lambda = $(\frac{S}{C})[N(d_1-1)]$

(2)Delta 的风险。

Gamma(r)所量度的是市价每升跌一个单位对期权的 Delta 的影响。

其公式是：

$$\text{Gamma}=\frac{N'(d_1)}{SV\sqrt{t}}>0$$

(3)时间的风险。

Theta 所量度的是时间每过一单位对期权金的影响。

其公式是：

Call Theta = $-[SVN'(d_1)/2\sqrt{t}]-[rKe^{-rt}N(d_2)]$

Put Theta = $-[SVN'(d_1)/2\sqrt{t}]+[rKe^{-rt}(d_2)]$

由于在期权定价公式中，时间的单位 t 为年，因此，每日的 Theta 应除以 365 天。

(4)波幅的风险。

Vega 或称为 Kappa 是量度波幅率(Volatility)每升跌 1%对于期权金的影响。

其公式是：

Vega = $S\sqrt{t}\ N'(d_1)$

(5)利率的风险。

Rho 所量度的是市场利率每升跌 1%对于期权金的影响。

其公式是：

Call Rho = $tKe^{-rt}N(d_2)$

Put Rho = $tKe^{-rt}N(-d_2)$

布力克模式的风险比率

期货的期权（布力克模式）的风险衍生比率公式如下：

认购期权 Delta = $e^{-rt}N(d_1)$

认沽期权 Delta = $-e^{-rt}N(d_1)$

认购 / 认沽期权 Gamma = $\dfrac{e^{-rt}N'(d_1)}{FV\sqrt{t}}$

认购期权 Theta = $-e^{-rt}FN(d_1)+e^{-rt}rEN(d_2)+e^{-rt}\dfrac{VF}{2\sqrt{t}}N'(d_1)$

认沽期权 Theta = $-e^{-rt}FN(-d_1)-e^{-rt}rEN(-d_2)+e^{-rt}\dfrac{VF}{2\sqrt{t}}N'(-d_1)$

认购 / 认沽期权 Vega = $e^{-rt}\sqrt{t}\ FN'(d_1)$

认购期权 Rho= $-tC$

认沽期权 Rho= $-tP$

其中：F = 期货价；E = 行使价；C = 认购期权；P = 认沽期权；t = 时间（年）；r = 无风险利率；V = 波幅率。

$$N'(d)=\frac{1}{\sqrt{2\pi}}e^{-\frac{d2}{2}}$$

$$d_1=\frac{\ln(F/E)+0.5V^2t}{V\sqrt{t}}$$

$$d_2=d_1-V\sqrt{t}$$

上面的公式，为我们计算各种因素变化对于期权金的影响。不过，读者必须留意，上面的风险指标是动态变化的，往往会根据市价的升跌、波幅率及时间的因素转变，因此，投资者必须对于上述风险比率有更为动态的了解，以下笔者会简单介绍不同因素变化对于风险指标的影响。

Delta 的特性

1．市价对 Delta 的影响

对于认购期权，Delta 值是由 0 至 1，换言之，期权的对冲比率最大是 1，最细是 0。

一般而言，等价认购期权(ATM)的 Delta 接近 0.5，价外认购期权(OTM)的 Delta 低于 0.5，而价内认购期权(ITM)的 Delta 高于 0.5。认购期权愈为价外(Deeply Out－the－Money)，Delta 愈接近 0；相反，认购期权愈为价内(Deeply In－the－Money)，其 Delta 值会愈接近 1。

因此，认购期权的 Delta 值与市价的图表上呈现一个倾斜的"S"型。换言之，当认购期权由价外变为价内时，Delta 值的上升速度最快(图 7.1)。

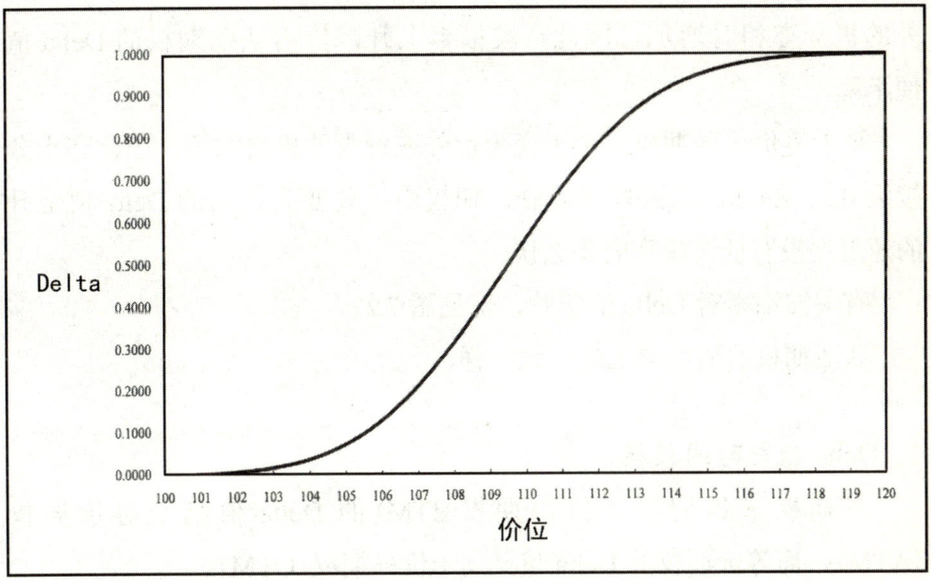

图 7.1　Delta

至于认沽期权，Delta 值的形态大致与认购期权一样，但幅度则为－1 至 0。

一般而言，等价认沽期权(ATM)的 Delta 处于－0.5，价外认沽期权 (OTM)的 Delta 处于－0.5 至 0，而价内认沽期权(ITM)的 Delta 处于－1 至－0.5。因此，极价外认沽期权的 Delta 接近 0；而极价内认沽期权的 Delta 愈接近－1。在图表上，Delta 值与市价的关系呈现倾斜“S”型。此外，当认沽期权由价外变为价内时，Delta 值下跌的速度最快。

2．Delta 值与波幅率

波幅率(Volatility)是计算市场的风险，市场风险愈大，认购及认沽期权金的价值愈高。

对于价外的认购期权来说，由于波幅率上升，价外变为价内的机会亦增加，因此，价外认购期权的 Delta 值亦告上扬。

对于价内的认购期权来说，由于波幅率上升，价内的期权变为价外的机会亦相对增加。因此，波幅率上升，价内认购期权的 Delta 值便下降。

至于等价认购期权，由于变为价外或价内的机会均等，因此亦十分接近 0.5。不过，当波幅率高企，期权由价外变为价内的 Delta 值上升的速度便没有低波幅率时那么快。

有关波幅率对 Delta 的影响，可见图 7.2。

认沽期权的情况与上述大致一样。

3．Delta 值与时间损耗

在期权未到期前，价内期权(ITM)的 Delta 值高于等价期权(ATM)，而等价期权的 Delta 值又高于价外期权(OTM)。

期权离到期的时间愈长，上述三种期权的 Delta 愈接近；相反，期权离到期的时间愈近，上述三种期权的 Delta 值差距便会愈来愈大。

对于价外期权，离到期日的时间愈短，其变为价内的机会便愈来愈细，因此，期权的Delta值亦愈趋下跌，直至到期日Delta值变为0为止。换言之，价外期权愈接近到期日，期权金的上升速度会愈慢，期权赚钱的机会便会愈来愈细。

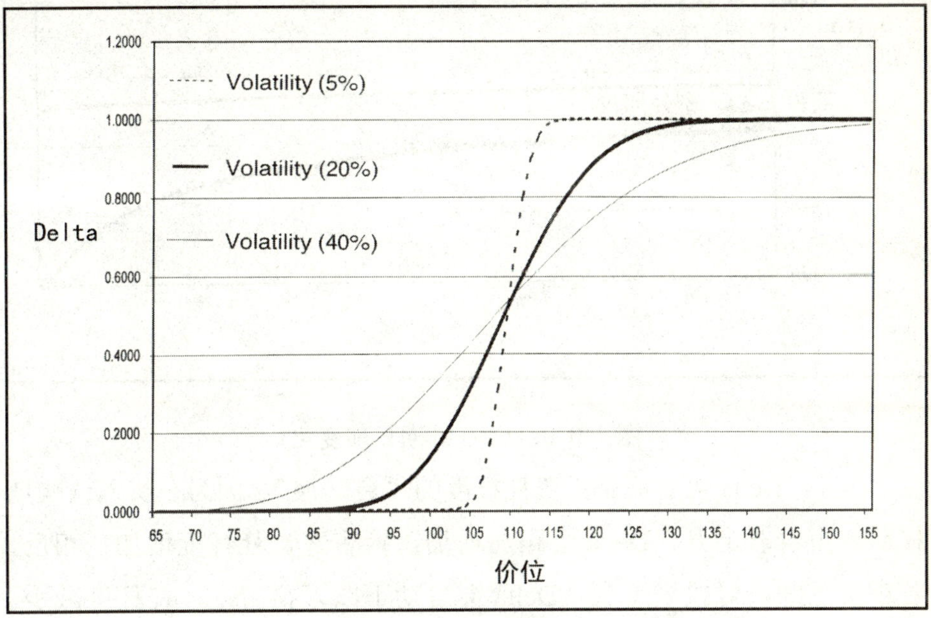

图 7.2　Delta 与波幅率

对于等价期权，离到期日的时间愈长，由于有利率的因素，Delta会略高于0.5，不过，期权愈接近到期日，Delta值便会愈接近0.5。换言之，等价期权愈接近到期日，期权金的上升速度会略为转慢，Delta值会稍为下跌。

对于价内期权，离到期日的时间愈短，期权维持在价内的机会便愈大，由于期权的内在值愈来愈似期货合约，因此，Delta值亦见上升。因此，到期日愈短，Delta值便愈高，直至到期日到达时，Delta值变为1。

有关Delta值与到期日前时间的变化见图7.3。

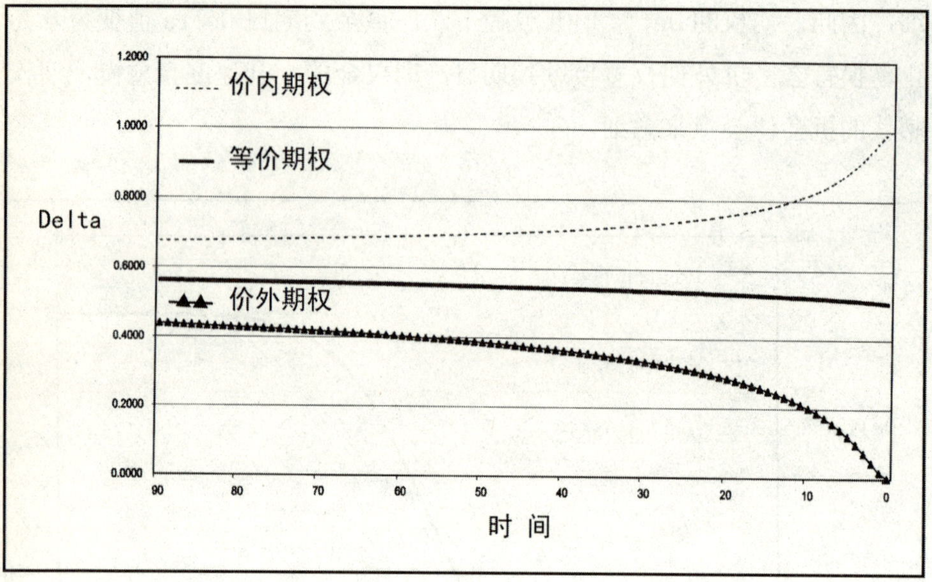

图 7.3 Delta 在到期日前变化

其实，Delta 可看成是投资杠杆度的“自动波”，因为在买入认购期权后，市价若上升，Delta 会跟随增加，换言之，杠杆度增加；相反，若市价下跌，对投资不利，Delta 会自动下跌，换言之，杠杆度减少。这种情况就好像升市时加码，跌市时减码一样。

Gamma 的特性

1．市价对 Gamma 值的影响

Gamma 是量度 Delta 值的变化速度，数学上亦可说是量度 Delta 的斜度。一般而言，等价期权的 Delta 值变化最大，斜度最高，因此，Gamma 值亦最高。价外及价内期权由于 Delta 值的变化较慢，斜度较低，因此，Gamma 值亦较低。至于极价外或价内的期权，由于 Delta 值的变化很细，Gamma 值亦接近 0(图 7.4)。

此外，要注意认沽期权与认购期权的 Gamma 同为正数。

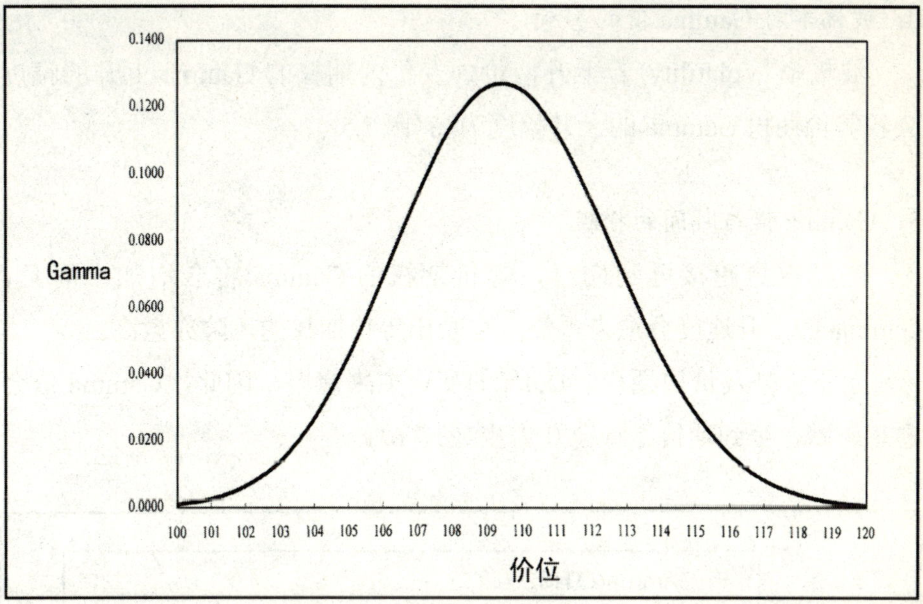

图 7.4　Gamma

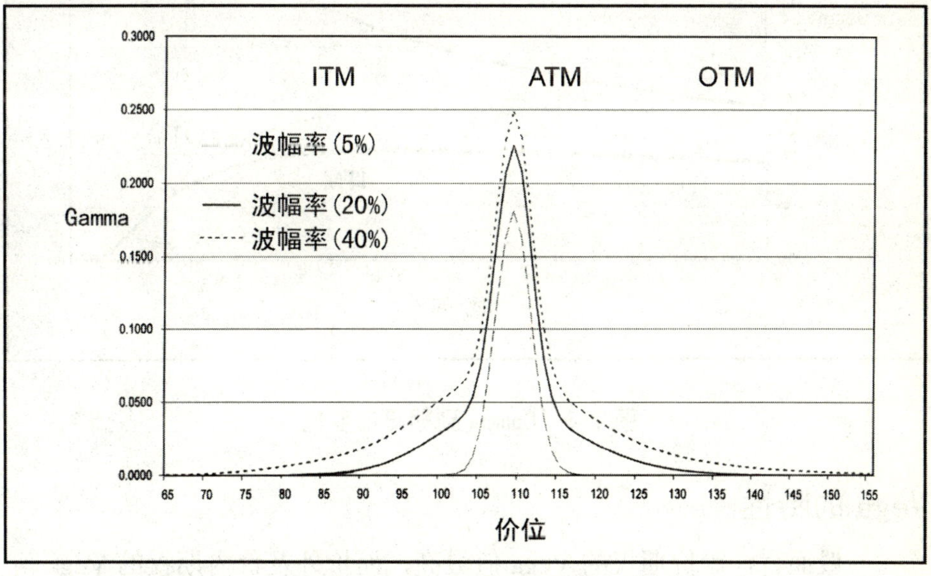

图 7.5　Gamma 与波幅率

2．波幅率对 Gamma 值的影响

波幅率(Volatility)若上升，价外及价内期权的 Gamma 上升的幅度会较等价期权 Gamma 的上升幅度为高(图 7.5)。

3．Gamma 值与时间的损耗

当期权愈趋接近到期日，等价期权的 Gamma 将会增加，而且，Gamma 的上升速度会愈来愈快，反映出等价期权的风险亦愈高。

至于价外及价内期权，Delta 的变化愈来愈慢，因此，Gamma 值会愈趋下跌，至到期日下跌至 0 为止(图 7.6)。

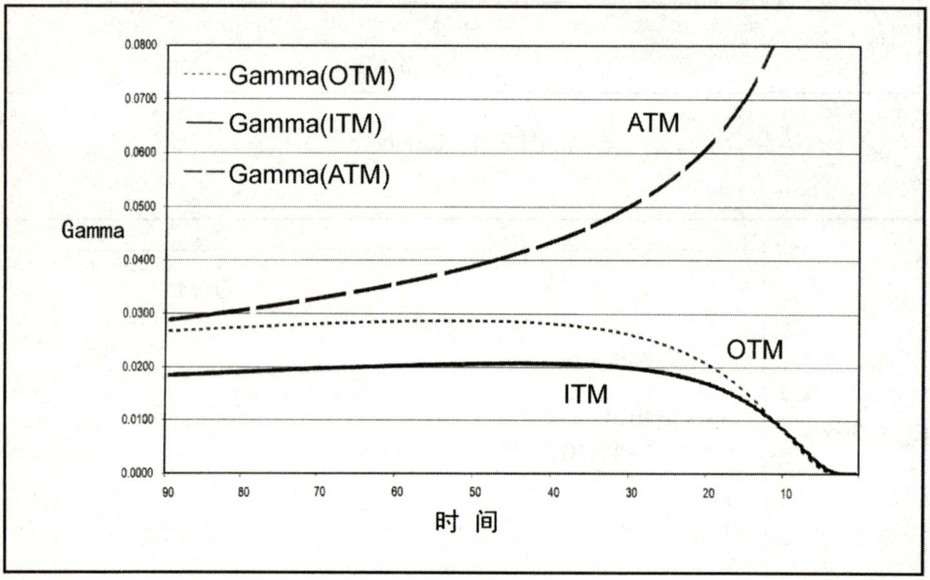

图 7.6　Gamma 到期日前变化

Vega 的特性

一般而言，等价期权的 Vega 值最高，而价外及价内期权的 Vega 值会较低；极价外或价内期权的 Vega 值会接近 0。

此种现象背后的原因是：

(1)波幅率愈高，等价期权变成有内在值的价内期权的机会便愈高，因此，等价期权的期权金对于波幅率的敏感度便较高。

(2)波幅率高企对于价内期权变成价外，或价外期权变成价内的即时影响较低，因此，价内及价外期权的期权金对于波幅率的敏感度较低(图 7.7)。

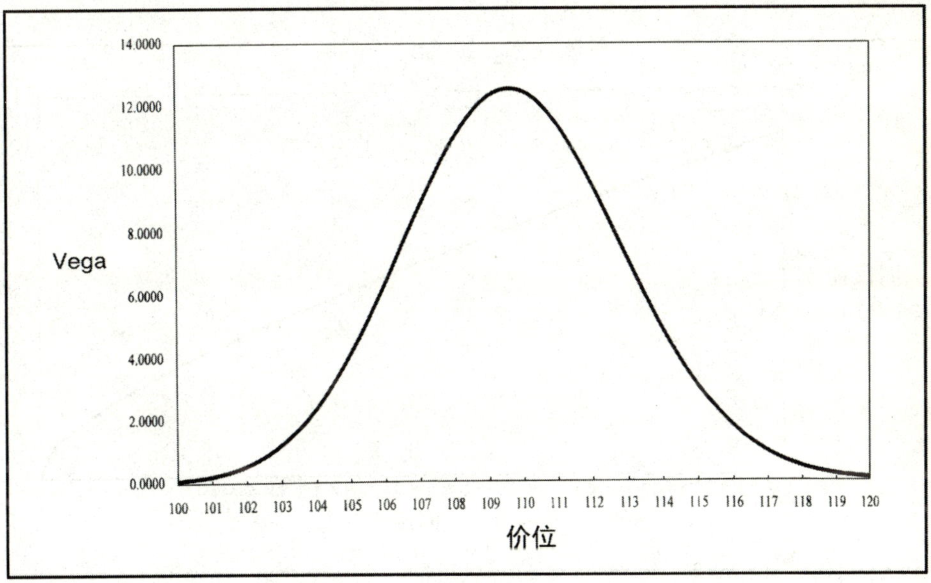

图 7.7　Vega

Theta 的特性

期权是一种会自动损耗的资产(Wasting Asset)，其时间值会不断损耗。

图 7.8 是三个月平价马克认购期权的期权金变化图。若市价及波幅率等其他因素一概不变，期权金会因为每日的时间过去而下跌，直至到期日期权金会下跌至 0。

此外，当期权愈接近到期日，期权金每日下跌的幅度会愈大。图

7.9 是三个月平价马克认购期权每日时间值损耗图。

事实上，不同性质的期权，其时间值损耗(Theta)亦有不同的程度。

一般来说，极价外期权的时间值损耗最少，价外期权的时间值损耗会较极价外期权为多，而损耗最大的是等价期权。至于价内期权的 Theta 值会较等价的 Theta 为细，而极价内期权的 Theta 会平稳在某水平。

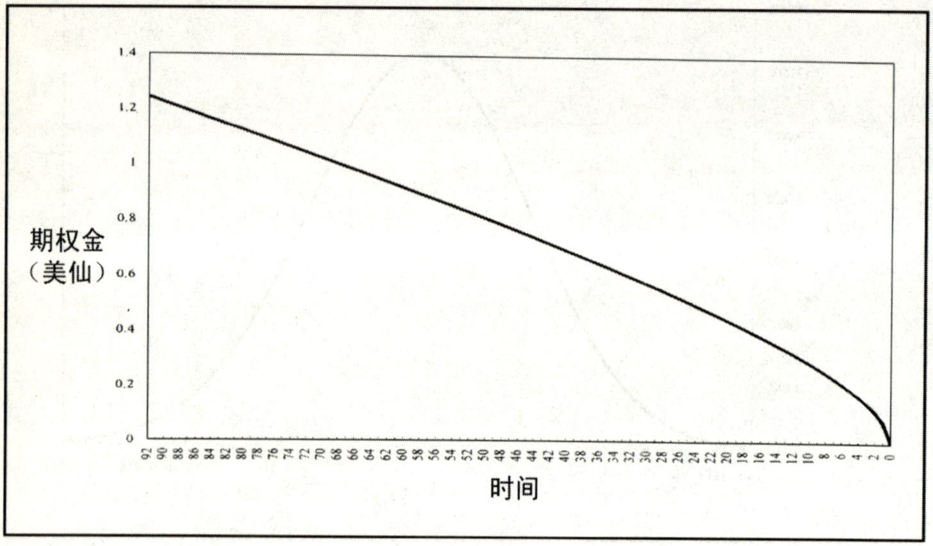

图 7.8 三个月平价马克认购期权

上面现象的原因是：

(1)等价期权每接近到期日多一天，期权失去价值的机会便增加，而等价期权的 Theta 高于价外及价内期权的 Theta，原因是价外及价内的内在值所受的影响并不即时受到少了一天所打击，而时间对于等价期权的价值打击最大。

(2)至于极价内期权的 Theta 相对平稳，这是因为在到期日该期权维持有内在值的机会甚大，因此，时间对于极价内期权的影响仅为利息的因素而已。

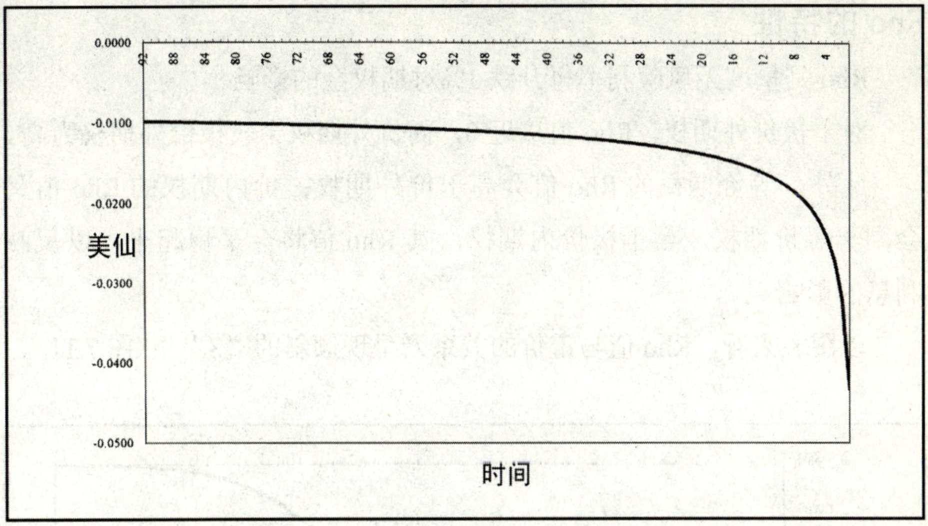

图 7.9　三个月平价马克认购期权每日时间值损耗

图 7.10 显示 Theta 与不同市价的关系。

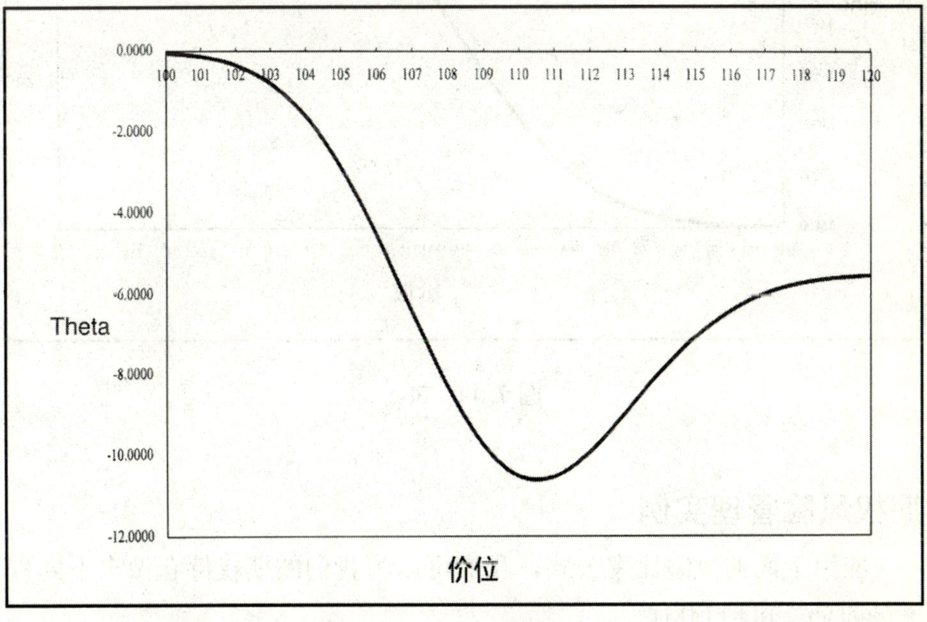

图 7.10　Theta

Rho 的特性

Rho 是量度无风险利率每升跌 1%对期权金的影响。

对于极价外期权，Rho 值接近 0，而价外期权会较极价外期权为高。

此外，等价期权的 Rho 值会高于价外期权；价内期权的 Rho 值又会高于等价期权。至于极价内期权，其 Rho 值将会平稳起来，以反映利息的影响。

以图表来看，Rho 值与市价的关系乃呈现倾斜的“S”型(图 7.11)。

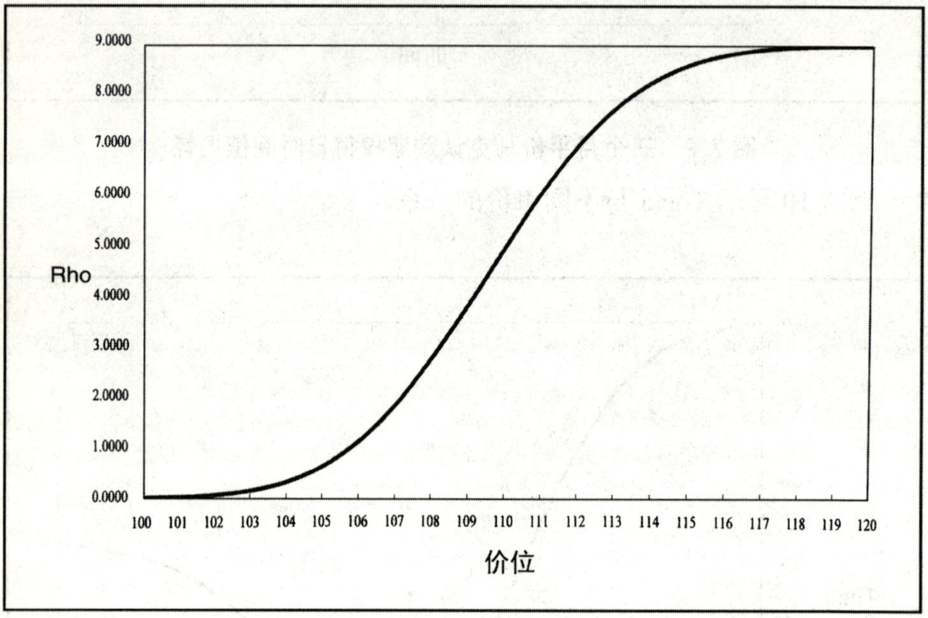

图 7.11　Rho

期权风险管理实例

应用上面的风险比率公式，我们可以为我们的期权持仓做出不同程度的对冲，以控制风险。

以下笔者简单介绍对于期权风险管理及对冲的方法与实例。

期权风险管理及对冲策略

1. Delta 对冲策略

A. 假设现已持有股票 A，其资料如下：

①股票现价$50；

②共持有 20 手；

③每手为 1000 股；

④股票 A 仓盘总值为$1000000

(1) 以认沽期权作对。

现有以下三种认沽期权作选择：

性质	行使价	认沽期权金	Delta
价外	46	3.47	-0.41
等价	50	5.14	-0.495
价内	55	8.26	-0.62

①若以价外认沽期权作对冲，所需买入的行使价 46 元股票 A 认沽期权是：

$$Hp = 20 \div 0.41 = 48.78 \doteq 49$$

②若以等价认沽期权作对冲，所需买入的行使价 50 元股票 A 认沽期权是：

$$Hp = 20 \div 0.495 = 40.40 \doteq 40$$

③若以价内认沽期权作对冲，所需买入的行使价 55 元股票 A 认沽期权是：

$$Hp = 20 \div 0.62 = 32.26 \doteq 32$$

到结算日，股价收$40，以下是三种对冲策略的结果：

①买入 46 元认沽期权。

内在值　：　($46－$40) ×49 = $294

期权金　：　－3.47 ×49　　　=－$170

期权赚　：　　　　　　　　+$124

股价亏　：　($40－$50) ×20　=－$200

净　亏　：　　　　　　　　－$76

损失金额　：　$76 ×1000　　= $76000

(注：上述是非完全对冲，其中$50 至$46 是无对冲的。)

②买入 50 元认沽期权。

内在值　：　($50－$40) ×40 = $400

期权金　：　－5.14 ×40　　　=－$205.6

期权赚　：　　　　　　　　+$194.4

股价亏　：　($40－$50) ×20 =－$200

净　亏　：　　　　　　　　－$5.6

损失金额　：　$5.6 ×1000　　= $5600

③买入 55 元认沽期权。

内在值　：　($55 － $40) ×32 =　$480

期权金　：　－8.26 ×32　　　=－$264.32

期权赚　：　　　　　　　　+$215.68

股价亏　：　($40－$50) ×20　=－$200

净　赚　：　　　　　　　　+$15.68

赚取资金　：　$15.68 ×1000　　= $15680

上述例子显示，Delta 对冲并非完全消除风险，由于 Delta 随市价上落而变化，因此，投资者必须经常重新平衡 Delta，直至结算为止，否则只做一次 Delta 对冲的仓盘，最后的赚亏仍必须视结算价的水平。

(2)以认购期权作对。

现有以下三种认购期权作选择：

性质	行使价	认购期权金	Delta
价内	46	8.54	+0.62
等价	50	6.43	+0.5020
价外	55	4.39	+0.42

①若以价外认购期权作对冲，所需沽空的行使价 55 元股票 A 认购期权是：

$$Hc = 20 \div 0.42 = 47.62 \fallingdotseq 48$$

②若以等价认购期权作对冲，所需沽空的行使价 50 元股票 A 认购期权是：

$$Hc = 20 \div 0.5020 = 39.8 \fallingdotseq 40$$

③若以价内认购期权作对冲，所需沽空的行使价 46 元股价 A 认购期权是：

$$Hc = 20 \div 0.62 = 32.25 \fallingdotseq 32$$

上面的 Delta 对冲亦必须经常进行。此外，选择以买入认沽期权或沽空认购期权作对冲，要视乎投资者预期波幅率上升或下跌以作决定。

若预期波幅率上升，则以买入认沽期权的对冲有利，面对沽空认购期权的对冲不利。

若预期波幅率不变或下跌，则以沽空认购期权的对冲最有利，因为无论波幅率及时间值都有利。

B. 假设现已持有股票 A 的期权组合，其资料如下：

①15 手行使价 40 元认购期权

②沽空 30 手行使价 55 元认沽期权

③沽空 20 手行使价 50 元认购期权

期权的 Delta 如下：

期权	行使价	Delta
15 手　价内认购	40 元	0.75
20 手　等价认购	50 元	0.5020
30 手　价外认沽	55 元	-0.620

期权组合总 Delta：

D＝(15 ×0.75)+(20 ×0.502)+(30 ×－0.62)

＝11.25+10.04－18.6

＝+2.69

≒ +3

在上述情况，投资者可抛空 3 手股票 A 以作 Delta 对。

2．Gamma 对冲策略

即使投资者已为所持期权组合的仓盘作 Delta 对冲，但由于市价的上落，期权组合中的 Delta 亦会出现变化，故此，投资者必须经常性作 Delta 的平衡。不过，如果 Delta 的变化太快，Delta 的再平衡便未必能够及时进行，所持期权组合便有可能出现风险。

对于 Delta 的变化太快，在期权用语是称为太大的 Gamma。Gamma 是量度指定资产价格每升一个单位，Delta 上升或下跌的幅度。

由上面可见，投资者若希望对市价上落作完全的对冲，便必须为期权仓盘先作 Delta 对冲，再作 Gamma 对冲。

以下是 Gamma 及 Delta 对冲的例子。

现时恒指期货报 10000，假设投资者现持有 1000 张恒生指数认购期权，行使价 10000，10 天后到期，而现时的 Delta 是 0.5125，每升跌 100 点的 Gamma 是 0.0601 。

上述 Delta 及 Gamma 的风险是：

D＝0.5125×1000＝512.5

$G = 0.0601 \times 1000 = 60.1$

除此之外，投资者亦沽空了 3000 张恒指认沽期权，行使价 9600，亦尚有 10 天到期，而现时的 Delta 是 0.2554，每升跌 100 点的 Gamma 是 0.0487 。

对于沽空期权的仓盘，Delta 及 Gamma 的风险是：

$D = 0.2554 \times 3000 = 766.2$

$G = 0.0487 \times 3000 = 146.1$

总的来说，期权组合的：

$$
\begin{aligned}
\text{Delta} &= 512.5 + 766.2 \\
&= 1278.7
\end{aligned}
$$

$$
\begin{aligned}
\text{Gamma} &= 60.1 + 146.1 \\
&= 206.20
\end{aligned}
$$

投资者目前希望作 Delta 及 Gamma 的对冲，而他知道市场行使价 9800 的恒指认购期权正报出偏高的买入及卖出价，该期权的 Delta 是 0.6315，Gamma 是 0.0568。

投资者可以沽空行使价 9800 的恒指认购期权以作 Gamma 的对冲，数量以下面公式计算：

$$N=\frac{G_p}{G_c}=\frac{206.20}{0.0568}=3630.28=3630$$

沽空 3630 张行使价 9800 认购期权，连带整个组合的 Delta 亦受到影响，Delta 下跌的幅度如下：

$D = -0.6315 \times 3630 = -2292.35$

整个组合的 Delta 则变成：

$$
\begin{aligned}
\text{Delta} &- 1278.7 - 2292.35 \\
&= -1013.35
\end{aligned}
$$

由于投资者希望亦作 Delta 的对冲，因此，他必须买入 1013 张恒指期货以平衡 Delta（买入期货的 Delta 等于 1，而 Gamma 等于 0）。

3. Vega 对冲策略

上面 Delta 对冲及 Gamma 对冲策略，可以确保在指数上落 100 点之内，期权仓的价值大致不受指数影响。不过，这并不表示期权仓可以独立于波幅率上落。事实上，波幅率上升或下跌，对于 Delta 及 Gamma 对冲后的仓盘仍有一定的影响，是故，对某些投资者而言，Delta、Gamma 及 Vega 对冲是有需要的。

假设某市场主力持有以下仓盘：

⑴买入 1000 张行使价 10000 恒指认购期权，Delta 是 0.5125，每升跌 100 点的 Gamma 是 0.0601，Vega 是 6.5910。

⑵沽空 3000 张行使价 9600 恒指认沽期权，Delta 是 0.2554，每升跌 100 点的 Gamma 是 0.0487，Vega 是 5.3401。

整个组合的风险指标是：

Delta　：512.5 + 766.35= 1278.70

Gamma ：60.1 + 146.1　= 206.20

Vega　：6591+16020.3 = 22611.3

以下先平衡 Gamma 及 Vega，由于涉及两种风险指标，理论上亦应以两种期权作对冲。目前，市场上有两种期权可考虑用作对冲用途：

⑴行使价 9800 恒指认购期权，Delta 是 0.6315，Gamma 是 0.0568，Vega 是 6.2280。

⑵行使价 10200 恒指认购期权，Delta 是 0.3946，Gamma 是 0.0581，Vega 是 6.3654。

假设目前买卖数量 N_1 的 9800 认购期权及买卖数量 N_2 的 10200 认购期权即可对冲原有组合的 Gamma 及 Vega，其公式如下：

Gamma 方面：

$$-206.20 = 0.0568\,N_1 + 0.0581N_2$$

Vega 方面：

$$-22611.3 = 6.2280N_1 + 6.3654N_2$$

根据上面公式：

$N_2 = -22611.3 - 6.2280 N_1 6.3654$

$N_2 = -3552.22 - 0.9784 N_1$

代入第一条公式：

$$-206.20 = 0.0568N_1 + 0.0581(-3552.22 - 0.9784N_1)$$
$$= 0.0568N_1 - 206.38 - 0.05685N_1$$

$$0.05685N_1 - 0.0568N_1 = -206.38 + 206.20$$
$$0.00005N_1 = -0.18$$
$$N_1 = -3600$$
$$N_2 = -3552.22 - 0.9784(-3600)$$
$$N_2 = -30$$

从上面的数字，市场主力只要在市场沽空 3600 张行使价 9800 认购期权，及沽空 30 张行使价 10200 认购期权，即可达致 Gamma 及 Vega 的对冲。

经上面的对冲后，Delta 下跌的幅度如下：

$$D = 0.6315N_1 + 0.3946N_2$$
$$= 0.6135(-3600) + 0.3946(-30)$$
$$= -2273.4 - 11.838$$
$$= -2285.24$$

连同原先组合的 Delta = 1278.70，目前需要对冲的总 Delta 是：

$$\text{Delta} = 1278.70 - 2285.24$$
$$= -1006.54$$

由于恒指期货的 Delta 是 1，Gamma 及 Vega 是 0，因此可买入 1007 张恒指期货以作 Delta 的对冲，而又不影响 Gamma 及 Vega 的平衡。

此外，若 Delta、Gamma 及 Vega 接近 0，Theta 理论上应接近无风险利率，因此毋须作对冲。

第八章

期权攻略研究（一）

在厘定期权策略上，技术分析其实扮演着极之重要的角色，因为图表上的分析，有助于投资者准确选择期权的行使价，至于关系时间掌握的到期日选择，更需要技术分析的帮助。

期权与技术分析

在本章中，笔者希望应用实际的市场数据，配合技术分析，为读者介绍各种期权买卖策略的应用，以图的形式使读者对实际期权市场的运作有更清楚的认识。

在本章中，笔者选用马克期权在1996年下半年的实际市况作为例子，以阐释期权的应用。事实上，在期权的运用上，无论是股票期权、指数期权，抑或外期权，在策略上都同样适用。

如何在11天内获利6倍？

在1996年7月份，马克展开升势，以马克期货计算，马克由5月28日低位0.6463美元上升至7月16日高位0.6840美元，升幅达5.83%。

事实上，由5月尾至7月初，市场情绪仍然颇为看淡马克，6月7日至7月12日六个星期的马克好友指数如下：34%、42%、54%、49%、47%、30%。

从波浪形态来看，马克在7月中展现大升市，应属意料中事，问题只属如何捕捉这次马克上升的利润而已。

由图8.1可见，马克期货在7月5日已经完成了1、2、①、②、1、2的波浪形态，强劲的3浪中的③浪的3浪正一触即发。

如果你有正确的数浪式，预期③浪可升至①浪的1.618倍，目标0.68，并在7月5日买入8月9日到期行使价0.6700美元的马克认购期权，则你可能在11天内获取高达6.06倍的利润。该期权在7月5日收0.16美仙，当7月16日马克期货到达1.618倍量度目标0.68时，该期权报 1.13。

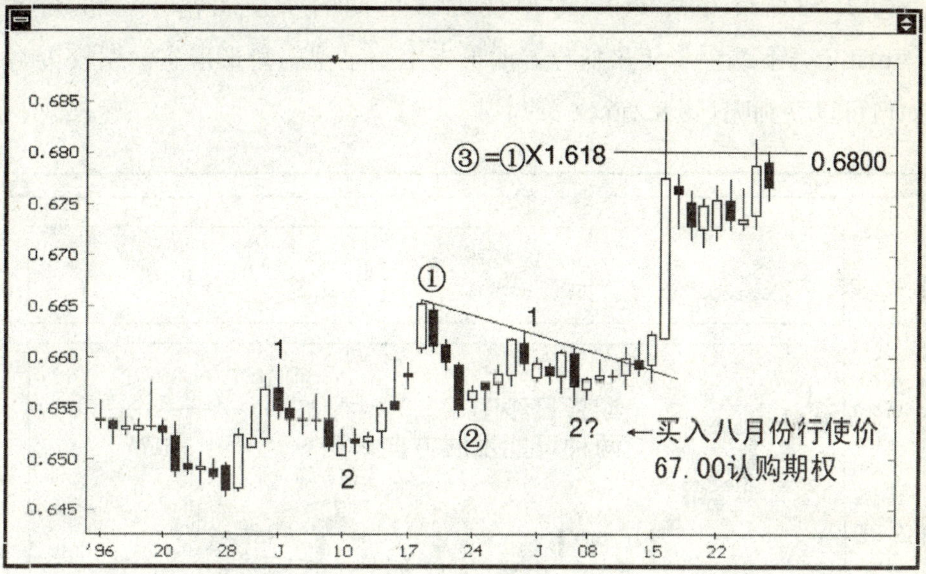

图 8.1 期货走势图

买入马克认购期权可获利高达 6.06 倍。事实上，买入期权的好处是，投资者极其量只损失期权金，但回报则可以是极大，因此，如果你能够掌握技术分析的方法，辅以期权以小博大，理论上投资回报可以极大。

当然，上述是最理想的假设。事实上，真正影响我们投资成败者，往往是我们的心理障碍，难定市场方向。就以 7 月初马克的走势而论，直到 7 月 5 日马克大升之前，好友指数仍显示只有三成投资者看好马克。应用 7 月初马克期货的例子，有以下观察：

(1)马克在 5 月 28 日 0.6463 美元开始出现反弹，至 6 月 18 日高见 0.6655 美元，波浪形态上可以有两种数浪式。

a)马克可能开始 1、2、①、②形式的上升，③浪可上试 0.6800 美元，即①浪的 1.618 倍目标；

b)马克可能只属 abc 三个浪反弹，之后将再创新低，下试 0.6350，即 abc 浪的 1.618 倍下跌目标。

⑵ 马克自 6 月 18 日即出现近三星期的牛皮上落市，波幅率 (Volatility) 下跌至一年来低位，而形态上则呈现三角形形态。期权策略如何可以获利呢（图 8.2）？

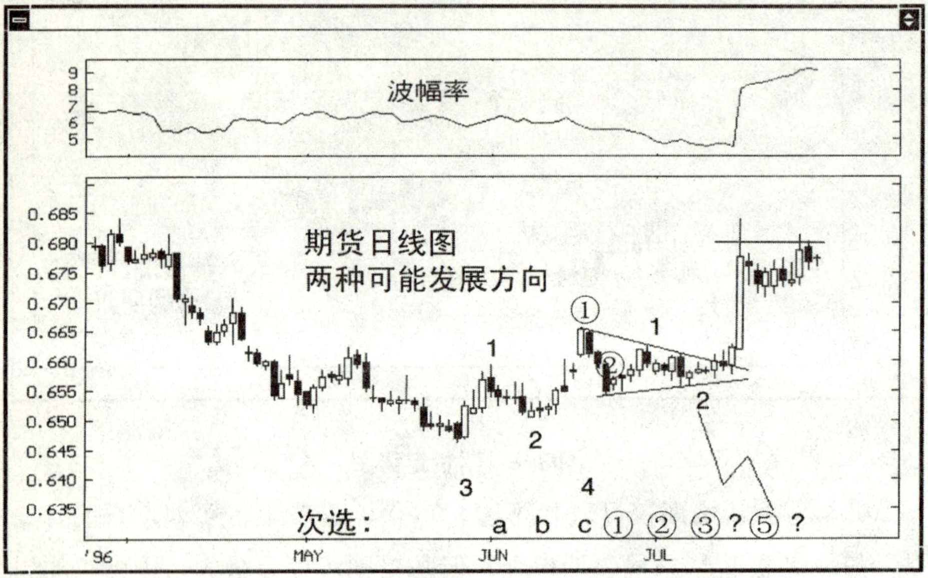

图 8.2 期货与历史波幅率

马克期货在 7 月初有两个可能的后市发展方向，一或上升至 0.6800 美元，一或下跌至 0.6350 美元。此外，由于马克已在三角形态内运行三周，加上波幅率下跌至一年来的低位，因此一旦出现突破，市势将会出现大单边市势，马克在短时间内应有极快波动。

在这种市势下，期权的投资者可考虑买入一套马鞍式 (Straddle) 的期权策略。

所谓马鞍式策略，就是在同一行使价同时买入一张认购期权及一张认沽期权。只要市况向任何一边运行，其中一种期权将会获得大量的利润，而另一种期权则会报废，但充其量只会损失期权金而已。

以实际市况及金额来看，马克期货在 7 月 5 日收市报 0.6571 美元。

由于预期 7 月尾前马克期货可能见 0.6350 或 0.6800，中间位将在 0.6625；此外，7 月 5 日收市在 0.6571 左右，因此行使价选择 66 美仙应较平衡。

7 月 5 日，8 月 9 日到期的行使价 66 美仙的认购期权收报 0.45 美仙，而 66 美仙行使价的认沽期权收市报 0.74 美仙。整套马鞍式策略共需 1.19 美仙期权金。至 7 月 16 日马克期货高见 0.6840，到达预期目标 0.6800，8 月份行使 66 美仙的马克认购期权上升至 1.96 美仙，而认沽期权失去大部分价值，换言之，马鞍式策略获利 64.7%(图 8.3)。

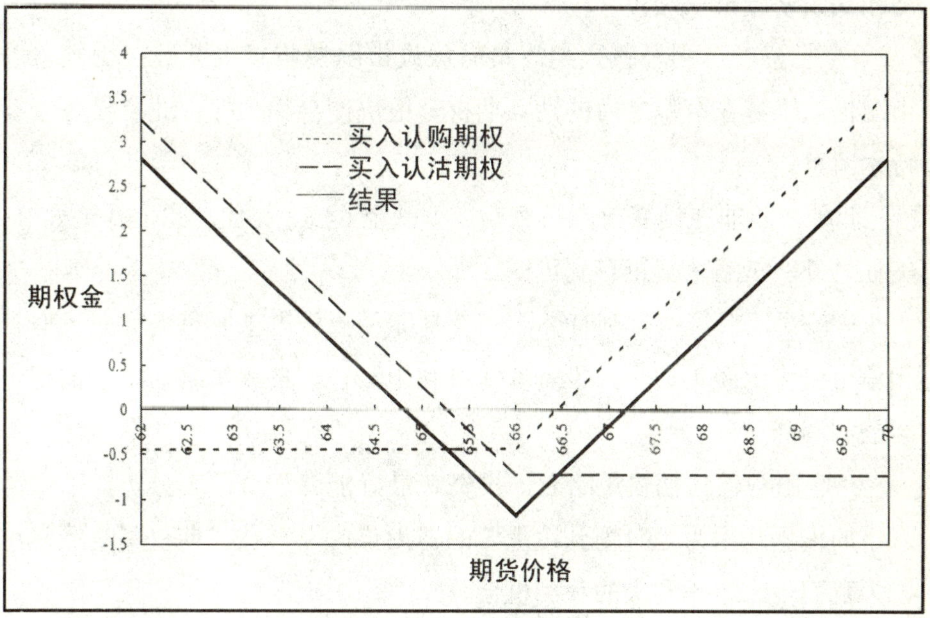

图 8.3　期权的马鞍式策略

马鞍式期权策略有利有弊

对于此种策略，我们可以归纳出三个重点：

(1)马鞍式期权金的支出较大，因此，即使策略有利可图，其杠杆度必然较单头买入认购或认沽期权的获利率为低，唯一好处是，无论市况上升或下跌，只要市势有足够的幅度，均有利可图。

⑵马鞍式期权策略真正成为利润的时间较长，因为由于有认购及认沽期权两种期权金的支出，市价必须补回两种期权金，之后的幅度才算真正的利润。

以上述马克期货作为例子，由于整套马鞍式期权策略共需1.19美仙，因此，期货价必须升越行使价66美仙，超过1.19美仙才有利可图，换言之，打和点在67.19美仙。相反，若纯粹单头买入行使价66美仙的8月份认购期权，期权金0.45美仙，则打和点在66.45美仙，比马鞍式策略较早获利。

⑶投资者运用马鞍式期权策略假设市况快将见大突破，否则，若市况仍然维持在窄幅之内的话，期权金很快便会损失掉，此点投资者要特别留意。

此外，除非在结算前，马克期货下跌至64.81美仙，或上升至67.19美仙之外，策略才真正有利可图。

马鞍式期权策略有利有弊，利者是即使投资者未明市势方向，但若相信市势将出现单边市，投资者即可利用马鞍式期权策略，用以捕捉市场的利润。

在应用马鞍式期权策略时，投资者最好能够配合图表分析，以作为入市的根据，因为当市场到达重要的转捩点时，马鞍式期权策略经常可以为我们带来本小利大的获利机会。

一般而言，买入马鞍式的期权策略可在以下处境中进行：

⑴价位图表形态处于一至两个月的对称三角形形态的2/3之外，换言之，价位即见突破。

⑵价位于图表形态正处于头肩顶或头肩底的颈线水平上，濒临突破颈线之前。

以波浪理论来说，买入马鞍式期权策略应在以下两阶段进行：

⑴五个推动浪中的第2浪调整的尾声。

(2)五个推动浪中的第4浪调整的尾声。

总而言之，买入马鞍式的期权策略应在市势久经整固，并行将突破时进行。

单头买入期权及买入马鞍式期权的两种策略，前者是对市势方向充满信心的投资者的工具，而后者是对市势不明好淡，但肯定认为市势即将大变并形成单边市的投资者的入市工具。但假如你对市势方向不明，亦认为市势未必出现大变，但认为如果单边市真的出现的话，幅度可以十分厉害，那么应该如何部署呢?

笔者的意见是，如果你是消极的投资者，当然是隔岸观火，袖手旁观，省回经纪佣金。但如果你是进取的投资者，认为市势一旦出现，幅度将会十分大，则可以考虑买入一套勒束式(Strangle)的期权策略，它与马鞍式期权策略大同小异，唯一不同者是投资者并非买入相同行使价的期权，而是同时买入较高行使价的认购期权及买入较低行使价的认沽期权。

这种期权策略有利有弊，利者是投资者可以付出较低的期权金(由于两种期权将会是价外期权，期权金比价内或现价者为低)。

但不利者是期权策略的打和点会较远，若市场在到期前仍处于牛皮闷局或波幅不够的话，整套期权策略的期权金可能会损失掉。

马鞍式与勒束式策略比较

对于马鞍式期权策略及勒束式期权策略两者之间何者较佳，主要分别有以下两点:

(1)马鞍式期权策略主要的优点是较快到达打和点，换言之，策略招致损失的机会较低。勒束式期权策略到达打和点较慢，因此适合较长线的买卖策略。

(2)马鞍式策略所牵涉的期权金费用颇大，包括两张等价期权，因此，马鞍式策略的杠杆度较细，难与单头买入期权的幅度比较。

勒束式期权所牵涉的期权金费用较少，包括价外期权，因此，若市况发展成大单边市，勒束式策略的杠杆度将较大。

对于上面两种策略，其共通点是两者都对时间及波幅率极为敏感，意思是，如果市场进入整固状态，在窄幅内上落，一般而言，所买入的马鞍式期权策略及勒束式期权策略的期权金均会逐日下跌，损失“时间值”，因此，对于买入此策略的投资者大为不妙。

相反而言，在预期市况进入整固状况而沽空上述两种策略，则有获利的机会。

勒束式期权 7 月赚 2.53 倍

在 7 月马克期货的走势里面，我们可以用买入勒束式的期权作一比较。7 月 5 日，马克 9 月期货收市时报 0.6571 美元。投资者经过图表分析，认为马克可能会出现突破性的单边走势，若下跌的话，可见 0.6350 美元，若上升的话，将可以用极快的速度上见 0.6800 美元。然而，投资者不太肯定市势会否见突破，因此不愿意付出太多期权金去捕捉这个可能出现的市况。

若投资者希望所买入的期权其中一边可以得到约 100 点的价内值的话，他会选择一套勒束式马克期权策略，即同时买入 8 月 9 日到期的：①行使价 64.50 美仙马克认沽期权及；②行使价 67.00 美仙马克认购期权。

7 月 5 日 8 月份行使价 64.50 美仙的马克认沽期权收市报 0.16 美仙，而 8 月份行使价 67.00 美仙马克认购期权则报 0.16 美仙，整套策略共需付出 0.32 美仙(或 32 点)期权金，未计经纪佣金。以 IMM 合约数量每点 12.50 美元计，上述策略共需 400 美元(约 3100 港元)。

当 7 月 16 日马克 9 月期货价高见 0.6840 美元，到达预期上升目标 0.6800 美元时，上述认沽期权报废，而 8 月份行使价 67 美仙的认购期权的收市价则上升至 1.13 美仙。换言之，整套勒束式期权策略由 32 点上升至 113 点，上升 2.53 倍(图 8.4)。

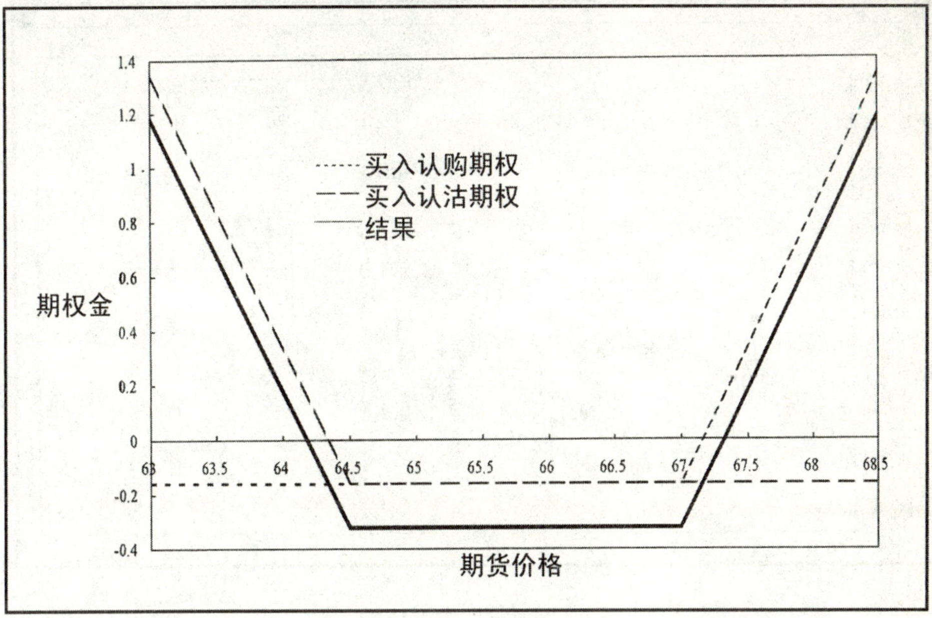

图 8.4　期权的勒束式策略

沽空马鞍式期权策略

如果我们预期市况会进入牛皮整固的上落市之中，沽空马鞍式期权或勒束式期权将可坐收期权金，亦是一种获利的机会。

套用 7 月尾马克期货的走势来看，该期货价 7 月 16 日高见 0.6840 美元，收市报 0.6776 美元。

投资者经过一晚的仔细分析，认为马克期货已完成了浪中的③浪的③浪的上升，并开始进入 4 浪的调整。估计 4 浪调整完成后，马克会进入 5 浪上升，然后再作高一层次的④浪调整，换言之，马克会有一段略为偏好的反覆上落市出现(图 8.5)。

投资者估计，马克期货在 8 月初之前应该仍然维持在上下 100 点期货价的幅度之内，若以当时收市价接近 0.6800 美元计，上下的幅度应在 0.6700 至 0.6900 美元间上落。

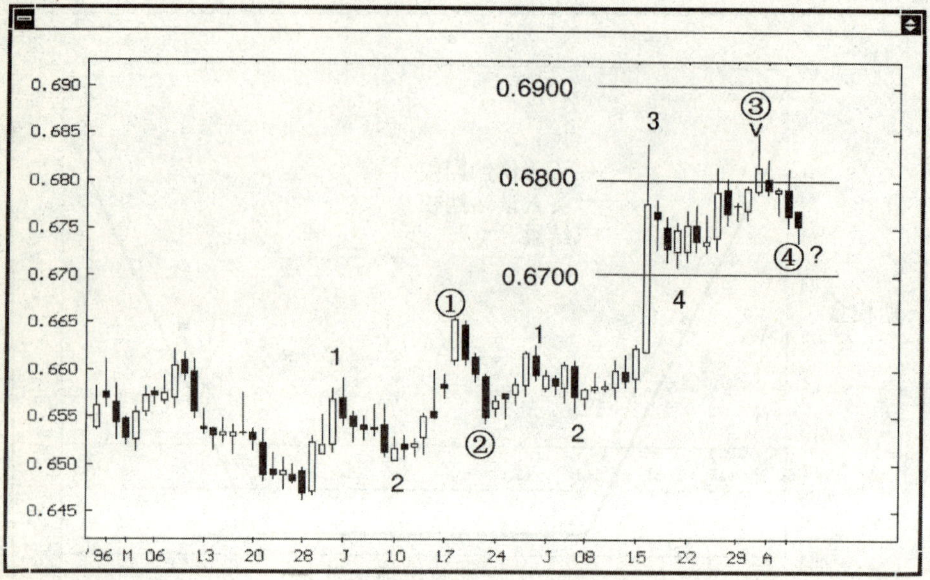

图 8.5　期货走势图

若上面的估计正确，投资者沽空一套马鞍式期权策略，即同时沽空一张认沽期权及认购期权，总共收取超过 100 点子的期权金，投资者便应该有利可图。

最后，投资者选择在 7 月 17 日收市时，同时沽空 8 月份(8 月 9 日到期)行使价 68 美仙的认购期权及认沽期权，收市时分别报 0.50 美仙及 0.89 美仙，每套策略收取共 1.39 美仙(或 139 点)。

7 月尾沽马鞍式策略见回报

经过一番技术分析后，若投资者认为马克期货应离不开 0.6700 至 0.6900 美元的上落区域，可考虑沽空行使价 68 美仙的 8 月份认购及认沽期权，以 7 月 17 日收市价计，认购期权的期权金为 0.50 美仙，而认沽期权的期权金为 0.89 美仙，两者合共 1.39 美仙。

事实上，马克期货在 7 月 17 日至 8 月初，一直牛皮上落，上述两种期权一直消耗著时间值。8 月份期权到期日在 8 月 9 日，而到结算前两天(8 月 7 日)，上述认购期权的期权金下跌至 0.04 美仙，而认沽期权的期权金则下跌至 0.51 美仙，整套马鞍式期权组合共 0.55 美仙，较入市时的 1.39 美仙，下跌 0.84 美仙。

以每点值 12.5 美元计算，沽空一套马鞍式期权策略所赚的 84 点，价值 1050 美元(或 8127 港元左右)。

上述期权金由 1996 年 7 月 17 日至 8 月 7 日的变化请参考图 8.6。对于沽空马鞍式期权组合，究竟应选择沽空近期的月份还是较远期的合约呢？以上例子，沽空 8 月份马鞍式期权策略，期权金由 1.39 美仙下跌至 0.55 美仙，获利 0.84 美仙。若沽空 9 月份相同行使价的马鞍式期权策略，7 月 17 日报 1.99 美仙，而 8 月 7 日收 1.25 美仙，获利 0.74 美仙。换言之，应选择近月份作沽空策略。

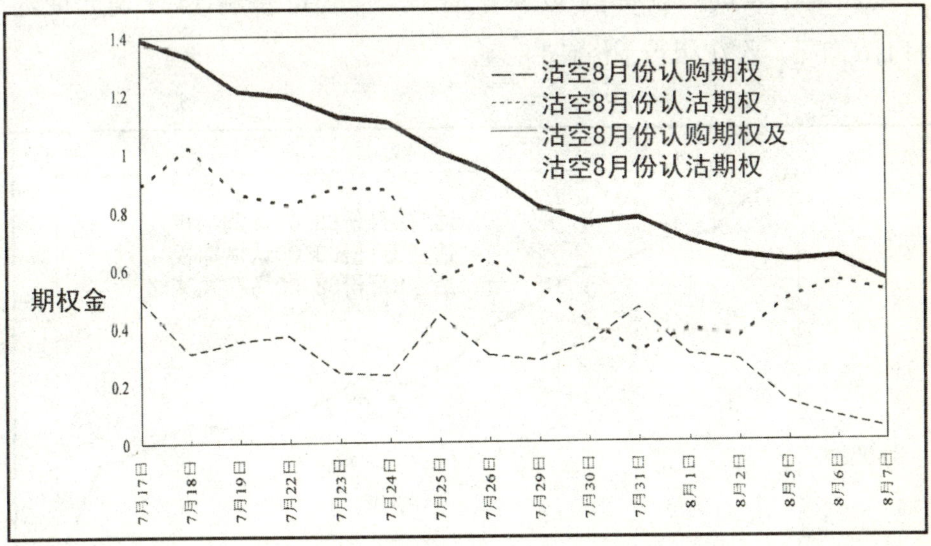

图 8.6　沽空行使价 68.00 马鞍式期权组合

沽马鞍式组合见丰收

1996 年 8 月 9 日是美国 IMM8 月份马克期权的到期日，9 月马克期货收市报 0.6779 美元，而现货美元兑马克收市报 1.4774 马克。对于我们一直讨论的沽空 8 月份行使价 68 美仙马克马鞍式期权策略来说，最后两天的变化甚为值得讨论。

由于到期日马克出现反弹，十分接近上述策略的行使价 0.68 美元，因此，整套策略的期权金进一步急跌。对于所沽空的 8 月马克 68 美仙认购期权，由于到期日马克 9 月期货仍然未能到达行使价 68.00 美仙之上，期权金下跌至零。另一方面，所沽空的 8 月马克 68 美仙认沽期权则成为价内期权，由于时间值已完全消耗，期权金本身亦等如内在值，即 68.00 美仙减 67.79 美仙，等如 0.21 美仙。换言之，到期日 8 月 9 日，上述马鞍式期权组合共值 0.21 美仙，比 8 月 7 日时的 0.55 美仙，急跌 34 点，约值 425 美元或 3290 港元。

若以 7 月 17 日每套 1.39 美仙开始沽空该组合，到期日收 0.21 美仙每套应赚 118 点，以每点 12.5 美元计，每套可获利 1475 美元或约 11416 港元，收获相当不俗(图 8.7)。

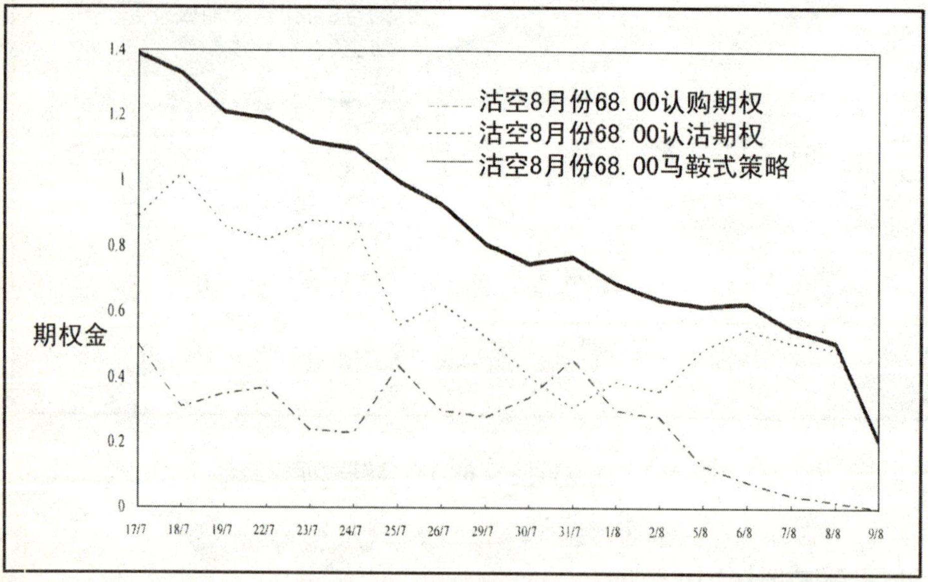

图 8.7　沽空 8 月份行使价 68.00 马鞍式期权策略

若于上述同期沽空 9 月份马鞍式组合，期权金由 1.99 美仙下跌至 1.15 美仙，每套亦可获利 0.84 美仙，折合 1050 美元或 8127 港元。

沽马鞍式组合的风险

对于沽空马鞍式期权组合的策略，有下列几点必须留意。

(1)若价位走出马鞍式策略的既定范围，市场的风险将如单头买入或沽出期货一样，理论上可说是风险无限。不过，正如买卖现货孖展及期货一样，马鞍式策略一样有控制风险的方法或止蚀的技巧(图 8.8,表 8.1)。

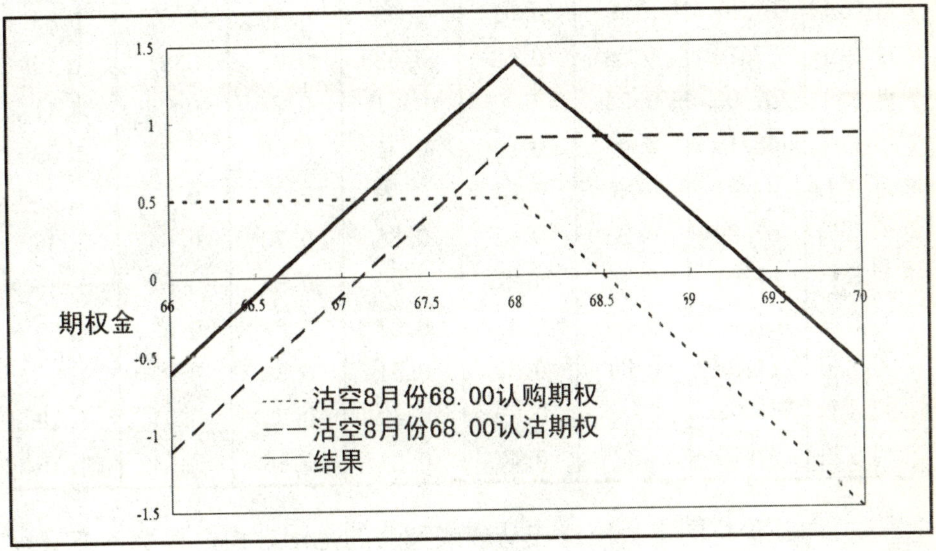

图 8.8　期权的马鞍式策略

表 8.1　马鞍式期权金变化

日期	9月期货收市	行使价 68.00				沽空8月马鞍式策略	沽空9月马鞍式策略
		8月认购期权	9月认购期权	8月认沽期权	9月认沽期权		
7月17日	67.61	0.5	0.8	0.89	1.19	1.39	1.99
7月18日	67.29	0.31	0.6	1.02	1.3	1.33	1.9
7月19日	67.49	0.35	0.62	0.86	1.13	1.21	1.75
7月22日	67.55	0.37	0.65	0.82	1.1	1.19	1.75
7月23日	67.36	0.24	0.54	0.88	1.18	1.12	1.72
7月24日	67.36	0.23	0.53	0.87	1.17	1.1	1.7
7月25日	67.88	0.44	0.74	0.56	0.86	1	1.6
7月26日	67.67	0.3	0.61	0.63	0.94	0.93	1.55
7月29日	67.75	0.28	0.62	0.53	0.87	0.81	1.49
7月30日	67.93	0.34	0.7	0.41	0.77	0.75	1.47
7月31日	68.15	0.46	0.84	0.31	0.69	0.77	1.53
8月1日	67.91	0.3	0.67	0.39	0.76	0.69	1.43
8月2日	67.92	0.28	0.65	0.36	0.73	0.64	1.38
8月5日	67.64	0.13	0.5	0.49	0.86	0.62	1.36
8月6日	67.53	0.08	0.41	0.55	0.88	0.63	1.29
8月7日	67.53	0.04	0.39	0.51	0.86	0.55	1.25
8月8日	67.53	0.02	0.36	0.49	0.83	0.51	1.19
8月9日	67.79	0	0.47	0.21	0.68	0.21	1.15

(2)即使价位的走势维持在马鞍式策略的范围之内，投资者亦必须注意波幅率(Volatility)的变化，若波幅率上升，无论认购或认沽的期权金一样会上升，对于沽空马鞍式组合的投资者会较为不利。因此，选择波幅率较一年的平均数为高时行使沽空马鞍式策略应较为有利。

(3)利率的变化必须小心观察。理论上，期权金的时间值仍取决于利率。利率上升，时间值亦上升；利率跌，时间值亦跌。因此，买入马鞍式组合者希望美元利率上升，沽空马鞍式组合者希望美元利率在期内下跌。上面的利率是指无风险利率(Risk－free Rate)，一般以参考美国三个月国库券息率(3－month U.S. Treasury Bill Rate)为准。

沽勒束式组合减风险

对于沽空马鞍式期权组合的策略，笔者所应用的是沽空8月份行使价68美仙的马克认购及认沽期权，若以笔者所引用例子而言，在7月17日沽空马克马鞍式组合的期权金共收1.39美仙。换言之，当到期时，马克9月期货若能维持在以下的上下限之内，沽空马鞍式策略将有利可图：下限：68.00－1.39＝66.61美仙；上限：68.00+1.39＝69.39美仙。

对于马鞍式，有投资者认为：

⑴若沽空马鞍式期权组合，期权金在行使价的水平时变化太大，特别是即将结算时，期货价若大幅波动，可能令期权金大跌，见财化水。

⑵马鞍式策略所容许的市价波动范围不够阔，若市价超出预期地单边发展，沽空策略可能招致损失。

对于上面两点，投资者若希望期权金在预定的价格波动范围内较为平稳，而容许的波动范围较阔，并愿意接受较低的回报，投资可考虑沽空勒束式期权组合。以前述例子，投资者可在7月17日同时沽空8月份行使价67美仙认沽期权及沽空8月份行使价69美仙认购期权，损益状况如图8.9。

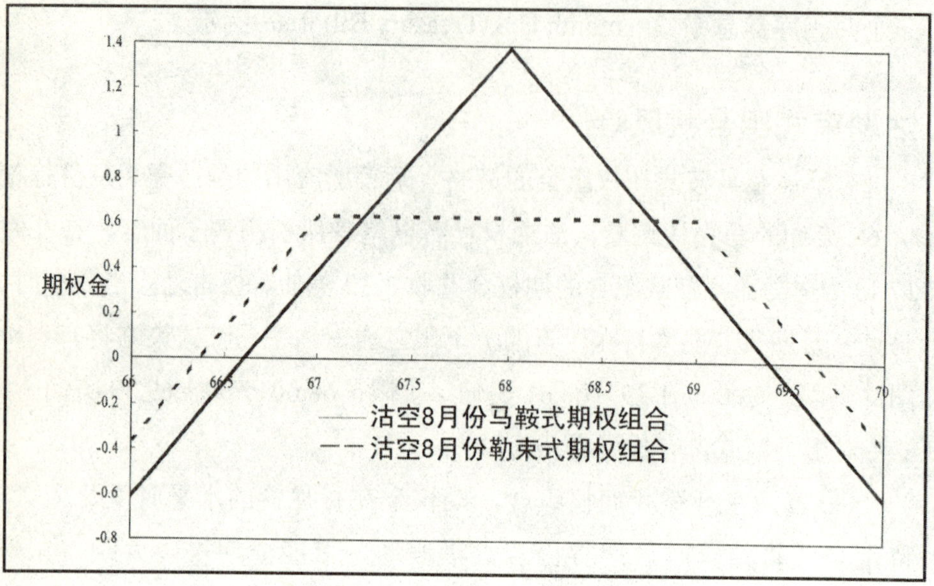

图 8.9　沽空马鞍式与勒束式期权组合损益比较图

沽空勒束式组合稳收利润

如果投资者有信心市场价格在某个时间内，维持在某个特定价位区域内上落，并希望收取一个较为肯定的期权金，则沽空勒束式(Strangle)期权组合便可能是一个理想的买卖策略。

理论上，沽空勒束式组合较沽空马鞍式策略容许价位的较大波动范围。以上面所应用的例子来看，7 月 17 日沽空马鞍式及勒束式组合的打和点如下：

(1)马鞍式：沽空 8 月份行使价 68 美仙的马克认购及认沽期权分别收 0.50 及 0.89 美仙，共 1.39 美仙，是故打和点为：下限：68.00－1.39＝66.61 美仙；上限：68.00+1.39＝69.39 美仙。换言之，期货价超出上面上下限，策略将会损失。

(2)勒束式：沽空 8 月份行使价 67 美仙马克认沽期权及沽空 8 月份行使价 69 美仙马克认购期权，共收期权金 0.40 美仙及 0.23 美仙，合共 0.63 美仙，是故打和点在：下限 67.00－0.63=66.37 美仙；上限

69.00+0.63=69.63 美仙。

由图 8.10 及表 8.2 可见，沽空勒束式期权组合的好处是：

①打和点的上下限较阔；

②只要期货价在 67.00 至 69.00 美仙之内，其期权金的内在值永远为 0.63 美仙。

事实上，由 7 月 17 日的 0.63 美仙起，到 8 月 9 日到期时，上述组合下跌至零，沽空勒束式期权组合者坐收 0.63 美仙。

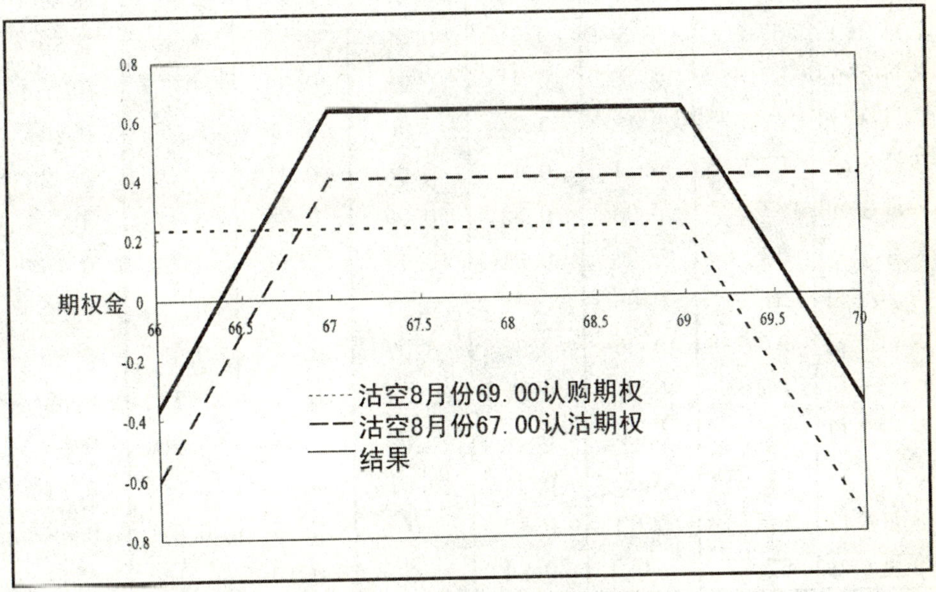

图 8.10 沽空期权的勒束式策略

表 8.2 勒束式期权金变化

日期	9月期货收市	行使价 67.00		行使价 69.00		沽空8月勒束式策略	沽空9月勒束式策略
		8月认沽期权	9月认沽期权	8月认购期权	9月认购期权		
7月17日	67.61	0.4	0.68	0.23	0.47	0.63	1.15
7月18日	67.29	0.45	0.75	0.14	0.33	0.59	1.08
7月19日	67.49	0.34	0.59	0.13	0.34	0.47	0.93
7月22日	67.55	0.3	0.57	0.14	0.35	0.44	0.92
7月23日	67.36	0.32	0.61	0.09	0.28	0.41	0.89
7月24日	67.36	0.3	0.61	0.09	0.28	0.39	0.89
7月25日	67.88	0.15	0.41	0.15	0.39	0.3	0.8
7月26日	67.67	0.18	0.46	0.1	0.3	0.28	0.76
7月29日	67.75	0.11	0.41	0.08	0.31	0.19	0.72
7月30日	67.93	0.08	0.35	0.09	0.35	0.17	0.7
7月31日	68.15	0.06	0.31	0.14	0.44	0.2	0.75
8月1日	67.91	0.06	0.34	0.07	0.34	0.13	0.68
8月2日	67.92	0.06	0.31	0.07	0.3	0.13	0.61
8月5日	67.64	0.07	0.37	0.04	0.22	0.11	0.59
8月6日	67.53	0.06	0.36	0.02	0.17	0.08	0.53
8月7日	67.53	0.04	0.34	0.01	0.17	0.05	0.51
8月8日	67.53	0.02	0.32	0	0.15	0.02	0.47
8月9日	67.79	0	0.24	0	0.19	0	0.43

如何提高勒束式组合收益?

对于沽空勒束式期权组合的投资者而言，可谓有利有弊，利者是若市价在预期的范围内，期权金的收益将十分稳定，不过相对于沽空马鞍式期权组合而言，最高可获的利润当然大打折扣。

若投资者希望提高沽空勒束式期权组合的收益，但又希望某程度上维持勒束式期权的好处，则投资者可以考虑以下两种方法。

(1)收窄勒束式期权组合的行使价。以前述例子，若在 7 月 17 日收市沽空不同行使价的勒束式期权组合，所收取的期权金有以下对比：

①行使价 67 及 69 美仙：0.63 美仙；

②行使价 67 及 68 美仙：0.90 美仙；

③行使价 68 及 69 美仙：1.12 美仙。

毫无疑问，行使价愈窄，可能获得的利润亦愈大。

(2)沽空两套行使价不同的勒束式期权组合，此法可增加两套勒束式组合之中间价时的最高获利可能。以前述马克期权例子，三种不同组合的最高可能获得的利润可作以下比较：

①沽空 68 美仙马鞍式组合：1.39 美仙；

②沽空 67/68 及 68/69 两套勒束式组合平均价：1.01；

③沽空 67/69 美仙勒束式组合：0.63 美仙。

(图 8.11a 及 8.11b)

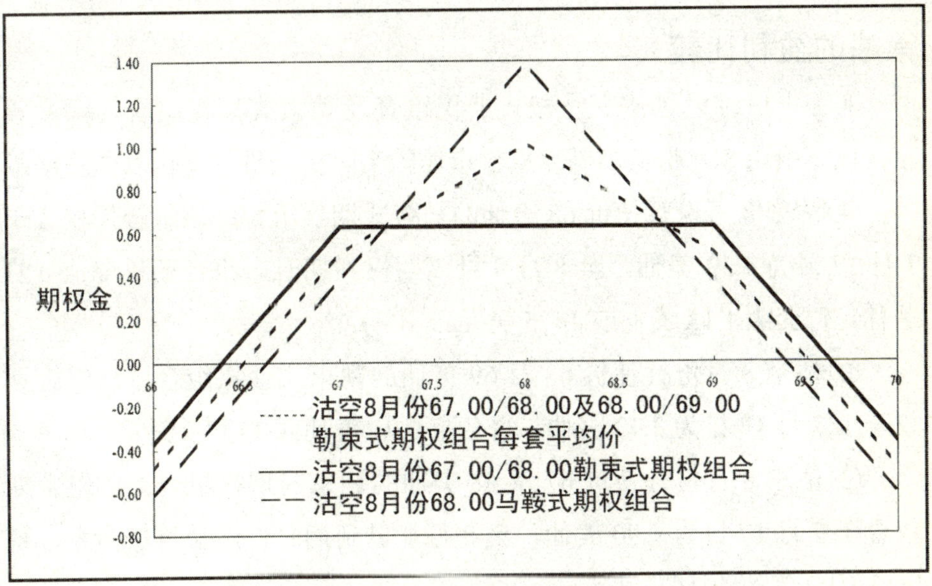

图 8.11a　沽空 8 月份勒束式期权不同组合的比较图

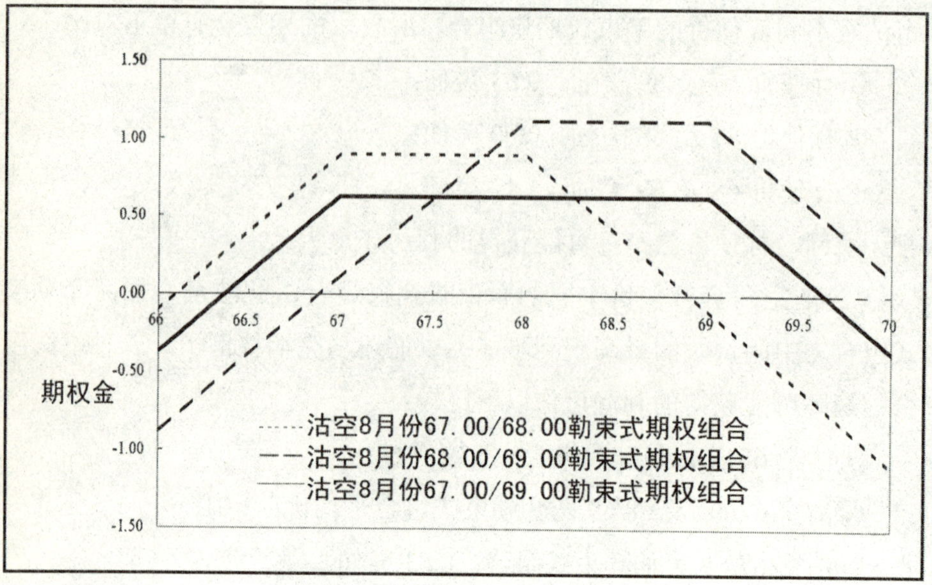

图 8.11b　沽空期权的勒束式策略

策略的盈利比较

笔者先后讨论过沽空马鞍式期权组合及勒束式期权组合的买卖策略，以下引用 8 月份美国马克期权市场的实际买卖价的变化以作总结：

⑴沽空 8 月份行使价 68 美仙的马鞍式期权组合：该组合期权金于 7 月 17 日为 1.39 美仙，至 8 月 9 日该期权到期时，组合期权金值 0.21 美仙，每套赚 1.18 美仙或 1475 美元。

⑵沽空 8 月份行使价 68 及 69 美仙的勒束式期权组合：该组合期权金于 7 月 17 日为 1.12 美仙，每套赚 0.91 美仙或 1137.5 美元。

⑶沽空 8 月份行使价 67 及 68 美仙的勒束式期权组合：该组合期权金于 7 月 17 日为 0.90 美仙，至 8 月 9 日到期时，组合价值为零，每套赚 0.90 美仙或 1125 美元。

⑷沽空 8 月份行使价 67 及 68 美仙、68 及 69 美仙两套勒束式期权组合：7 月 17 日上述组合平均价为 1.01 美仙，至 8 月 9 日到期为 0.105

美仙，每套赚 0.905 美仙或 1131.25 美元。

(5)沽空 8 月份行使价 67 及 69 美仙的勒束式期权组合：7 月 17 日组合期权金为 0.63 美仙，至 8 月 9 日到期时，期权金为零，每套共赚 0.63 美仙或 787.5 美元。

上述期权策略的期权金走势见图 8.12 及表 8.3。

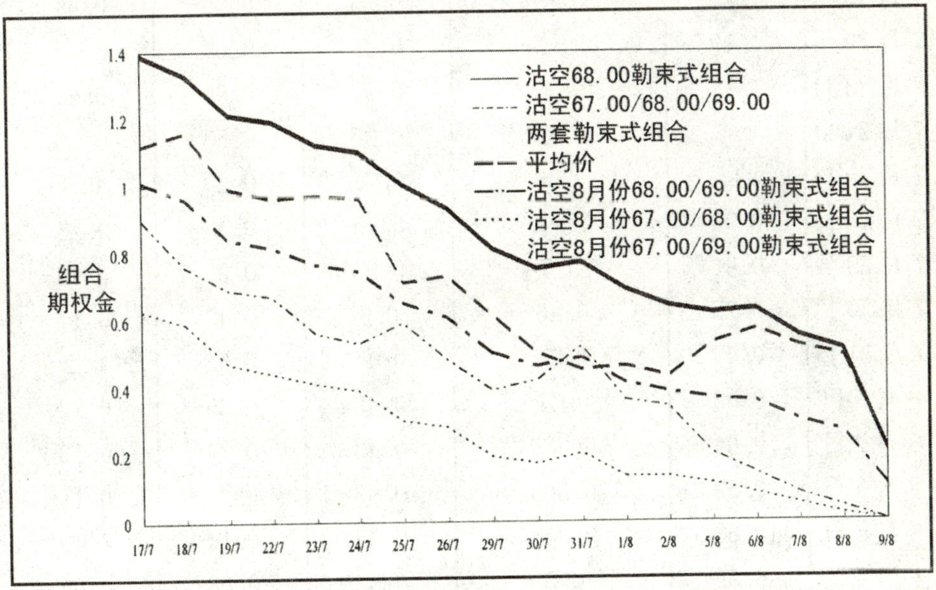

图 8.12　沽空期权不同策略的期权金比较图

表 8.3　马鞍式与勒束式期权金变化

日期	沽空 68.00 马鞍式组合	沽空 67.00/68.00 及 68.00/69.00 两套勒束式平均价	沽空 68.00/69.00 勒束式组合	沽空 67.00/68.00 勒束式组合	沽空 67.00/69.00 勒束式组合
7月17日	1.39	1.01	1.12	0.9	0.63
7月18日	1.33	0.96	1.16	0.76	0.59
7月19日	1.21	0.84	0.99	0.69	0.47
7月22日	1.19	0.815	0.96	0.67	0.44
7月23日	1.12	0.765	0.97	0.56	0.41
7月24日	1.1	0.745	0.96	0.53	0.39
7月25日	1	0.65	0.71	0.59	0.3
7月26日	0.93	0.605	0.73	0.48	0.28
7月29日	0.81	0.5	0.61	0.39	0.19
7月30日	0.75	0.46	0.5	0.42	0.17
7月31日	0.77	0.485	0.45	0.52	0.2
8月1日	0.69	0.41	0.46	0.36	0.13
8月2日	0.64	0.385	0.43	0.34	0.13
8月5日	0.62	0.365	0.53	0.2	0.11
8月6日	0.63	0.355	0.57	0.14	0.08
8月7日	0.55	0.3	0.52	0.08	0.05
8月8日	0.51	0.265	0.49	0.04	0.02
8月9日	0.21	0.105	0.21	0	0

如何管理勒束式组合？

对于沽空马鞍式或勒束式策略之后，应该如何管理该组合呢？一般而言有三种方法：

(1)在市价超出预期范围之外后止盈或止损；

(2)在市价超出预期的范围之外后用期货合约对冲，直至期权到期；

(3)平掉旧有勒束式组合，重新沽空另一价位范围的勒束式组合。

以下再引用 8 月份马克期权市场的实际数据以作一例(图 8.13)。

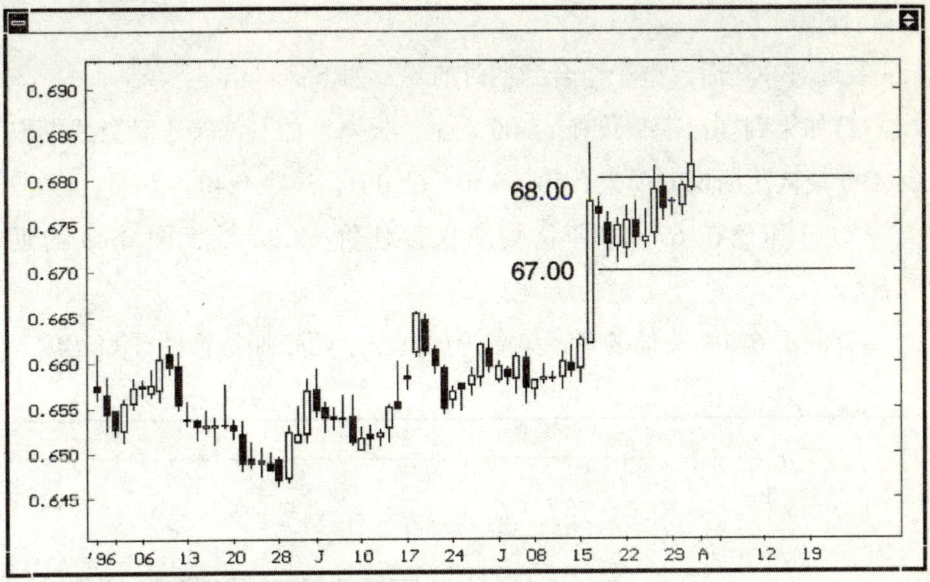

图 8.13　期货走势图

(1)7 月 17 日，在马克期货收市价 67.61 美仙时沽出 8 月份行使价 67 美仙马克认沽期权及沽出 8 月份行使价 68 美仙马克认购期权，分别收取期权金 0.40 及 0.50 美仙，共 0.90 美仙。投资者预期马克期货收市价不会超出 67.00 至 68.00 美仙区域。

(2)7 月 31 日，马克期货收 68.15 美仙，超出了预期的区域。旧有 67/68 勒束式期权组合的期权金下跌至 0.52 美仙，投资者有几种考虑：

第一，在收市时将现有沽空的勒束式期权平仓，每套赚 0.38 美仙。

上述策略获利的条件是，市价维持在价位范围内一定的时间，波幅率下跌，因此才可以赚取期权金。

第二，个办法是以期货合约作对冲。7 月 31 日，马克期货最高上升至 68.50 美仙，上破了 10 月 16 日高点 68.40 美仙超过 0.10 美仙。虽然期货价未到 68.90 美仙打和点，但由于市价一度升破之前的高位，投资者担心市势会演变成单边升市，会令所持有的沽空勒束式期权组合“风险无限”，于是，投资者于当时高位 68.50 美仙买入一张马克期货合约以作对冲。

经过对冲之后，整个组合到期时的盈亏如下：

(1)如果到期日期货价在68.00之上，投资者的利润等于勒束式期权金0.90减认购期权的损失0.50(68.50－68.00)，净赚0.40。

(2)打和点在67.60(即认购期权行使价68.00减上面0.40的期权金)。

(3)低于67.00美仙的话，策略等如沽空了两张期货合约(图8.14)。

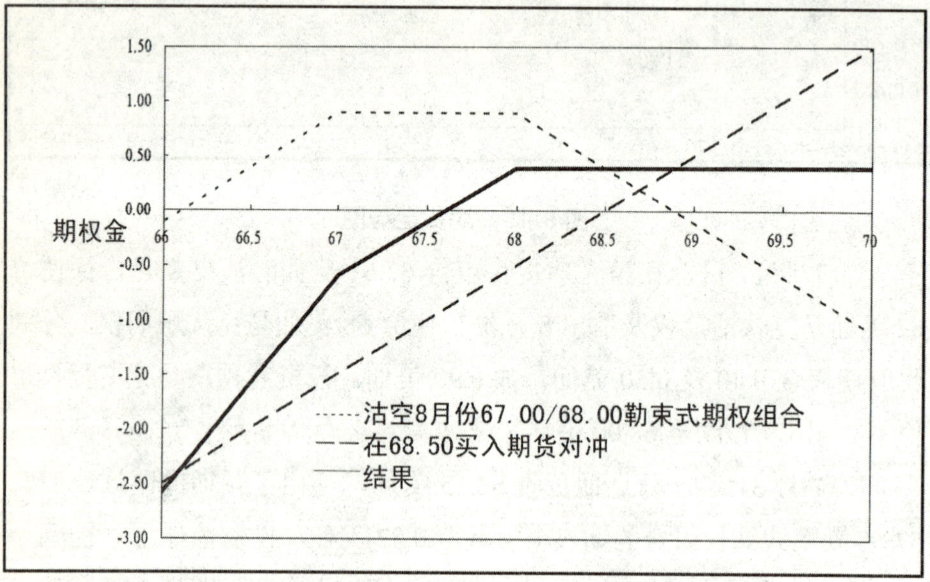

图8.14　沽空期权的勒束式策略及期货对冲

到8月9日到期日，期货价收67.79，所沽空的勒束式策略赚尽0.90，但期货合约损失0.71，投资者净赚0.21，约262.5美元。

对于沽空勒束式期权组合后，最困难的地方是如何决定入市用期货对冲，如果对冲后，市价反方向而行，期货合约方面的损失，可能会令沽空期权组合者得不偿失。

一般而言，若对冲后，投资者发觉市价回落到先前预期的价位上落幅度之内，投资者应尽快平掉期货合约，使整套组合回复原先沽空勒束式策略的状态。对于这方面的部署，以下再引用前述例子予以说明。

(1)7 月 31 日，投资者在 68.50 美仙入市买入马克期货对冲，对冲后的打和点在 67.60 美仙。

(2)8 月 8 日，马克期货回落至最低 67.29 美仙，投资者为免损失，在 67.60 美仙沽出期货，期货合约损失了 0.90 美仙。

(3)8 月 9 日到期时，期货价收 67.79 美仙，处于勒束式组合的 67.00 至 68.00 美仙之内，勒束式组合共赚取 0.90 美仙。

换言之，到期日时整体策略无赚无亏，只使用了经纪佣金。不过如果投资者可在 67.60 美仙之上将所有持有的期货合约拆仓，则到期时策略应有利可图(图 8.15)。

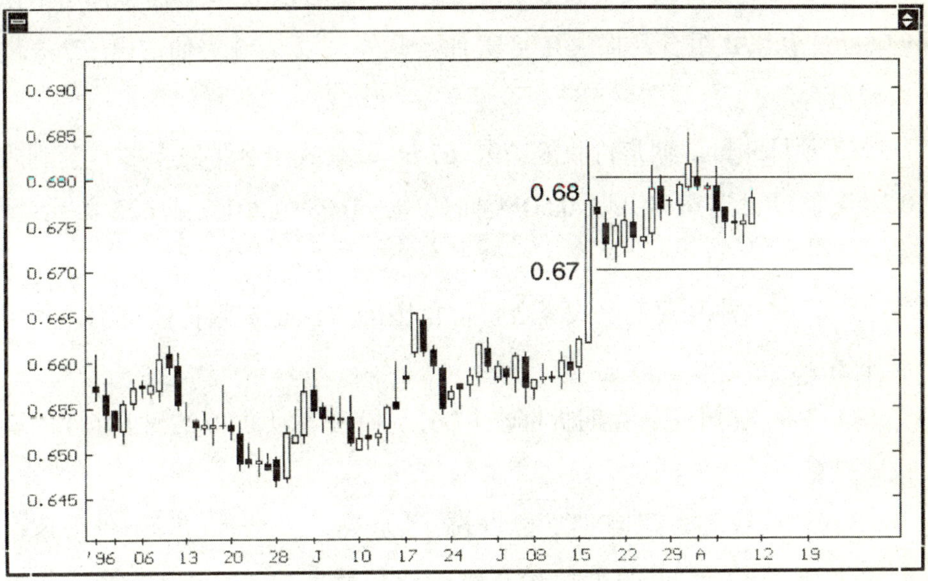

图 8.15　期货走势图

对于沽空勒束式期权组合后，第三种管理方式是改变勒束式策略的价位范围，包括：

(1)上移或下移勒束式价位范围，以适应新的市价上落幅度；

(2)扩阔勒束式价位范围，以适应新的市价上落幅度。

在笔者所应用的例子里面，第一种方法是：

⑴7 月 17 日，以 0.90 美仙沽出一套 67/68 美仙马克勒束式策略。

⑵7 月 31 日，期货价收 68.15 美仙，投资者预期市价上落幅度会上移至 68 至 69 美仙，于是在收市时以 0.50 美仙沽出所持有的 67/68 勒束式沽仓，并同时以 0.45 美仙沽空一套 68/69 美仙的勒束式组合，前者每套赚 0.38 美仙。此外，若持有仓盘至结算，8 月 9 日该 68/69 组合报 0.21 美仙，每套赚 0.24 美仙。

上述策略前后赚取 0.62 美仙(0.38+0.24)或 775 美元。不过由于 8 月初马克期货回落至 67 至 68 美仙的幅度内上落，投资者可能希望将勒束式区域下移至 67 至 68 美仙，策略上：

⑴8 月 5 日，期货价收 67.64 美仙，投资者以 0.53 美仙平掉所沽出的 68/69 勒束式组合，损失 0.08 美仙。此外，以 0.20 美仙沽出 67/68 勒束式组合。

⑵8 月 9 日，期货价收 67.79，67/68 勒束式组合下跌至零，套利赚 0.20 美仙。上述策略共赚 0.50 美仙(0.38－0.08+0.20)，或 625 美元(图 8.16)。

对于另一种改变勒束式组合价位范围的方法是扩阔价位范围。引用前述例子：

⑴7 月 17 日，马克期货价收 67.61，投资者以 0.90 沽出 67/68 的勒束式策略。

⑵7 月 31 日，马克期货价收 68.15 美仙，投资者担心市价上落幅度已上移至 68 至 69 美仙，希望将所持有勒束式策略由 67/68 扩阔至 67/69 美仙。方法是：以 0.46 美仙补回所沽出的 8 月 68 美仙认购期权，新组合期权金为 0.20 美仙(0.06+0.14)。帐面上，67/68 勒束式组合每套赚 0.38 美仙(0.90－0.52)。

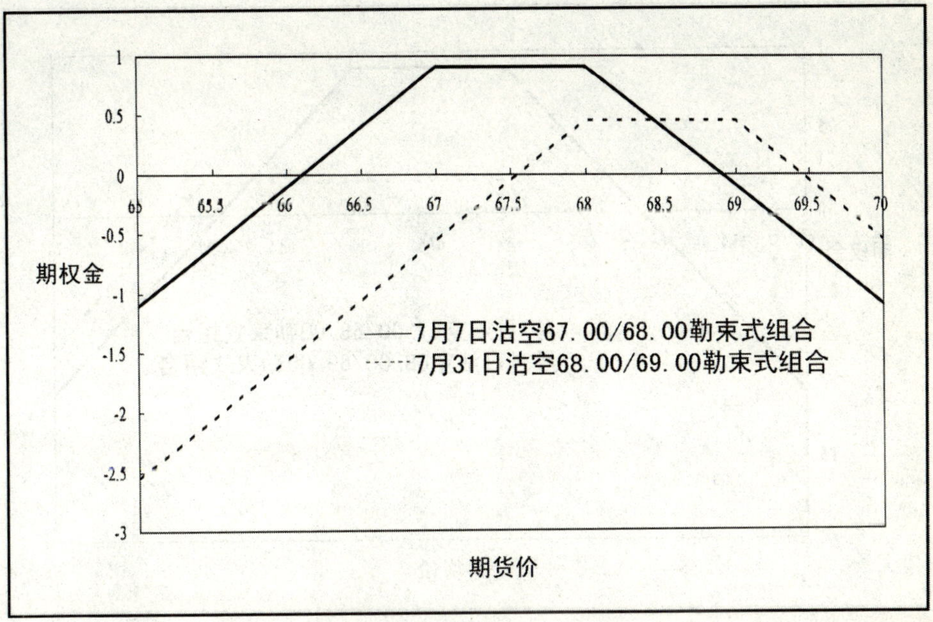

图 8.16　上移勒束式组合

(3)8 月 9 日，期权到期，期货价收 67.97 美仙，处于勒束式期权组合 67 至 69 美仙之内，因此，组合期权金下跌至零。换言之，每套 67/69 勒束式组合共赚取 0.20 美仙。综合而言，由 7 月 17 日开始，所运用的策略共赚取 0.58 美仙(0.38+0.20)，以每点 12.50 美元计算，每套赚 725 美元。

以下比较所述策略的盈利：

(1)上移价位范围策略：0.62 美仙；

(2)上移后再下移价位范围策略：0.50 美仙；

(3)扩阔价位范围的策略：0.58 美仙。

值得注意的是，策略的最终盈利亏损很大程度取决于市价运行的方向，及最终结算价(图 8.17)。

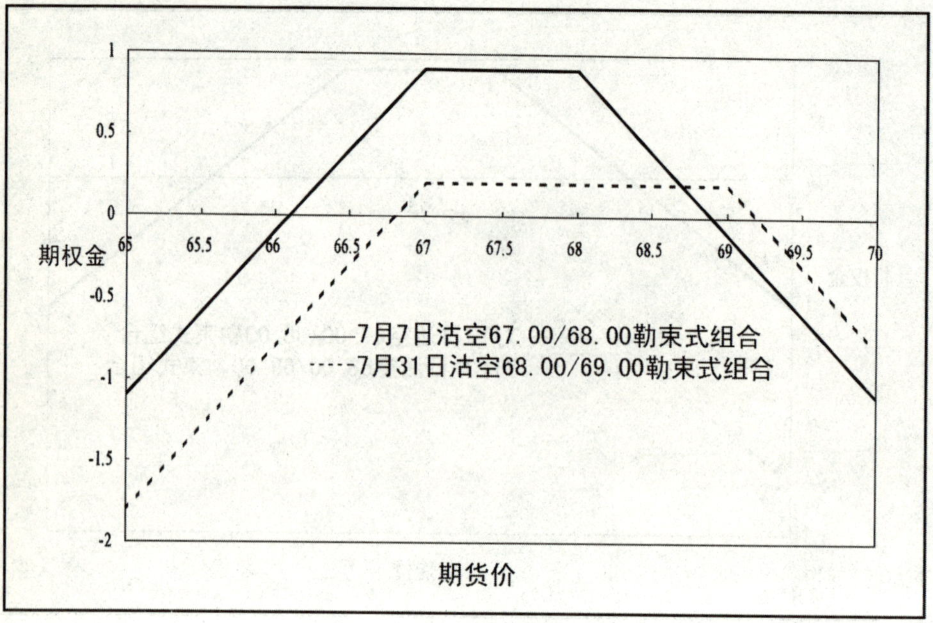

图 8.17 扩阔勒束式组合

如何避免风险无限？

对于沽空马鞍式或勒束式期权组合的投资者而言，最大的心理障碍往往是“利润有限，风险无限”。投资者最大的期权金利润已知，但若市价走出预期的范围之外时，沽空期权者的风险便差不多等如买入或沽空期货一样，理论上风险无限。

不过，所谓“风险无限”实际上有点言重了，投资者事实上可用期货合约作对冲，或干脆止损离场。

若期权投资者希望在“风险有限及利润有限”的情况下作买卖，有何方法呢？

主要方法有两种：

(1)蝴蝶式策略(Butterfly Strategy)

(2)飞鹰式策略(Condor Strategy)

沽空上述策略者，是预测市价将作向上或向下突破，但信心不太强，因此，希望最大的可能损失较马鞍式为少，并接受只可能获得有限的利润。

买入上述策略者，是预期市价将进入牛皮上落的局面，希望在一定市价范围内赚取时间值及波幅值，但又担心市价一旦超出预期的买卖范围的话，会遭遇如期货一样的风险，因此，他希望损失亦有所限制。

上述两种策略都是极之稳健的人士所选择的策略，但顾名思义，风险有限，利润亦有限。

买入蝴蝶式风险有限

所谓蝴蝶式期权策略，其实是结合马鞍式及勒束式期权策略的组合，分三个行使价进行。

(1) 沽空蝴蝶式期权组合：是买入一个中间行使价的马鞍式组合，并同时沽出一套较高及较低行使价的勒束式组合。

(2) 买入蝴蝶式期权组合：是沽空一个中间行使价的马鞍式组合，并同时买入一套较高及较低行使价的勒束式组合(图 8.18)。

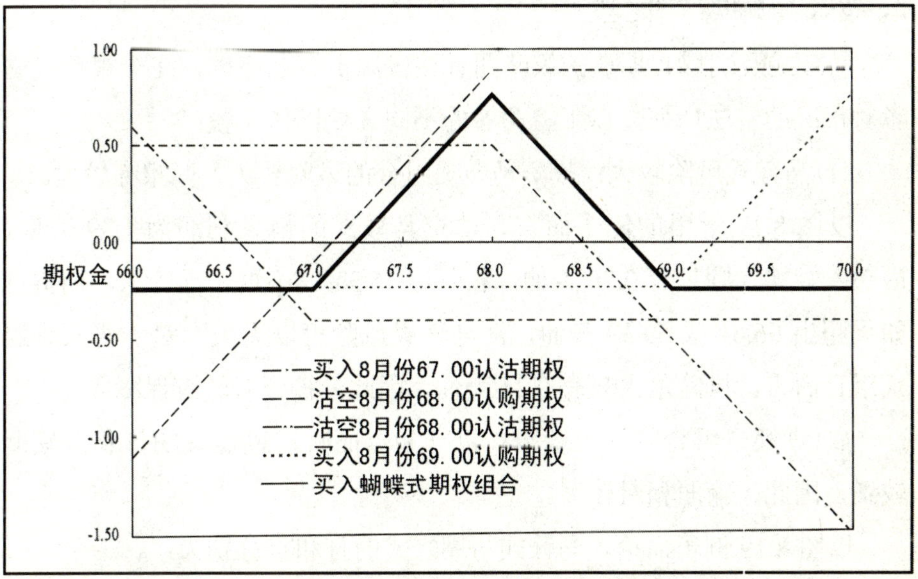

图 8.18 买入蝴蝶式期权组合

以我们一直讨论的马克期权策略为例，如果在7月中投资者看马克期货牛皮上落，希望沽空马鞍式组合以赚取期权金，但又担心若市价走出预期的幅度之外，马鞍式策略会带来无限风险。又或者，投资者大手入市，担心若市价走出预期的幅度，因期货大手对冲会有困难，于是，投资者选择买入蝴蝶式组合，该组合包括在7月17日：

⑴买入8月行使价67美仙马克认沽期权；

⑵沽空8月行使价68美仙马克认购期权；

⑶沽空8月行使价68美仙马克认沽期权；

⑷买入8月行使价69美仙马克认购期权。

7月17日该组合报0.76美仙（－0.40+0.89+0.50－0.23）。到期时，最高可获利0.76美仙，最多损失0.24美仙，打和点在期货价67.24及68.76美仙。

结果，8月9日到期，组合价值0.21美仙，每套获利0.55美仙或折合为687.5美元。

马鞍式与蝴蝶式比较

马鞍式及蝴蝶式期权的策略两者在应用上有利有弊，完全视乎投资者对市况的看法如何，以下将两者的不同之处以作比较：

⑴马鞍式风险较大：投资马鞍式组合的风险较大，回报亦较大。

以图8.19所用的例子而言，沽空马鞍式的最大利润为1.39美仙，而买入蝴蝶式则只有0.76美仙，相差达45.3%。不过，理论上，期货价如果超出66.61或69.39美仙，沽马鞍式风险可以无限。对于买入蝴蝶式组合而言，风险最大只有0.24美仙，因此，投资者较有保障。

⑵蝴蝶式组合打和点较窄：以打和点而言，蝴蝶式的打和点幅度较细，因此，输面相对较大。

以图8.19例子而论，马鞍式与蝴蝶式的打和点分别为：

马鞍式：66.61及69.39美仙

蝴蝶式：67.24 及 68.76 美仙

由此可见，蝴蝶式的打和点较窄，对投资者较不利。

不过，由于蝴蝶式最高利润及最大损失都可清楚计算，因此，风险回报比率较易掌握。以上述例子，风险 0.24 与回报 0.76 大约比例为 1:3，因此颇为值得考虑。

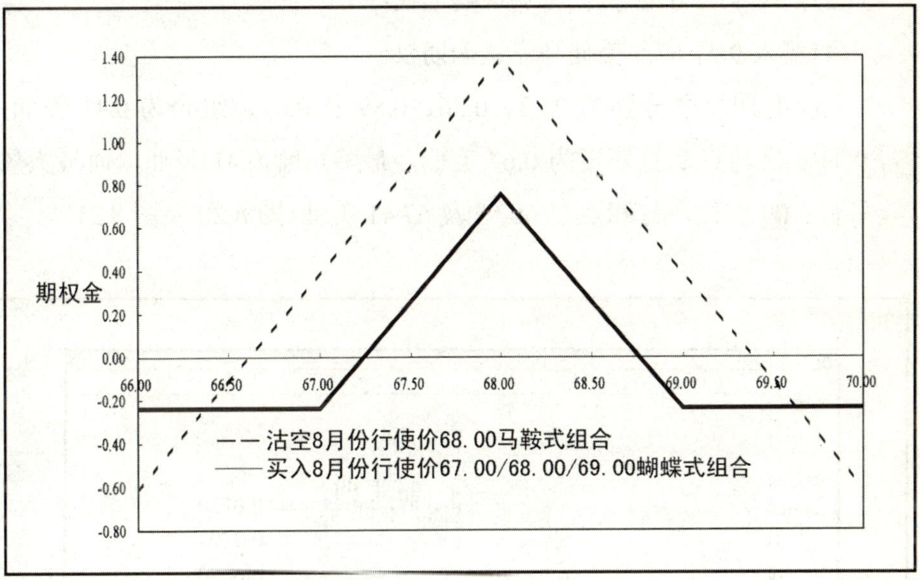

图 8.19　沽空马鞍式与买入蝴蝶式期权组合比较图

蝴蝶式期权组合套利法

由于蝴蝶式期权策略无论在风险及回报都受到限制，因此，投资者可清楚计算风险回报比率，以决定是否入市。蝴蝶式组合有一个好处就是给予投资者较持久的策略，虽然市况可能大上大落，但投资者最大的风险已经有所限制，因此，在期权到期之时，只要市价回复到蝴蝶式组合所预期的市价幅度内，投资者仍可以有获利的机会。相对于期货而言，投资者对于市势可能看对，但由于期货价大幅波动，投资者的持仓可能已经触及止损盘，招致损失。以马克期货的走势为例，如果投资者在8月6日预期9月马克期货将在9月6日到期时到达67.00美仙的水平，亦即回吐3浪的0.382倍，目标为67.17美仙，投资者的蝴蝶式策略是：

(1)买入9月66.5美仙马克认沽期权；

(2)沽空9月67.0美仙马克认沽期权；

(3)沽空9月67.0美仙马克认购期权；

(4)买入9月67.5美仙马克认购期权。

上面的期权金分别为0.22、0.36、0.89及0.62，组合为0.41美仙，若9月6日马克9月期货为0.67美仙，最多可赚0.41美仙，而最大风险只有0.09美仙，打和点在66.59及67.41美仙(图8.20及图8.21)。

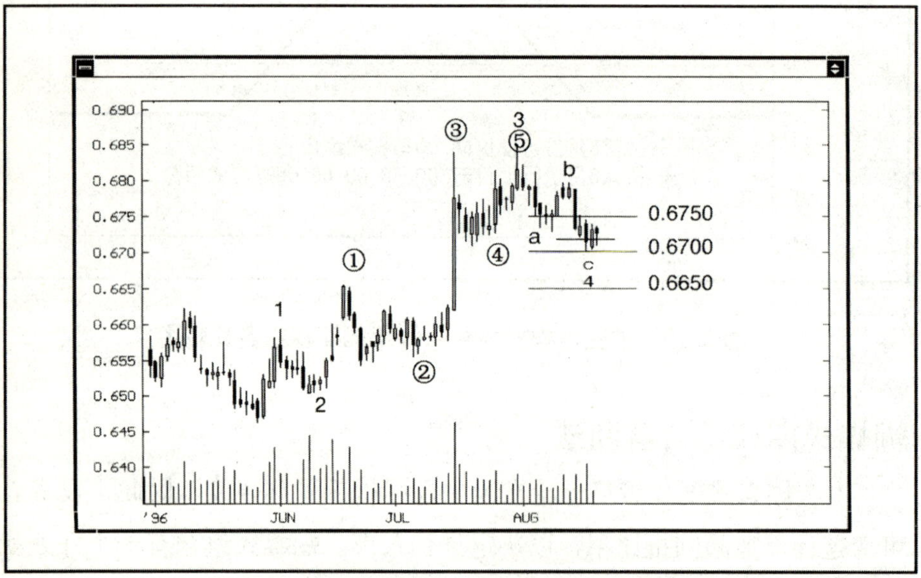

图8.20 期货走势图

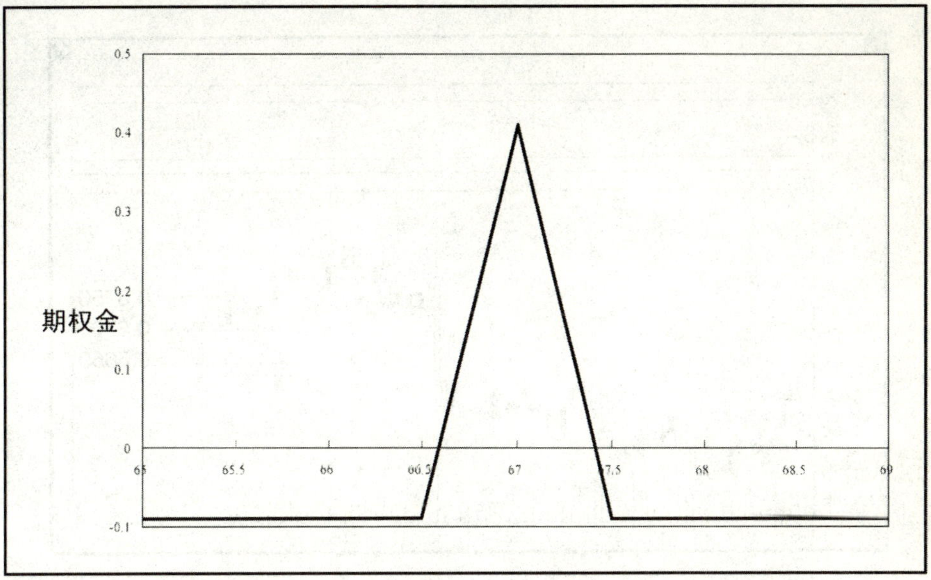

图 8.21　买入 9 月份 66.50/67.00/67.50 蝴蝶式期权组合

马鞍式“风险无限”与蝴蝶式“风险有限”

事实上，期货价比预期提前在 8 月 22 日到达 67.00 美仙(图 8.22)，组合的期权金分别如下：

(1)买入蝴蝶式期权组合成分：	6/8	22/8
(2)9 月 66.5 美仙马克认沽期权：	0.22	0.12
(3)沽 9 月 67 美仙马克认沽期权：	0.36	0.29
(4)沽 9 月 67 美仙马克认购期权：	0.89	0.41
(5)沽 9 月 67.5 美仙马克认购期权：	0.62	0.19
共：	0.41	0.39

由上面的资料可见，虽然投资者对于市势的方向看对了，但由于时间方面拿捏不准，8 月 6 日所买入的蝴蝶式期权组合到 8 月 22 日时亦只赚取了 2 点。除非马克期货的妹价到 9 月 6 日仍企于 67.00 美仙，策略才可进一步收取最高 41 点的利润。

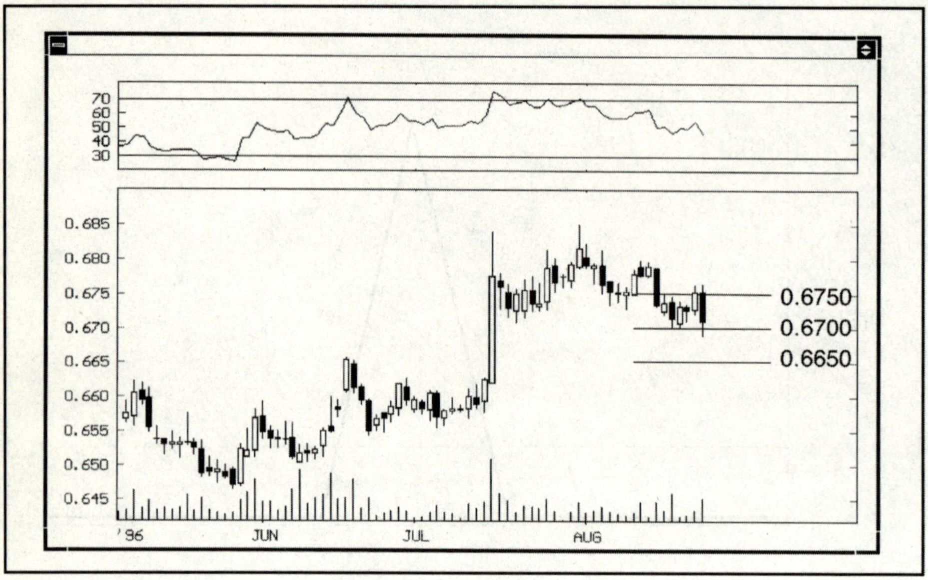

图 8.22　期货走势图

由此可见，蝴蝶式对于时间值的损耗并不敏感。若投资者在 8 月 6 日沽空了 67 美仙的马鞍式期权组合，当日的期权金为 1.25 美仙 (0.36+0.89)，至 8 月 22 日时，马鞍式组合的价值下跌至 0.70 美仙 (0.41+0.29)，每套已赚取 0.55 美仙。

上面马鞍式的 0.55 美仙与蝴蝶式的 0.02 美仙的分别，在于“风险无限”与“风险有限”之间。

蝴蝶式组合到期获利

9 月 6 日，美国外汇期权 9 月份合约到期日，以下与读者检讨一下蝴蝶式期权策略。

如果投资者在 8 月 6 日预期 9 月马克期货将在 9 月 6 日到期时到达 67.00 美仙的水平，亦即回吐 3 浪的 0.382 倍，目标 67.17 美仙，投资者的蝴蝶式策略是：

(1) 买入 9 月 66.5 美仙马克认沽期权；

⑵沽空 9 月 67.0 美仙马克认沽期权；

⑶沽空 9 月 67.0 美仙马克认购期权；

⑷买入 9 月 67.5 美仙马克认购期权。

上面的期权金分别为 0.22、0.36、0.89 及 0.62，组合为 0.41 美仙，若 9 月 6 日马克 9 月期货为 0.67 美仙，最多可赚 0.41 美仙，而最大风险只有 0.09 美仙，打和点在 66.59 及 67.41 美仙。

结果，9 月 6 日 9 月份马克期权到期，9 月期货价收 67.04 美仙，刚好收在预期的价位水平之上。其中，66.5 美仙认沽期权、67.5 美仙认购期权及 67.0 美仙认沽期权价值下跌至零，而 67.0 美仙认购期权价值为 0.04 美仙。换言之，8 月 6 日如买入上述蝴蝶式期权组合，每套共赚 0.37 美仙(0.41－0.04)。以每点价值 12.5 美元计，投资者共赚 462.5 美元或 3577 港元(未计佣金)(图 8.23 及表 8.4)。

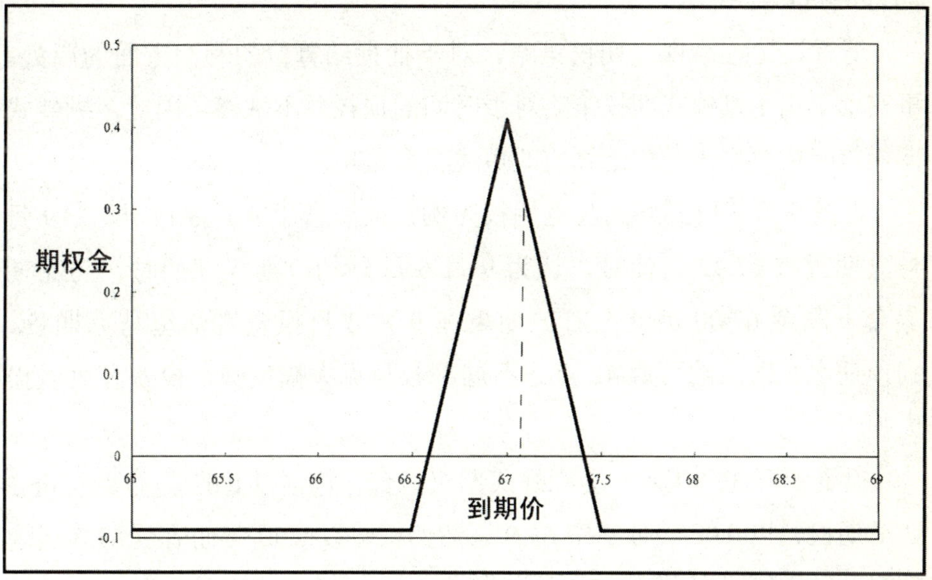

图 8.23　买入 9 月份 66.50/67.00/67.50 蝴蝶式期权组合

表 8.4　买入蝴蝶式组合盈亏表

9 月份马克期权买入蝴蝶式组合					
行使价	买 66.50 认沽	沽 67.00 认购	沽 67.00 认沽	买 67.70 认购	
65.00	1.28	0.89	-1.64	-0.62	-0.09
65.50	0.78	0.89	-1.14	-0.62	-0.09
66.00	0.28	0.89	-0.64	-0.62	-0.09
66.50	-0.22	0.89	0.14	-0.62	-0.09
67.00	-0.22	0.89	0.36	-0.62	0.41
67.50	-0.22	0.39	0.36	-0.62	-0.09
68.00	-0.22	-0.11	0.36	-0.12	-0.09
68.50	-0.22	-0.61	0.36	0.38	-0.09
69.00	-0.22	-1.11	0.36	0.88	-0.09

短线期权套利法

笔者讨论过蝴蝶式期权策略，对于捕捉结算价的利润方面的用处。事实上，由于蝴蝶式期权策略对于时间的损耗并不敏感，因此，蝴蝶式期权策略应可作为一种结算前的短线买卖策略。

再以 9 月 6 日到期的马克期权为例，投资者于 9 月 3 日(周二)9 月马克期货收 67.42 美仙时，认为 9 月 6 日(周五)期权到期时，马克期货会下跌至 67.00 美仙左右。如果在 9 月 3 日投资者沽空马克期货，到预期水平时大约可赚 42 点。不过，若马克大幅反弹，投资者可以损失很大。

投资者可选择买入一套蝴蝶式期权组合，包括以 0.02 美仙买入 66.5 认沽期权、以 0.08 美仙沽空 67.0 认沽期权、以 0.50 美仙沽空 67.0 认购期权及以 0.17 美仙买入 67.5 认购期权。

这套策略最大回报为 0.39 美仙(0.08+0.50－0.02－0.17)，最大风险则只有 0.11 美仙(67.50－67.00－0.39)。打和点分别在 66.61 美仙及 67.39 美仙。

结果，9月6日到期日，9月马克期货报67.04美仙，组合中只有67.00美仙的认购期权剩余价值0.04美仙。换言之，投资者在三个交易日内赚取了0.35美仙，折合437.5美元，而策略的最大风险为137.5美元而已。

蝴蝶式的组成方法

其实蝴蝶式的组成方法有三种，可说千变万化，以下列出以供读者参考：

⑴沽空一套蝴蝶式认购及认沽期权组合：

①沽空一张低行使价的认沽期权；

②买入一张中行使价的认沽期权；

③买入一张中行使价的认购期权；

④沽空一张高行使价的认购期权。

⑵沽空一套蝴蝶式认购期权组合：

①沽空一张低行使价的认购期权；

②买入两张中行使价的认购期权；

③沽空一张高行使价的认购期权。

⑶沽空一套蝴蝶式认沽期权组合：

①沽空一张低行使价的认沽期权；

②买入两张中行使价的认沽期权；

③沽空一张高行使价的认沽期权。

对于上面三种方法，有以下几点要注意：

⑴若沽空蝴蝶式组合，可将上面的策略由“买”改“沽”及由“沽”改“买”。

⑵组合中，中间行使价的买卖方向决定整个组合的买卖方向。

⑶上面三种方法中，第一种其实是马鞍式及勒束式的两套组合，第二种是认购期权两套跨价组合(Spreads)，第三种是认沽期权的两套

跨价组合。

飞鹰式策略

马克9月期货自8月22日低见66.90美仙后出现大反弹，8月23日高见67.90美仙。投资者认为，既然马克期货上升至67.50美仙之上，马克的上落幅度可能已经上移至67.50至68.00美仙水平。投资者有以下考虑：

⑴沽空9月6日到期的67.50/68.00美仙的勒束式期权组合，以8月26日的收市价计，沽67.50认沽期权可收0.26美仙，沽68.00认购期权可收0.22美仙，合共0.48美仙。打和点分别在67.24美仙及68.26美仙。

⑵不过，投资者亦担心，若价位超越67.24或68.26美仙，风险可能会相当大。

⑶为对冲风险，投资者考虑买入一套9月6日到期的67.0/68.5美仙勒束式期权组合，以8月26日的收市价计，买入67.0美仙的认沽期权要付出0.11美仙。同时，买入68.5美仙的认购期权要付出0.11美仙，共付出0.22美仙。

上面两套勒束式期权实质上形成一套买入“飞鹰式”的期权组合，若9月6日到期时，9月马克期货在67.5至68.0美仙收市，投资者每套可赚0.26美仙或折合325美元。相反，最大的损失为0.24美仙，折合300美元(图8.24及表8.5)。

表 8.5　飞鹰式期权金盈亏表

行使价	沽 67.50/68.00 勒束式	买 67.00/68.50 勒束式	买 67.00/67.50/68.00/68.50 飞鹰式
66.00	-1.02	0.78	-0.24
66.50	-0.52	0.28	-0.24
67.00	-0.02	-0.22	-0.24
67.50	0.48	-0.22	0.26
68.00	0.48	-0.22	0.26
68.50	-0.02	-0.22	-0.24
69.00	-0.52	0.28	-0.24
69.50	-1.02	0.78	-0.24
70.00	-1.52	1.28	-0.24

如果投资者认为马克 9 月期货会在 67.50 至 68.00 美仙徘徊到结算，希望收取时间值，但又怕市价一走出预期范围，会带来太大的风险，投资者可考虑买入 9 月马克飞鹰式期权组合。

不过，投资者可能会认为既然马克已完成 4 浪调整，第 5 浪至少可上升至 69.00 美仙的新高之上。

但是，投资者亦担心，如果马克再度下跌至 67.00 美仙，马克的升势可能只属反弹，马克会重入跌势。

另外，投资者预期市势会很快出现突破。

在上述的预期下，投资者可以沽出一套飞鹰式期权组合。这套组合的成分包括：

(1)沽空 9 月马克 67.00 美仙认沽期权(0.11 美仙)；

(2)买入 9 月马克 67.50 美仙认沽期权(0.26 美仙)；

(3)买入 9 月马克 68.50 美仙认购期权(0.11 美仙)；

(4)沽出 9 月马克 69.00 美仙认购期权(0.06 美仙)。

这套策略最大风险为 0.20 美仙(+0.11－0.26－0.11+0.06)，若结算时马克在 69.00 美仙之上，每套利润为 0.30 美仙(69－68.5－0.20)。打和点在 67.30 及 68.70 美仙，风险回报为 1∶1.5(图 8.24a、图 8.24b 及表 8.6)。

表 8.6　勒束式与飞鹰式期权金比较图

行使价	买 67.50/68.50 勒束式	沽67.00/69.00 勒束式	买 67.00/67.50/68.50/69.00 飞鹰式
66.00	1.13	－0.83	0.30
66.50	0.63	－0.33	0.30
67.00	0.13	－0.17	0.30
67.50	－0.37	0.17	－0.20
68.00	－0.37	0.17	－0.20
68.50	－0.37	0.17	－0.20
69.00	0.13	0.17	0.30
69.50	0.63	－0.33	0.30
70.00	1.13	－0.83	0.30

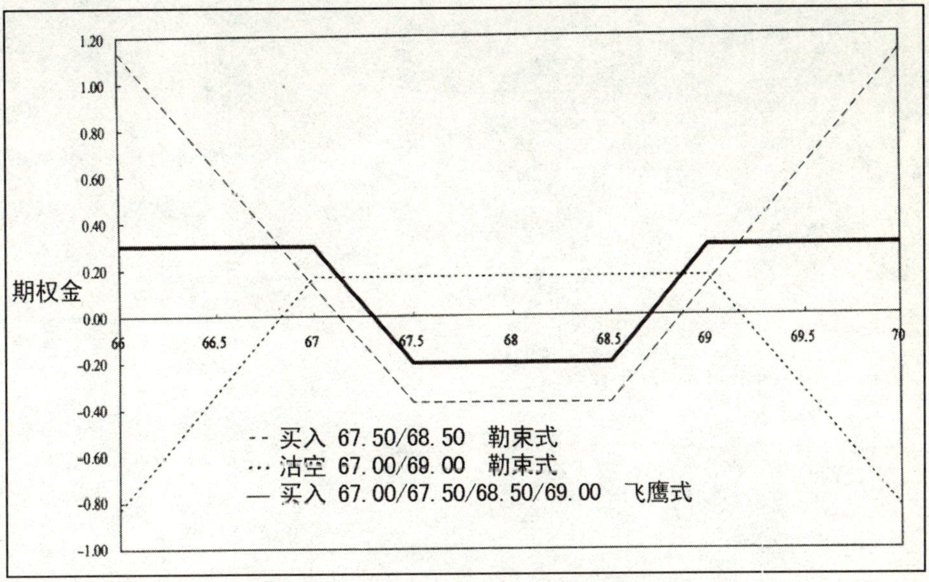

图 8.24a　沽空 9 月份飞鹰式期权组合

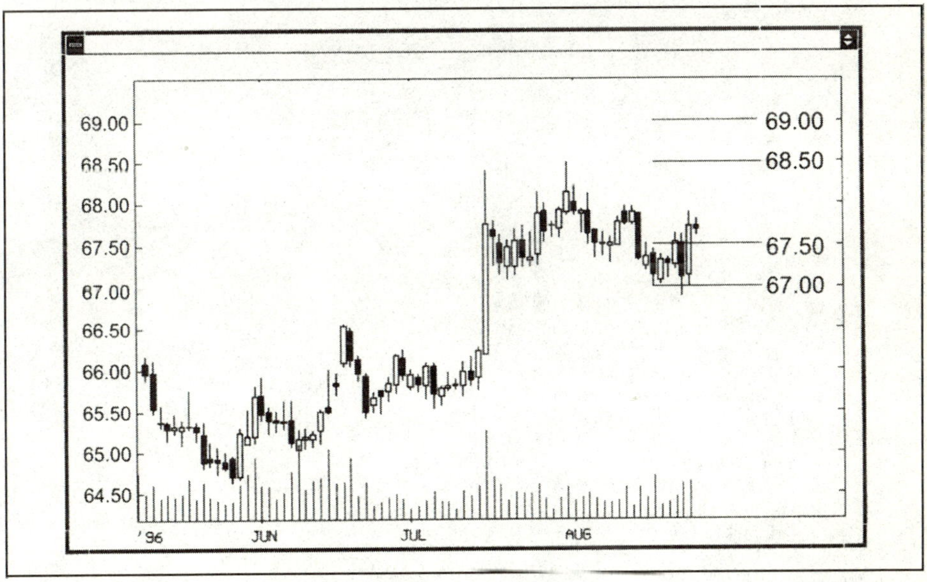

图 8.24a　期货走势图

第九章

期权攻略研究(二)

笔者一直都在讨论市场窄幅上落或行将出现市势突破前的期权策略。然而，很少有投资者对于市势方向完全没有意见的，问题只在于市场迈向预期方向发展的过程，是慢升、快升、先跌后升还是先升后跌而已。若只用现货或期货买卖，投资者往往会处于相当被动的境况，以下是一些经常出现的情况：

⑴投资者看市势见底回升，于是买入现货或期货，但由于市价在底部长时间营造整固形势，消磨了投资者的信心，投资者往往不耐烦而平仓。此外，市场底部可能多次试底，有可能触及好仓的止损盘才回升，令持好仓者饮恨。

⑵投资者看市势见底回升，但由于市势已见上升，追入的话若遇调整，可能遭到震仓，于是不敢入市，最后错失良机。

⑶若市场先跌后升，投资者的好仓可能遇到洗仓。

⑷若市场先升后跌，投资者可能未及平仓获利，市价已见下跌。对于上述问题，期权策略已能一一解决。

如何面对不同的见底形态（一）

市场趋势见底回升时，通常市势会有以下几种发展的形式：

⑴市价在底部横行整固一段时间，在图表上形成“W”形甚至“双W”形后才回升。

⑵市价见出底部后以“V”形大幅反弹。

⑶市价在底部一浪低于一浪地试底，最后才回升。

⑷市价在底部以轻微的一浪高于一浪形式上升，之后速度才告增加。

如果我们预期市场趋势见底，最直接的方法当然是在预期的底部买入现货或期货，设下止损盘，然后静待市价回升。如果市况以第二种“V”形情况发展，最为理想。不过，在上面第三种情况下，如果市价在低水平一浪低于一浪地下试新低，则上述止损盘便可能遭到触及，打击投资信心。在这方面，如果投资者希望所持仓盘有较大的持久性，而又不用担心好仓遭到短暂止损，则可改而持有认购期权。认购期权有一个好处，就是风险最大便是期权金，若市价超出预期而持续下跌，所持有的认购期权本身已包含止蚀作用。若市价在底部略作反覆，然后大幅反弹，持有认购期权的作用最妙。

不过，如果市况以第一种“W”形打底或第四种慢升的状况运行，单头持有的认购期权可能会损失大量时间值，甚至市价到期权结算后才上升，令投资招损。

如何面对不同的见底形态(二)

持有现货期货，或持有认购期权，在投资实战时各有利弊，前者获利的速度最快，但若市况不就，可能招致风险无限，因此，投资者的心理负担颇大。运用止蚀盘控制风险固然无可避免，但若遭止损，则所持仓盘便会丧失持久力。

理论上，持有认购期权应为较有保障的做法，最大只损失期权金，风险有限，但若市价上升，利润理论上可以无限。不过，很多人忽略一点，就是期权的时间值及波幅值的问题。由于期权本身有时间限制，时间值会随时间而日渐下跌，即将到期时，时间值会愈跌愈急。

此外，即使市价向投资者预期的方向运行，但波幅率实际上可能下跌，亦会令期权金的波幅值下降，因此不利持期权长仓者。换言之，若市价下跌，持有认购期权固然损失期权金；市价不跌而只作横行，期权金的时间值及波幅值亦会受到损耗。此外，即使市价上升，但若升势缓慢或反覆，时间值及波幅值对于期权金亦有不利作用。最后，只有投资者在买入期权后，期权很快地向预期方向发展，持有期权者才会有利可图。

综合来说，持有期权固然风险有限而获利机会无限，但真正获利者仍须对市况发展及时间有清楚的掌握。

时间值极之重要

对于买卖期货或现货，最大的优点亦是最大的缺点，就是回报无限、风险亦无限。在此，买入期权的好处显然易见，就是风险有限(期权金)，回报无限，投资者往往可以利用期权以小博大，若对市势有正确的预期，投资者随时可以在短时间内获取数倍的回报。

不过，期权亦可看为是一种高风险的投资工具，所付出的期权金可以在期权到期时全部报销。换句话说，一寸光阴一寸金，买期权是买时间及机会，若时间一去、机会不来，期权金便会消耗净尽，当然，“时”来而“运”到，期权是杠杆度最高的获利工具。

究竟一寸光阴值多少“金”呢？以下引用马克期权的一个例子，让读者对时间值有一个概念：若投资者买入一张3个月后(92天)到期的马克行使价67美仙的平价(At－the－Money, ATM)认购期权，当时期货价67美仙，利率5.13%，波幅率5.49%，认购期权的理论值为1.24美仙。三个月后到期时，马克期货价维持在67.00美仙，与行使价一样，因此无利可图，而期权金亦完全耗尽。换言之，一天的时间值平均值1.34点。若更精确地计算，期权头两个月每天下跌约1点，最后半个月每天下跌1.5点，愈近到期，下跌幅度愈大。以马克期权每点12.50美元计，持有上述期权每日会消耗约100港元(图9.1及图9.2)。

跨价期权组合减风险

持有认购期权有利有弊，利者是认购期权风险有限，而利润有无限的可能；至于不利者，是期权有其时间值，愈接近到期日，期权的时间值会损耗得愈快。

有时，即使投资者看对了市势，但可能时间方面拿捏不准，期权到期后市价才向预期方向运行，投资者会白白损失掉期权金。

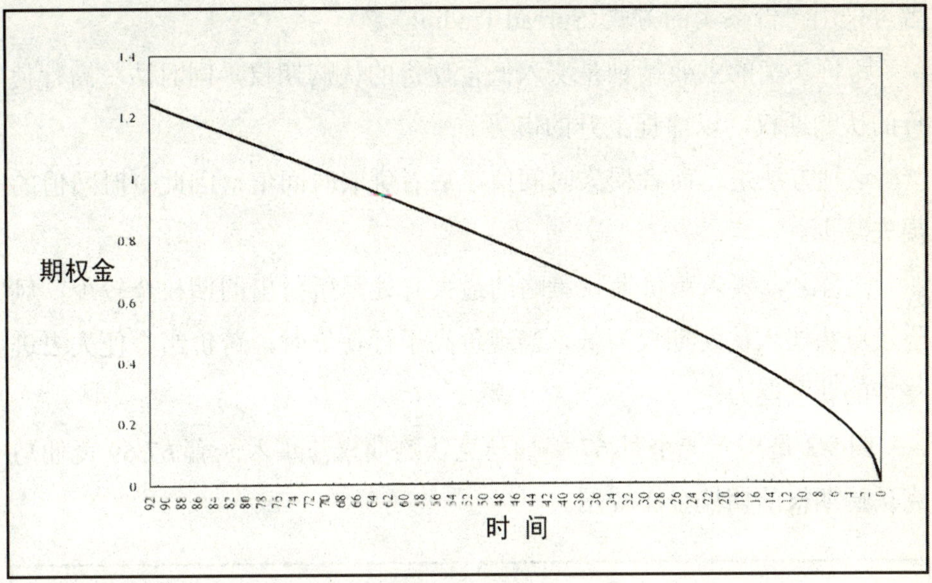

图 9.1　三个月平价认购期权

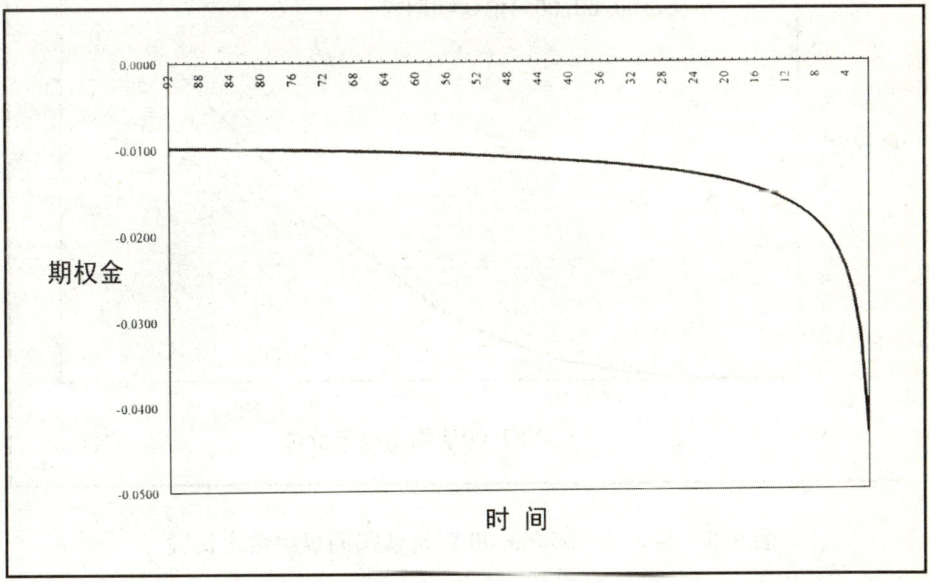

图 9.2 三个月平价认购期权每日时间值损耗

有没有一种期权策略可以帮助投资者既控制风险在期权金之内，但又可以减少时间值的损耗，从而捕捉预期的市场趋势呢？答案有，投资者可采用跨价买卖的方式(Spread Trading)。

跨价买卖的主要精神是买入低行使价的认购期权，同时沽空高行使价的认购期权，以捕捉上升的市势。

这种方法是，前者损失时间值，后者赚取时间值，因此令时间值的损失减少。

换言之，买入跨价期权策略的最大好处是所付出的期权金较少，风险较单头买入认购期权为低，当现价高于行使价时，跨价组合便失去进一步的获利能力。

图 9.3 是买入一个月 67 美仙马克认购期权与买入一套 67/69 美仙马克认购期权的期权金比较图。

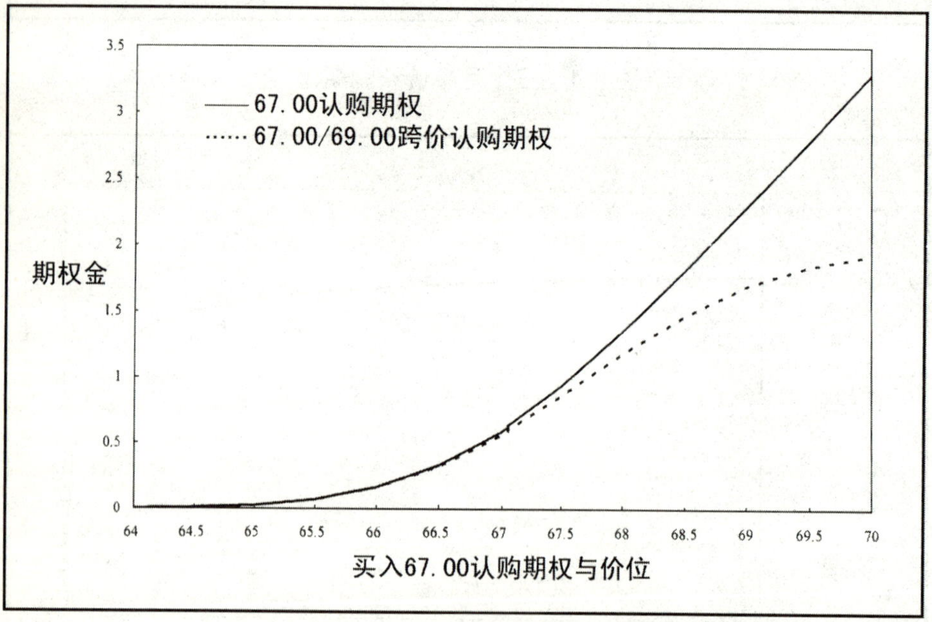

图 9.3　买入 67.00/69.00 跨价认购期权组合之比较

跨价期权组合实例

进行跨价期权买卖的好处是减少期权金及风险控制在期权金之内。

至于坏处方面，主要是当市价向预期方向运行时，所赚到的利润幅度会较单头买入期权为低。

以下笔者引用1996年8月至9月的一个例子以说明上述的概念。

8月6日，美国马克期货价收67.53美仙。当时投资者预期马克会上升至69.00美仙水平，于是考虑9月6日到期的马克期权的策略。

(1)如果投资者买入等价认购期权(At－The－Money,ATM)67.50美仙认购期权的期权金为0.62美仙。

(2)如果投资者买入一套看好马克的跨价认购期权组合(Bull Call Spread)，即买入67.50美仙认购期权，并同时沽空69.00美仙认购期权，前者支付0.62美仙，后者收取0.17美仙，净期权金为0.45美仙。

换言之，单头买入认购期权的最大风险为0.62美仙，而跨价买卖的最大风险则为0.45美仙。

结果，到9月6日到期日，投资者大失所望，马克期货价收67.04美仙，所持有的67.50美仙马克期权价值为零，而跨价组合亦下跌至零，换言之，持有跨价组合的损失较单头持有认购期权者为少。

三种看好工具的比较

金融市场衍生工具的发展，使我们投资买卖不需要以赌博的心态看待，我们已有足够的投资工具去保障风险，因此，只要我们对市势的走向有足够的掌握，我们便可以根据预期去设计最合适的买卖策略。

因此，无论市势大起大跌，或牛皮上落，全部都是有利可图的机会。

若我们看好马克，我们可以有多少种买卖的方式呢？我们可以买入马克现货或期货、买入马克认购期权或买入看好的跨价期权组合。不过，在上述三种工具之中，我们应该如何选择呢？

在选择上我们可以从几个角度考虑：若投资者极有信心马克会上升，可直接买入马克现货或期货，因为此方法获利的幅度最大。不过，若投资者对市势信心较低，则应买入认购期权。若投资者信心不大，预期上升幅度不会很大，但仍希望有机会捕捉上升的市势，则可买入跨价期权组合。

跨价期权组合所涉及的期权金最少，风险最低，但在打和点水平时，跨价期权组合会较单头买入的认购期权的表现为佳。不过升越打和点后，跨价期权组合的升势便会放慢，较单头买入的认购期权为差(图9.4及表9.1)。

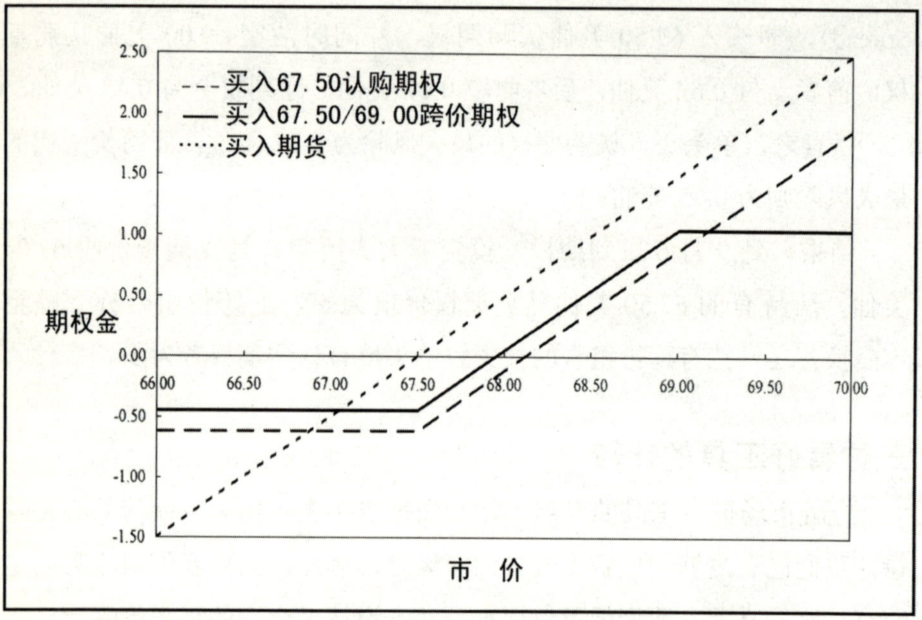

图9.4 买入认购期权、跨价期权及期货的风险回报比较图

表 9.1　马克认购期权、跨价组合与期货盈亏比较

行使价	买入 67.50 认购期权	买入 67.50/69.00 跨价期权	买入期货
64.00	-0.62	-0.45	-3.50
64.50	-0.62	-0.45	-3.00
65.00	-0.62	-0.45	-2.50
65.50	-0.62	-0.45	-2.00
66.00	-0.62	-0.45	-1.50
66.50	-0.62	-0.45	-1.00
67.00	-0.62	-0.45	-0.50
67.50	-0.62	-0.45	0.00
68.00	-0.12	0.05	0.50
68.50	0.38	0.55	1.00
69.00	0.88	1.05	1.50
69.50	1.38	1.05	2.00
70.00	1.88	1.05	2.50

四种跨价组合

笔者已先后讨论过跨价期权组合的优点，主要来说，跨价期权组合是一种较单头买入期权更为保守的投资策略，适合方向性的买卖之用。

事实上，跨价期权可以有两种向好的组合及向淡的组合，以下分别列出以供读者参考：

1. 向好的投资策略

(1)买入跨价认购期权组合(Bull Call Spread)。这种组合的成分是买入低行使价的认购期权，同时沽空高行使价的认购期权。

(2)沽空跨价认沽期权组合(Bull Put Spread)。这种组合的成分是买入低行使价的认沽期权，同时沽空高行使价的认沽期权。

2．向淡的投资策略

⑴沽空跨价认购期权组合(Bear Call Spread)。这种组合的成分是沽空低行使价的认购期权，同时买入高行使价的认购期权。

⑵买入跨价认沽期权组合(Bear Put Spread)。这种组合的成分是沽空低行使价的认沽期权，同时买入高行使价的认沽期权。

上述四种跨价组合又名垂直跨价期权买卖(Vertical Spread)。

跨价期权组合相当保守

上面比较了三种看好市势的投资策略，包括买入期货、买入认购期权及买入跨价期权组合。上述投资策略是从结算日的角度分析其盈亏情况，然而，若我们将时间值及波幅值等因素计算入内，其情况便未必一样。

主要来说，有几点值得商榷的地方：以结算日的盈亏分析的话，在跨价买卖中，低行使价及高行使价的价位幅度内，持有期货、认购期权及跨价组合皆没有分别，不过，若我们将时间值等因素计算在内，明显地，跨价期权组合比认购期权及期货的升幅都会较细。

以图9.5为例，投资者在68.00美仙买入期货，与在68.00美仙时买入一个月后到期行使价67.00美仙的价内认购期权，两者上升的幅度不致相差太远。

不过，如果比较一个月后到期的67.00/69.00美仙跨价认购期权，投资者便会发觉，跨价组合下跌时风险较小，但同样地，上升时的回报亦较低。因此，跨价期权组合是一种相当保守的策略，只适用于既希望捕捉市势，但又缺乏明显信心的投资者。

图9.5是按布力克•索尔斯的计价模式而计算的期权理论值盈亏分析。

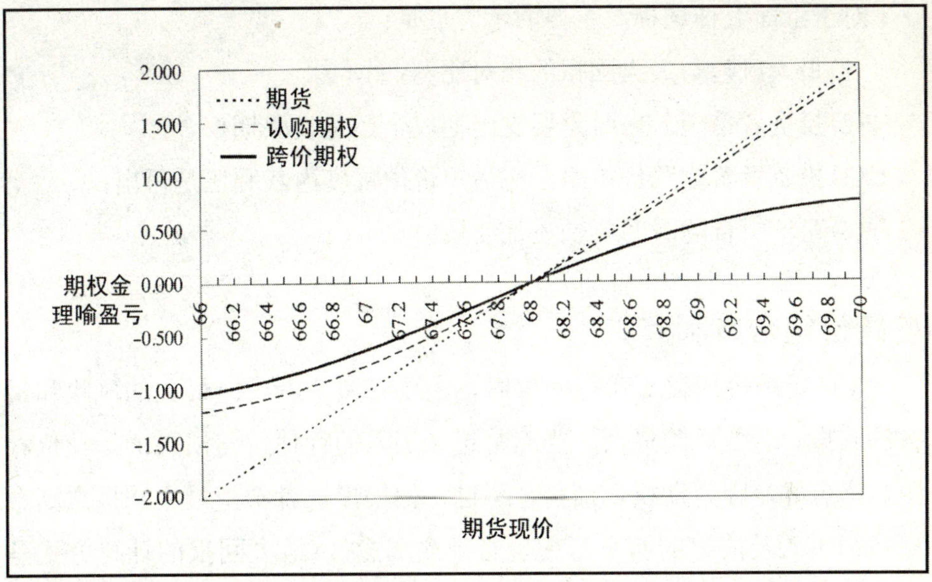

图 9.5　一个月期的期货，认购期权及跨价期权组合比较图

如何选择跨价的行使价?

其实，当我们考虑作跨价买卖的期权组合之前，我们除了要考虑对市势方向的信心外，选择期权的低行使价及高行使价的水平亦大有学问，严格而言，以跨价认购期权组合来看，我们共有五种选择，包括：

(1) 买入价内 (ITM) 的认购期权，并同时沽空价内 (ITM) 的认购期权；

(2) 买入价内 (ITM) 的认购期权，并同时沽空平价 (ATM) 的认购期权；

(3) 买入价内 (ITM) 的认购期权，并同时沽空价外 (OTM) 的认购期权；

(4) 买入平价 (ATM) 的认购期权，并同时沽空价外 (OTM) 的认购期权；

(5) 买入价外 (OTM) 的认购期权，并同时沽空价外 (OTM) 的认购期权。

对于上面五种选择，主要的考虑点是：

⑴最大风险与最大回报的相对比例；

⑵投资者希望入市时是要支出期权金还是收取期权金；

⑶投资者希望跨价策略，在最短价位幅度内获利还是付出；

⑷跨价组合的时间要长还是要短。

各跨价组合有利有弊

在选择跨价期权买卖行使价时，主要有两个考虑：最大的风险和最大的回报。若要风险最低，当然是选择买入的行使价与沽出的行使价相距愈窄愈好，因为期权金最少。不过，如果投资者希望最大回报愈高愈好，则买入及沽出的两个行使价必须愈阔愈好(最大回报的计算方式是行使价两者之差减去净期权金)。

投资者所选择的行使价必须视乎投资者对市势的看法，如果预期市势方向的信心较大，应选跨价较阔的行使价，以较大风险换取较大回报，相反，如果投资者预期的信心较细，可选择较窄的行使价。

此外，选择买入价内或价外跨价期权组合亦有其学问：

⑴如果买入价内及沽出价内期权的跨价组合，则投资者入市可收取期权金，但要准备接受最大风险大于最大回报。

⑵如买入价内及沽出平价期权的跨价组合，投资者可收取期权金，而最大风险略低于最大回报。

⑶如买入平价及沽出价外期权的跨价组合，投资者要付出期权金，而最大风险略少于最大回报。

⑷如果买入价外及沽出价外期权的跨价组合，投资者要付出期权金，而最大风险少于最大回报(图9.6)。

跨价期权的获利方法

上面讨论不同跨价期权组合与最大风险及回报之间的关系，其中乃假设期货价维持不变至结算的话，投资者对于期权金的盈亏情况。

事实上，投资者必须紧记，如果我们买入跨价认购期权好仓(Bull Call Spread)，入市时必然要付出期权金，无论所买入的是价内或价外的组合。

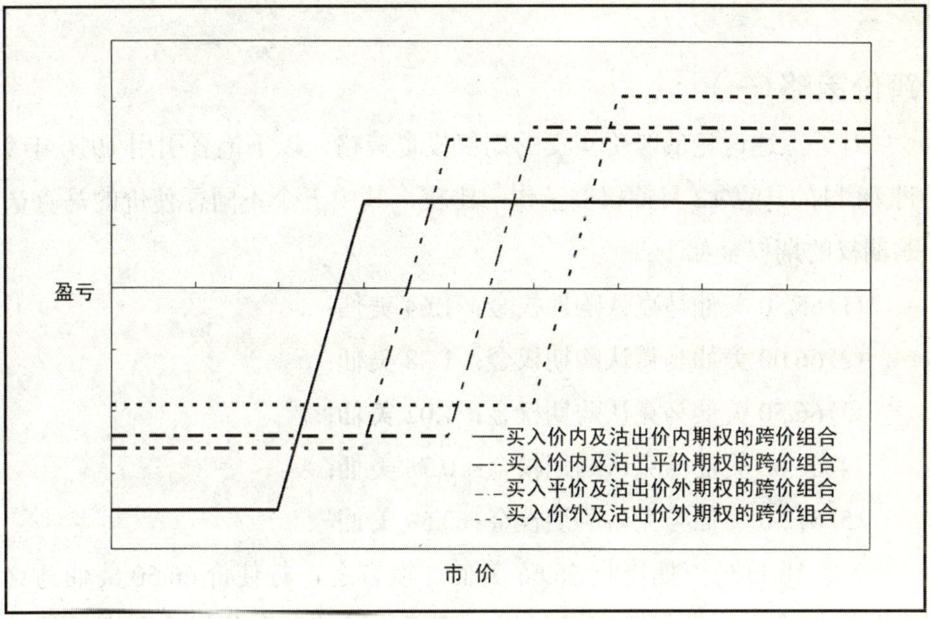

图 9. 6　四种跨价认购期权组合

以下笔者引用一个例子予以说明：1996 年 9 月 18 日 12 月马克期货收 66.66 美仙，12 月马克认购期权金分别为：

(1)行使价 65.50 美仙认购期权：1.64 美仙；

(2)行使价 66.00 美仙认购期权：1.28 美仙；

(3)行使价 66.50 美仙认购期权：1.02 美仙；

(4)行使价 67.00 美仙认购期权：0.78 美仙；

(5)行使价 67.50 美仙认购期权：0.59 美仙。

买入价内的 65.50/66.00 跨价认购期权好仓应支付 0.36 美仙(1.64－1.28)换言之，最大风险为 0.36，而最大可能获得的回报为

0.14，风险大于回报。至于打和点则在65.86美仙(65.50+0.36)，如果结算时12月马克期货仍在现水平66.66美仙，即使市价未有升跌，投资者已经有利可图。由于现货高于66.00，最大的回报为0.14美仙。除非结算价低于65.86美仙，即比入市时的66.66下跌0.80美仙，投资者才会招致损失。

跨价策略(一)

对于上述讨论的跨价买卖的期权投资策略，以下笔者引用1996年9月18日的马克12月期权例子作一比较，其中五个不同行使价的马克认购期权的期权金如下：

(1)65.50美仙马克认购期权金：1.64美仙；

(2)66.00美仙马克认购期权金：1.28美仙；

(3)66.50美仙马克认购期权金：1.02美仙；

(4)67.00美仙马克认购期权金：0.78美仙；

(5)67.50美仙马克认购期权金：0.59美仙。

9月18日马克期货收66.66美仙，换言之，行使价66.50美仙马克认购期权为平价期权(ATM)，以下笔者比较四种跨价组合到期时的盈利状况：

	风险	打和点	回报
65.50/66.00跨价组合	0.36	65.86	0.14
66.00/66.50跨价组合	0.26	66.26	0.24
66.50/67.00跨价组合	0.24	66.74	0.26
67.00/67.50跨价组合	0.19	67.19	0.31

从上面的数字可见，买入价内跨价期权组合风险大于最大回报，但打和点低，较易获利。若跨价组合接近现价，风险与回报差不多，打和点亦与现价接近。最后，买入价外跨价期权组合的话，回报大于风险，

但打和点将较现价高，较难获利。

跨价策略(二)

当我们考虑跨价期权买卖的时候，其实有一个因素是极之重要的，就是不同行使价的期权时间值变化是不一样的。一般了解期权的时间值损耗是愈跌愈急，以指数化形式损耗(Exponential Decay)。不过，这种时间值的损耗形式只适用于平价期权(At－the－Money Option)。相对而言，价内期权(In－the－Money Option)的时间值损耗是较为稳定的；至于价外期权(Out－the－Money Option)，其时间值的损耗实质上是愈跌愈慢。

图 9.7 是笔者引用布力克•索尔斯期权定价模式所计算马克三个月认购期权的时间值每日损耗变化图，由图可见，价外、平价与价内期权时间值损耗是有所分别的。

由上面所引伸出来的结论是：

(1)买入价内认购期权，并沽空平价认购期权可以赚取时间值(看好策略)。

(2)买入平价认购期权，并沽空价外认购期权会损失时间值(看好策略)。

(3)买入价内认购期权，并沽空价外认购期权会损失时间值。

换言之，若现价处于跨价认购期权组合的打和点之上，投资者每天都赚取时间值；相反，现价处于打和点之下，投资者则每天都要支付时间值(图 9.7)。

如何面对好中有淡局面？

在厘定期权策略时，其实技术分析扮演著极之重要的角色；相反来说，技术分析所面对的模棱两可情况，往往便是期权策略的用武之地。

以 1996 年 8～9 月的马克期货走势为例，这个模棱两可的情况再度出现，以下是投资者的一些考虑：

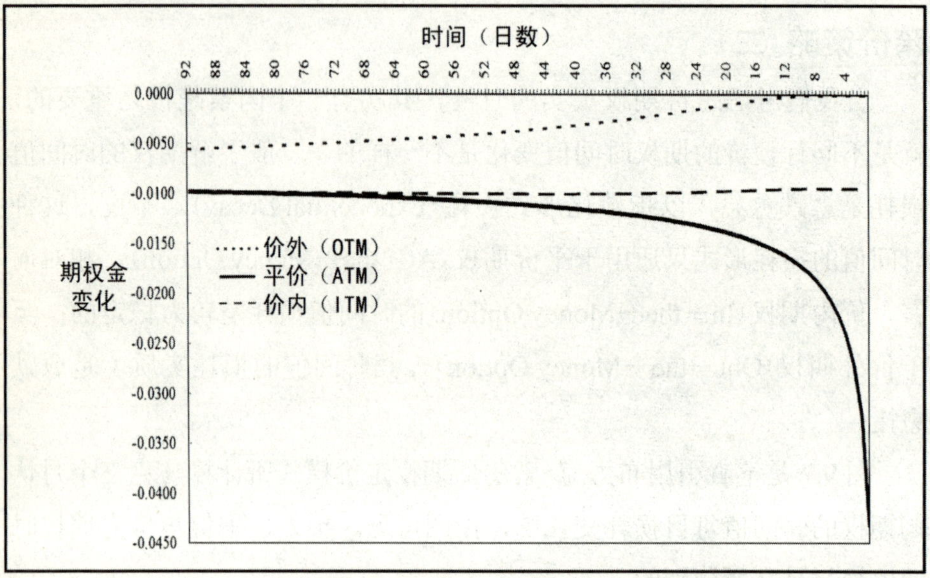

图 9.7　期权时间值损耗变化图

⑴8 月份里面，马克期货价维持在三角形的形态之内上落，波幅率下跌至 5.8%。投资者认为既然三角形形态已运行了一段时间，价位突破将随时出现。

⑵投资者的首选数浪式认为马克期货由 5 月 28 日低位 64.63 美仙开始是五个浪的上升，而由 7 月 31 日 68.50 美仙开始的调整仍属子浪④，并已于 8 月 22 日低位 66.90 美仙完成。换言之，投资者看好马克，预期马克期货⑤浪可上升至 69.29 美仙，亦即①至③浪的 0.618 倍（图 9.8）。

⑶虽然投资者颇为看好马克，但投资者发觉有另一种的数浪式，是以马克期货由 64.63 上升至 68.50 已完成第 1 浪，马克期货可能进入 2 浪下跌，一旦 67.00 美仙下破，马克期货将可下跌至 66.10 美仙，亦即 1 浪回吐 0.618 倍。综合来说，投资者预期走势出现突破，波幅率上升，而马克向好的机会较大，然而亦不排除马克有进一步下跌的可能，

投资者应如何部署呢?

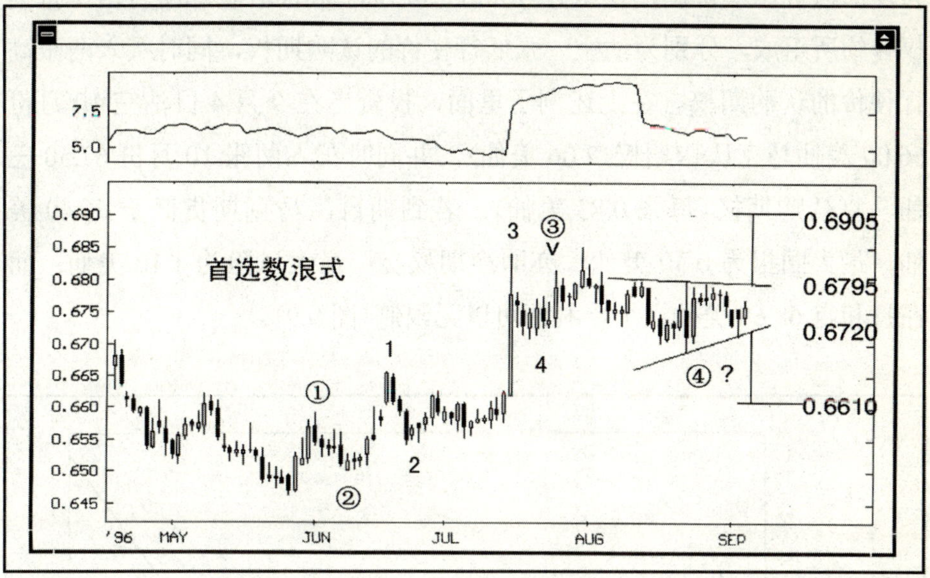

图 9.8 期货与波幅率

跨价比率组合好处多

一般而言，投资者如果面对可好可淡而行将大变之局面，都会选择买入一套勒束式或马鞍式的期权策略:

⑴若在 9 月 4 日收市时同时买入 10 月份 67 美仙马克认沽期权及 10 月份 68 美仙马克认购期权，勒束式期权组合的净期权金为 0.71 美仙(0.17+0.54)。

⑵若在 9 月 4 日收市时同时买入 10 月份 67.5 美仙的马克认购及认沽期权，马鞍式的期权组合净期权金为 1.15 美仙(0.83+0.32)。

勒束式组合的最大风险为 0.71 美仙，打和点在 66.29 美仙或 68.71 美仙。马鞍式组合的最大风险为 1.15 美仙，打和点在 66.35 及 68.65 美仙。

不过，如果投资者并非对市势的方向毫无看法的话，例如有七成看好，三成看淡，则投资者便应采取另一种较为进取的策略。这套策略名为反向跨价比率认购期权组合(Ratio Call Backspread)。此组合由三张期权合约所组成，分别为沽空一张低行使价的认购期权，同时买入两张高行使价的认购期权。在上述例子里面，投资者在 9 月 4 日沽空 10 月份 66.00 美仙马克认购期权(2.06 美仙)，并同时买入两张 10 月份 67.50 美仙马克认购期权(每张 0.83 美仙)。若到期日，马克期货低于 66.40 美仙，最大回报为 0.40 美仙，亦即净期权金；最大风险为 1.10 美仙；而在打和点 68.60 美仙之上，利润可以无限制(图 9.9)。

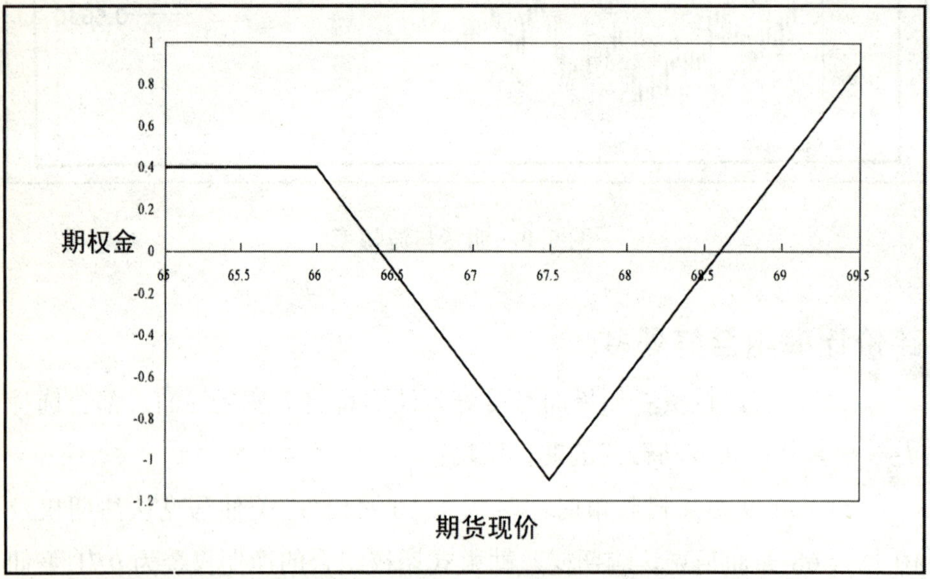

图 9.9　反向比率认购期权组合

五种期权策略比较(一)

总结上述讨论，如果投资者在 9 月 4 日认为马克期货行将出现大变，而且较为看好马克，但不排随马克有向下跌的可能，投资者有以下几种期权策略：

(1)买入 10 月份马克 67.50 美仙马克认购期权，期权金支出为 0.83

美仙。

(2)买入 10 月份马克 67.50 美仙马鞍式期权组合，期权金支出为 1.5 美仙。

(3)买入 10 月份马克 67.00/68.00 美仙勒束式期权组合，期权金支出为 0.71 美仙。

(4)买入 10 月份马克 67.50/69.00 美仙跨价认购期权组合，净期权金支出为 0.61 美仙。

(5)买入 10 月份反向比率认购期权组合，净期权金收取 0.40 美仙。

实战上，马克期货在 9 月并未如投资者的预期一样大幅上升；相反，马克期货于 9 月 5 日下跌至 67.20 美仙支持后大幅下跌，于 9 月 11 日低见 66.02 美仙，到达 64.63 至 68.50 升幅的 0.618 倍回吐水平 66.10 美仙(图 9.10)。

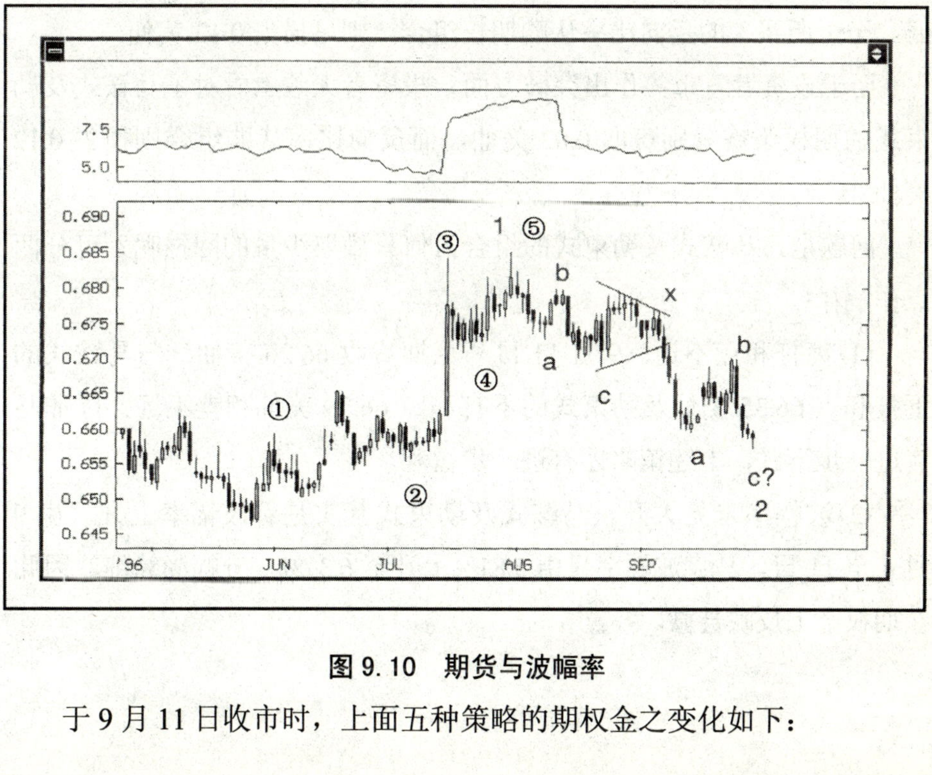

图 9.10　期货与波幅率

于 9 月 11 日收市时，上面五种策略的期权金之变化如下：

⑴67.50 认购期权由 0.83 下跌至 0.17，损失 0.66；

⑵67.50 马鞍式由 1.15 上升至 1.17，赚 0.02；

⑶67.00/68.00 勒束式由 0.71 上升 0.73，赚 0.02；

⑷67.50/69.00 跨价组合由 0.61 下跌至 0.13，蚀 0.48；

⑸66.00/67.50 反向比率组合由 0.40 上升至 0.52，亏 0.12。

五种期权策略比较(二)

综合五种期权策略的比较， 投资者看马克走势只对了一半：

⑴马克期货走势即将大变是看对了；

⑵马克期货走势的方向则看错了。

在这方面，投资者选择期权的策略便十分重要。对有方向性的期权策略而言，单头买入认购期权的损失最大，共损失 0.66 美仙；至于买入跨价认购期权组合的话，则损失 0.48 美仙，较单头买入认购期权为低。至于所买入的反向比率认购期权组合，则只损失 0.12 美仙。

至于投资者看市势作出突破方面，投资者大致上看对了马鞍式及勒束式的期权策略分别赚取 0.02 美仙，而反向比率认购组合则损失 0.12 美仙。

问题是，马鞍式及勒束式的组合为何只赚取少量的回报呢？可分两点作解释：

⑴离打和点不远。9 月 11 日马克期货收 66.26 美仙，与马鞍式的下打和点 66.35 美仙及勒束式的下打和点 66.29 美仙相差不远，除非马克进一步下跌，上述策略才有进一步盈利。

⑵波幅率未见大升。马鞍式及勒束式其实是看波幅率上升。由 9 月 4 至 11 日，马克波幅率只由 5.81%上升至 6.37%，升幅尚算细，因此在期权金上反映甚微。

四种跨价比率策略

经过五种期权策略的比较后，投资者可以发现跨价比率期权组合是一种较为保守的投资策略。

事实上，对于不同的市势预期，投资者共有四种跨价比率期权可作应用。

(1)反向比率认购期权组合(Ratio Call Backspread)

这种策略的成分是：沽空一张低行使价的认购期权及买入两张高行使价的认购期权。这种组合适合预期市势行将突破，波幅扩大，并以向好为主。

(2)比率认购期权组合(Ratio Call Spread)

这种策略的成分是：买入一张低行使价的认沽期权及沽空两张高行使价的认购期权。这种组合适合预期市势反覆牛皮，波幅收窄，希望收取期权金，但即使市况突破预期范围，亦以向淡为主。

(3)反向比率认沽期权组合(Ratio Put Backspread)

这种策略的成分是：买入两张低行使价的认沽期权，同时沽空一张高行使价的认沽期权。这种策略看市势行将出现突破，波幅上升，而走势预期向淡。

(4)比率认沽期权组合(Ratio Put Spread)

这种策略的成分是；沽空两张低行使价的认沽期权，同时买入一张高行使价的认沽期权。这种策略看市势继续牛皮，波幅收窄，即使突破预期范围亦以向上为主(图 9.11a、图 9.11b、图 9.11c 及图 9.11d)。

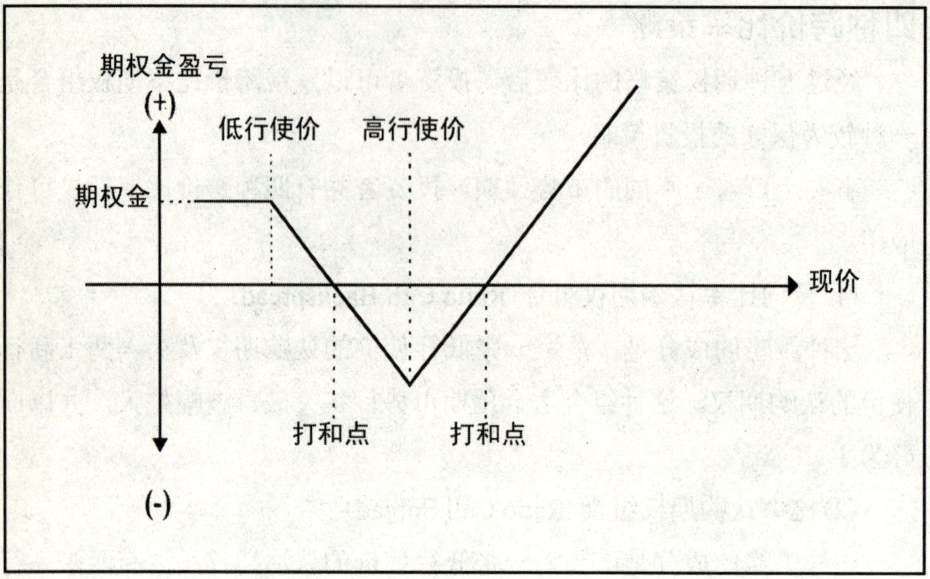

图 9.11a　反向比率认购期权组合

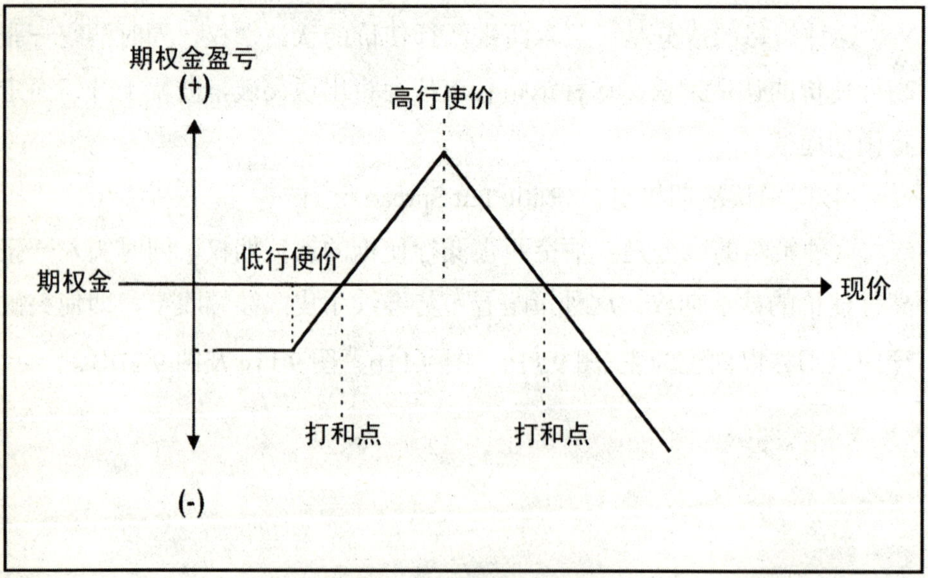

图 9.11b　比率认购期权组合

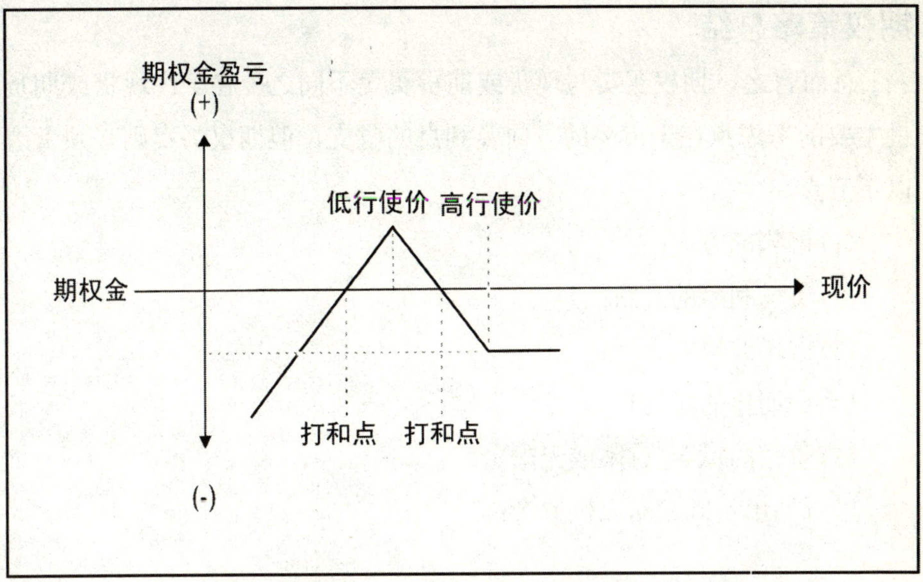

图 9.11c 比率认沽期权组合

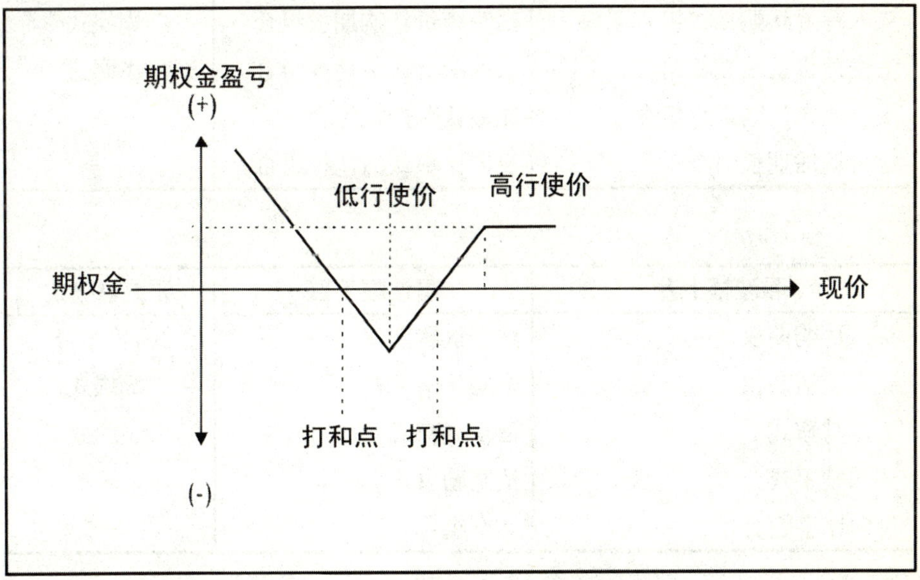

图 9.11d 反向比率认沽期权组合

期权策略总结

总而言之，期权买卖与现货或期货买卖不同之处在于：现货或期货最主要的考虑点在于市势的方向及利息的收支，但期权买卖则必须考虑以下五点。

(1)市势的方向；

(2)市场利率的升跌；

(3)市场波幅的大小；

(4)到期日的时间长短；

(5)盈亏的机会(有限或无限)。

以下列出不同策略以供参考：

看　好	看　淡	不明方向
买入认购期权	沽空认购期权	马鞍式
沽空认沽期权	买入认沽期权	勒束式
买入跨价认购期权组合	沽空跨价认购期权组合	蝴蝶式
沽空跨价认沽期权组合	买入跨价认沽期权组合	飞鹰式
反向比率认购期权组合	比率认购期权组合	—
比率认沽期权组合	反向比率认沽期权组合	—

看波幅上升	看波幅下跌	看波幅稳定
买入认购期权	沽空认购期权	跨价组合
买入认沽期权	沽空认沽期权	蝴蝶式
买入马鞍式	沽空马鞍式	飞鹰式
买入勒束式	沽空勒束式	—
反向比率组合	比率组合	—

收取时间值	付出时间值	时间无影响
沽空认购期权	买入认购期权	跨价组合
沽空认沽期权	买入认沽期权	蝴蝶式
沽空马鞍式	买入马鞍式	飞鹰式
沽空勒束式	买入勒束式	—
比率组合	反向比率组合	—

期权市场的影响力

期权与期货或现货之间的关系，其实相当有趣。理论上，现货市场应占主导的地位，而期货市场则只属于一种由现货合约衍生出来的产物。理论上，期货价格的上落应紧密跟随现货市场的供求关系。不过，由于期货合约为高度杠杆性的工具，因此，期货市场发展至今，在不少产品合约上，其每日成交合约所代表的合约数量，都已经超过了现货市场每日的成交量。换言之，期货市场所反映出投资者对市价的预期，往往可以反过来影响现货价格的走向。

至于期权方面，这种合约本身亦为现货或期货市场的一种衍生性产物，既可作为现货期权，亦可作为期货期权。同样道理，虽理论上期权是受现货或期货的上落所影响，但由于期权市场日益壮大，投资者已逐步留意期权的到期日与行使价对于现货及期货走势的影响力。

事实上，在某些重大关口的行使价上，由于市场会出现对冲盘的买卖，因此，在行使价上的买卖成交会特别活跃，亦加速市势的发展。

另一种我们常见的现象是，市场经常会在期权到期日过后才出现单边的市势，换言之，在到期日前的一星期左右，市价通常会处于牛皮闷局之中，直至一批期权结算报销为止。

到期日左右市场规律

期权市场的到期日往往会左右市场波动的规律，常见的现象是：在到期前一星期左右，市场会倾向牛皮上落，直至结算后，市势才会再出现单边的趋势。对于这种现象，理由十分简单：

(1)如果你是投资大户，准备大手入市，究竟选择期权到期前，还是到期后入市呢？一般而言，如果在到期前入市，市价开始上升，原有认购期权的陈家可能选择平仓获利，因此，对市价升势造成一定的压力。相反，在期权到期后才入市，投资大户便无后顾之忧。

(2)如果你是期权主力，手上有大量期权沽仓，又在某程度上短期左右市势方向，则你会希望市价在期权到期前牛皮还是出现趋势呢？明显地，期权主力多数希望维持市场窄幅上落，直至期权结算，赚取期权金。特别要注意的是，平价期权(ATM)的期权金到期前下跌的速度最快，有利期权沽家。

(3)美国的重要经济消息——就业数据是在每月第一个星期五公布，因此，金融市场多数会在每月第一周牛皮上落，静待消息公布。而这段时间亦刚好为美国IMM货币期权的到期日前后，因此亦间接助长上述期权的现象。

跨期买卖(一)

期权结算日对市势的影响虽然并非必然出现，但在过往经验中，不少大市确实发生于期权结算之后，因此值得我们借镜。

图9.12是马克期货由1995年10月至1996年10月每一个期权结算日前后的相对走势图，可供读者参考。

事实上，从期权理论的角度来看，即将到期的期权与未到期的期权相比，前者期权金每日所消耗的比后者为大，其中尤以平价期权(ATM)的相差最大，由此，市场亦产生了获利的机会。

以下试举一例：

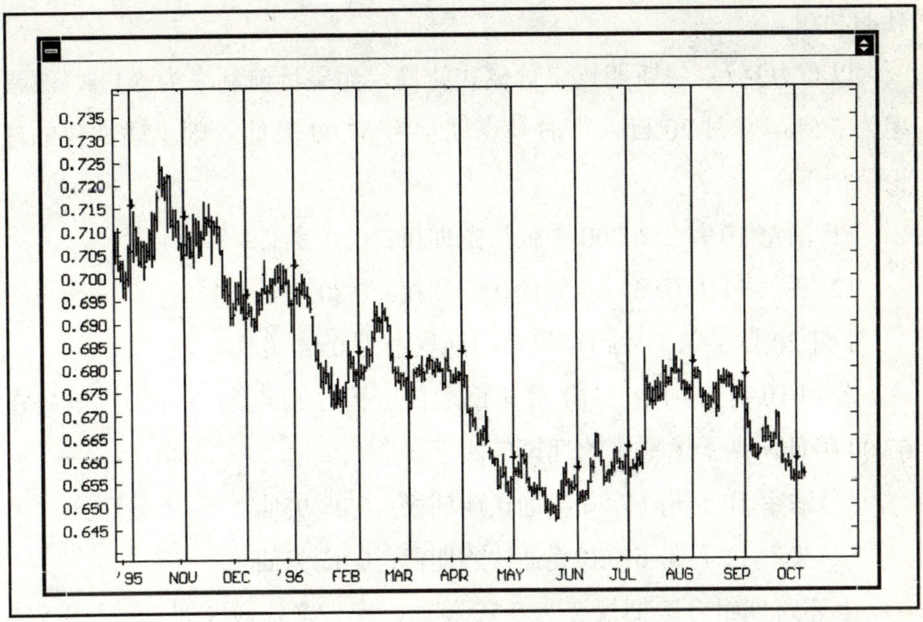

图 9.12　期货与期权到期日

投资者在 9 月 20 日预期马克期货在 10 月份期权到期日 7 月 4 日前会在 67.00 美仙水平左右维持牛皮上落，并希望套取未来两个星期 10 月份行使价 67.00 美仙马克认购期权下跌的利润。不过，投资者亦不希望市势的方向会影响其仓盘，于是，投资者选择买入一套跨期认购期权组合(Calender Spread or Horizontal Spread)。

这套跨期组合由两个不同月份的认购期权所组成，包括：

(1)沽空 10 月份行使价 67.00 美仙马克认购期权

(2)买入 11 月份行使价 67.00 美仙马克认购期权

跨期买卖(二)

跨期买卖的意义是套取不同月份期权之间的差价，从而获取利润，因此，跨期买卖理论上不包括对市场方向的看法。

以前述的例子，投资者沽空 10 月份 67.00 美仙马克认购期权，并同时买入 11 月 67.00 美仙马克认购期权，希望从中收取近月期权时间消耗的利润。

以布力克•索尔斯期权定价模式计算，如果目前利率为5.1%，波幅率为5.5%，9月20日入市时马克期货为67.00美仙，则上述期权的理论值如下。

(1)沽空10月份67.00美仙认购期权：0.36美仙；

(2)买入11月份67.00美仙认购期权：0.80美仙。

9月20日买入上述跨期组合净期权金为0.44美仙。

若到10月份到期日10月4日之前一天，马克期货价仍然维持在67.00美仙，则上述期权的理论值如下。

(1)沽空10月份67.00美仙认购期权：0.08美仙

(2)买入11月份67.00美仙认购期权：0.65美仙

上述跨期组合净期权金为0.57美仙，换言之，较9月20日买入跨期组合时的0.44美仙，赚取了0.13美仙，其中纯为时间值消耗差距的利润(图9.13)。

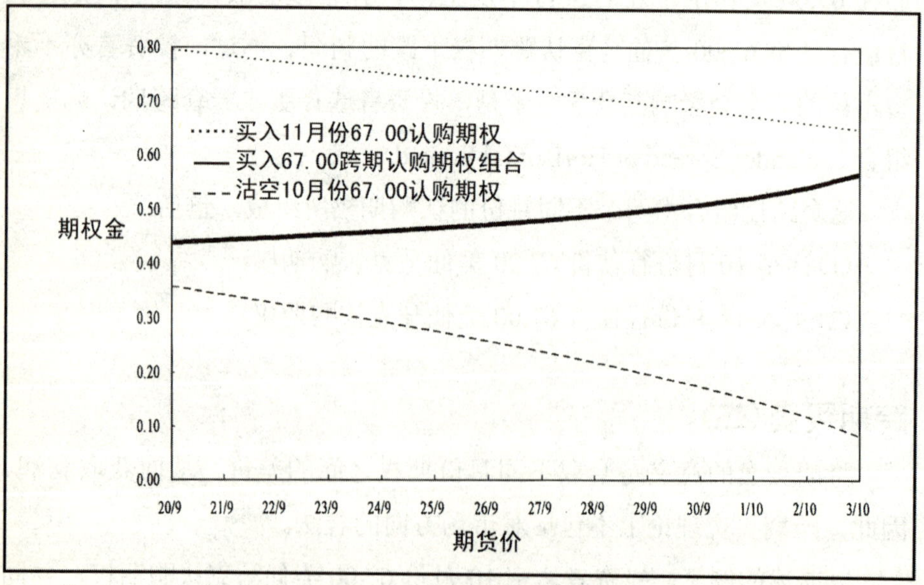

图9.13 跨期认购期权组合

跨期买卖(三)

事实上，跨期买卖的应用范围甚广，凡涉及两种期权或以上的策略，皆可考虑应用。

除了以同一行使价，买卖近期及远期期权的跨期买卖方法外，我们亦可以用不同行使价，买卖近期及远期期权，以达跨期买卖之效。此种策略涉及两个行使价及两个到期日，称为对角式跨期买卖(Diagonal Spread)。

假设：投资者在8月15日马克期货收市报67.37美仙时，预期马克期货在8月中至9月初会牛皮上落，到9月期权结算后，才会在9月中展开下跌趋势，并预期10月初马克期货可下跌至66.00美仙之下。

投资者在这段时间，可作两种考虑：第一，买入10月份行使价66.00美仙的马克认沽期权，当时要付出0.17美仙，以马克期权每点12.50美元计，约212.5美元。第二，买入对角式跨期认沽期权组合，即沽空9月6日到期的9月份67.00美仙马克认沽期权，并同时买入10月4日到期的10月份66.00美仙马克认沽期权，前者收取0.29美仙，后者付出0.17美仙，净收取0.12美仙。若投资者选取了跨期策略，其结果如下：

(1)9月6日到期，9月67.00美仙认沽期权下跌至0.01；

(2)10月4日到期，10月66.00美仙认沽期权上升至0.45。

综合而言，跨期组合共赚0.56美仙，以马克期权每点12.50美元计，即700美元，而66.00美仙认沽期权则只赚0.28美仙或350美元(图9.14)。

跨期买卖(四)

若投资者希望采取一个对市势较中立的立场，预期短期牛皮后，将可向上或向下突破，则投资者可采用一个跨期的蝴蝶式策略。

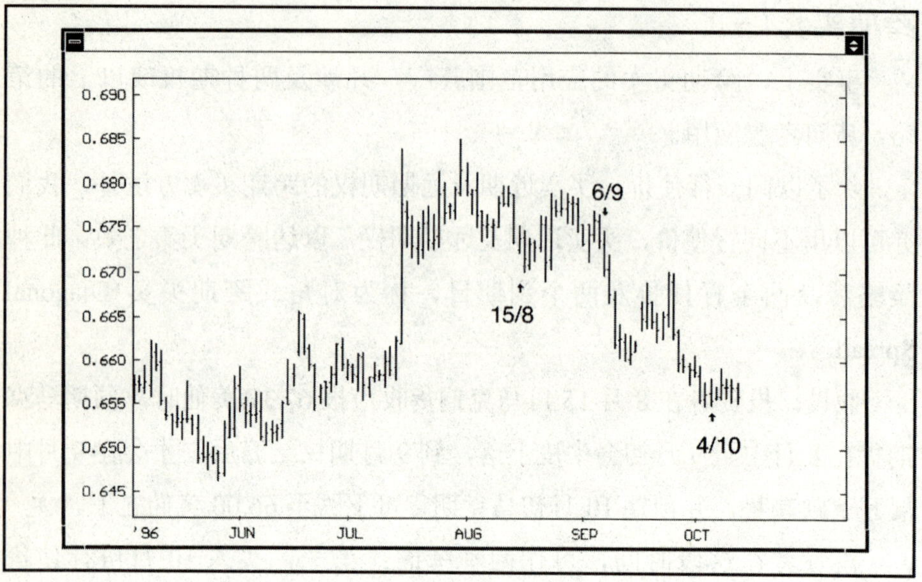

图 9.14 期货走势图

换言之，投资者可抛空一套近期的马鞍式组合，以收取短期牛皮市况中，时间及波幅值下跌的利润；同时，投资者可买入较远期的勒束式期权策略，以捕捉市势其后向上或向下突破所带来的利润。

假设：投资者在 8 月中预期马克期货市势会横向发展，待 9 月 6 日期货到期后才向上或向下突破，于是在 8 月 15 日沽空 9 月 6 日到期的马鞍式策略：沽空 67.00 美仙马克认购期权收 0.66 美仙，沽空 67.00 美仙马克认沽期权收 0.29 美仙，共收取 0.95 美仙。

同时，投资者买入 10 月份 66.00 美仙认沽期权及 68.00 美仙认购期权，分别付出 0.17 及 0.63 美仙，共 0.80 美仙。

在 9 月 6 日到期日，马克期货收 67.04 美仙，9 月份 67.00 美仙认购及认沽期权报 0.05 及 0.01，共赚 0.89 美仙，10 月份 66.00 美仙认沽及 68.00 美仙认购期权报 0.08 及 0.28，所买入的勒束式损失 0.44 美仙。综合来说，到 9 月结算时，整套策略共赚取 0.45 美仙。

10 月 4 日到期时，66.00/68.00 美仙勒束式值 0.45 美仙，比购入时的0.80跌0.35，整套策略赚0.54美仙(0.89－0.35)。

跨期买卖(五)

对于跨期蝴蝶式策略，事实上，投资者可以有多种选择，包括：

(1)沽空近期马鞍式组合，并买入远期马鞍式组合；

(2)沽空近期马鞍式组合，并买入远期勒束式组合；

(3)沽空近期勒束式组合，并买入远期马鞍式组合；

(4)沽空近期勒束式组合，并买入远期勒束式组合。

对上述四种跨期策略，投资者究竟应如何选择呢？首先要考虑的是期权金的使费。沽空马鞍式所收取的期权金会比勒束式为高，但风险会较大，因此，投资者要考虑，究竟对市况短期窄幅上落的信心有多大，才去选择马鞍式或勒束式。至于所买入的较远期的期权策略，则马鞍式所付出的期权金会比勒束式为高，但获利机会较大。综合而言，若我们将上面四种策略按风险程度比较，则：

(1)沽空短期马鞍式及买入远期马鞍式为高风险及高回报；

(2)沽空近期马鞍式及买入远期勒束式为中风险及中回报；

(3)沽空近期勒束式及买入远期马鞍式为中风险及中回报；

(4)沽空近期勒束式及买入远期勒束式为低风险及低回报。

跨期买卖(六)

以下引用IMM马克期权在1996年8月至10月的期权金变化作跨期买卖比较，数据如下：

日期	15/8	6/9	4/10
期货价	67.37	67.04	65.55
9月68.00认购期权	0.23	0	0
9月67.00认购期权	0.66	0.05	0
9月67.00认沽期权	0.29	0.01	0
9月66.00认沽期权	0.09	0	0
10月68.00认购期权	0.63	0.28	0
10月67.00认购期权	1.16	0.77	0
10月67.00认沽期权	0.42	0.30	1.45
10月66.00认沽期权	0.17	0.08	0.45

(1)沽空9月67.00美仙马鞍式，同时买入10月份67.00美仙马鞍式，8月15日买入时付出0.63美仙(0.66+0.29−1.16−0.42)。结算时9月期权赚0.89；10月期权损0.13；净赚0.76美仙。

(2)沽空9月67.00美仙马鞍式及买入10月66.00/68.00美仙勒束式。8月15日买入时收取0.15美仙(0.66+0.29−0.17− 0.63)。结算时，9月期权赚0.89；10月期权损0.35；净赚0.54美仙。

(3)沽空9月66.00/68.00勒束式及买入10月67.00美仙马鞍式。8月15日买入时付出1.26美仙(0.23+0.09−1.16−0.42)。结算时，9月份赚0.32；10月份损0.13；净赚0.19美仙。

(4)沽空9月66.00/68.00美仙勒束式及买入10月66.00/68.00勒束式。8月15日买入时支出0.48美仙(0.23+0.09−0.63−0.17)。结算时，9月份赚0.32；10月损0.35；净损0.03美仙(图9.15)。

跨期买卖(七)

跨期期权买卖有两个主要名词，第一是时间跨价期权组合(Time Spread)；第二是跨期期权组合(Calendar Spread)。

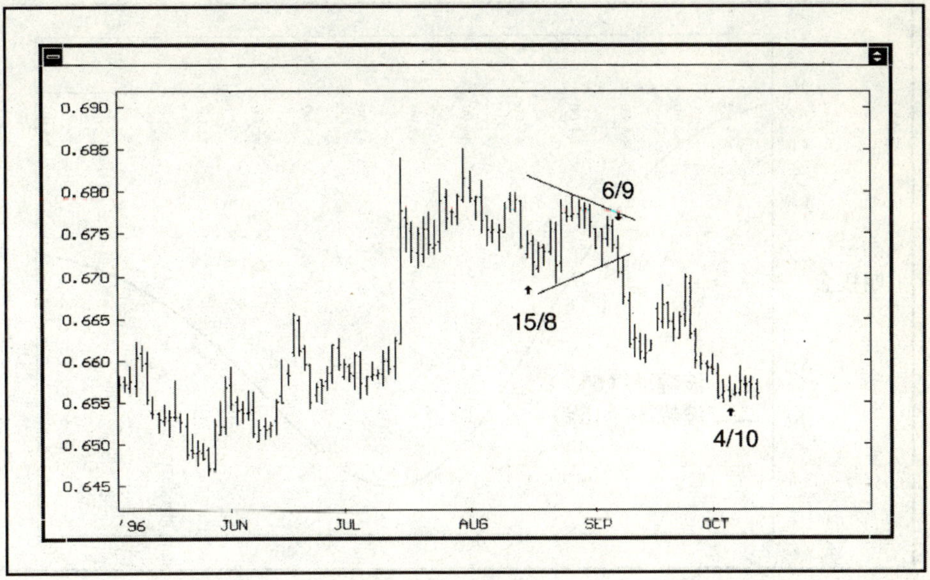

图 9.15　期货走势图

所谓买入跨期组合，通常是指沽空近期平价期权(ATM)，同时买入远期平价期权(ATM)。至于沽空跨期组合，则指买入近期平价期权，并同时沽空远期平价期权。

若以期权金的盈亏图形来看，买入跨期认购期权组合的图形是一个背式跨期组合(Back Spread)，而沽空跨期认购期权组合则为面式跨期组合(Front Spread)。

所谓背式组合，是指组合在平价时亏损最大，钟形曲线向上，类似买入马鞍式组合的曲线。

面式组合，是指组合在平价时获利最大，钟形曲线向下，类似沽空马鞍式组合的曲线。换言之，买入跨期组合类似买入一套跨价比率认沽期权组合(Long Ratio Put Spread)或马鞍式(Straddle)。

不过，有两点主要分别是，买入马鞍式是损失时间值，而买入跨期组合则收取时间值。另一个重要特点是，买入跨期组合是沽空波幅率；若波幅率下跌，跨期组合亦可赚取利润，与马鞍式刚好相反(图 9.16)。

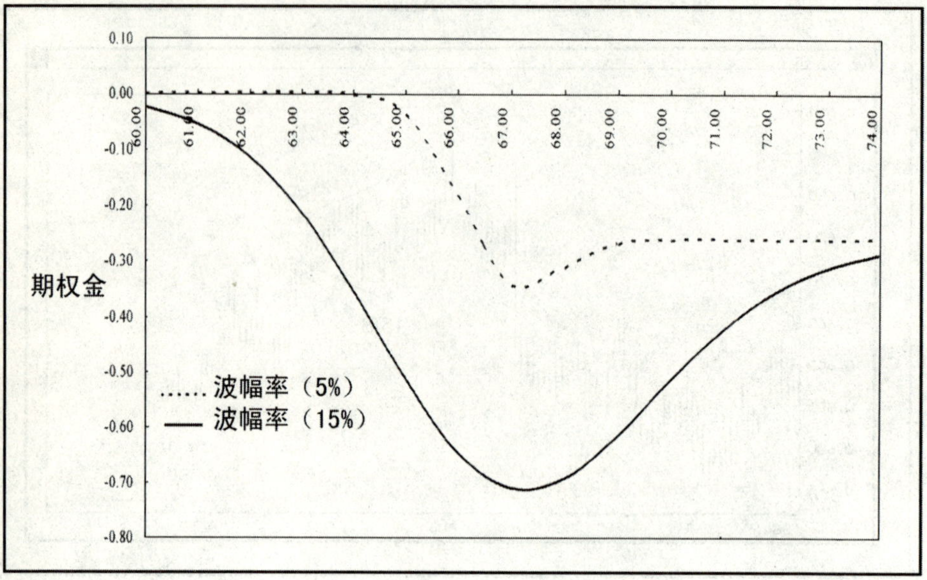

图 9.16　跨期买卖与波幅率变化

跨期买卖（八）

总而言之，如果投资者希望在近期的期权到期前赚取时间值及沽空波幅率，并预期市价可能会向上或向下波动，则投资者可买入一套跨期组合，即沽空近期平价认购期权，并买入远期平价认购期权。

相反来说，如果投资者预期波幅率上升，而预期市价波动可能进一步收窄，并认为其中利润大于时间值的损失，则投资者可沽空一套跨期组合，即买入近期的平价认购期权，并沽空远期的平价认购期权。

综合来说，跨期买卖时投资者要极之小心，尤其是波幅率的升跌对于期权金的影响。

有一点十分有趣的是，沽空跨期组合是看市价出现方向，通常市价出现方向时，波幅率均告上升；然而，买入跨期组合则是看波幅率下跌，互相有点矛盾。

不过，如果投资者见波幅率下跌，事实上，跨期组合的打和点，亦告收窄。

相反，如波幅率上升，市价出现方向，打和点亦告扩阔，因此，刚好平衡了风险与回报的机会。

第十章

主要期权市场的运作

以下我们分别介绍几种主要期权市场的运作情况及买卖细则，让读者对于期权市场及期权的种类有较为清晰的了解，包括：

(1)恒生指数期权市场；

(2)香港股票期权市场；

(3)台湾加权指数选择权市场；

(4)台湾股票选择权市场。

美国指数期权市场，包括：

(1)标准普尔 100 指数期权(OEX)；

(2)标准普尔 500 指数期货的期权(SP500)；

(3)芝加哥商业交易所(CME)的货币期货及期权市场；

(4)纽约商业交易所(NYMEX)COMEX 黄金期货及期权市场。

恒生指数期权市场

恒生指数期权合约

恒生指数期权合约是香港交易所的第一种期权产品，自 1993 年上市以来，交易额逐年增加，恒生指数期权合约现已成为亚洲最活跃的期权合约之一。

恒生指数期权所根据买卖的恒生指数，是恒生指数服务有限公司所发布的香港股价指数。按合约规定，合约的价值是每指数点港币 50 元。(另外，香港交易所有效性恒指期权，每指数点港币 10 元。)

1. 合约月份

恒生指数期权合约分为两种，一种是短期期权(Short-Dated Option)另一种是长期期权(Long- Dated Option)。

短期期权合约月份包括：现货月、下两个月及其后的三个季月（季月的意思即每年的 3、6、9 及 12 月份)。

长期期权合约方面，则为短期期权月份之后的5个半年合约月份(6月及12月)。

2. 买卖时间

根据交易规则，恒生指数期权必须在香港期货交易所的交易系统进行买卖，交易时间如下：

上午：9∶45—12∶30

下午：14∶30—16∶15

3. 交易方式

恒指期权的买卖是以电子交易方式进行。

4. 到期日(Expiration Day)

恒指期权的到期日为到期月份的最后第2个交易日。

5. 期权金

期权金报价以完整指数点进行，最低价格波幅为一个指数点，其价值为期权金指点乘以港币50元：

期权价值＝期权点数×港币50

(若为小型恒指期权，期权价值＝期权点数＋港币10)

6. 行使方式

恒指期权所采取的是欧式期权行使方式，即期权持有者只可以在到期日才行使期权的权利。不过，期权的价值每日会随市场的波动而起伏，投资者随时可以在交易日内的市场中买入或沽出期权，因此，欧式行使方式实际上并不妨碍期权买卖。

7. 行使价(strike Prices)

恒生指数期权分为多个使价，短期期权划分方式按以下规定：

(1)恒生指数 0 至 2000 点：行使价区间为 50 点；

(2)恒生指数 2000 点至 8000 点：行使价区间为 100 点；

(3)恒生指数 8000 点以上：行使价区间为 200 点。

在每一个新月份合约开始时，通常在现货指数的行使价区间之外，会有上下 10%的行使价区间。此外，当市场起伏时，交易所会因应市价的变化而增加行使价区间。

8. 结算(Settlement)

结算日(Settlement Day)

结算日是每合约月份的最后一个营业日。

正式结算价(Official Settlement Price)

正式结算价是指结算公司根据恒生指数服务有限公司在到期日计算的每五分钟恒指的平均价整数而制定。

结算形式

恒生期权是以现金结算。结算公司会将所有到期的未平仓合约按期权的内在值结算。未有内在值的期权将报销；而存在内在值的期权则将会自动行使，其中结算价与期权行使价之间的差价的价值将折算为现金以作交收。对于所有在到期日被行使的期权，持有人须交纳港币 10 元的行使费用。

9. 大量未平仓合约(Large Open Position)

交易规则规定，会员或客户若持仓超过所规定的数量，会员有责任向交易所作出申报。现时，若客户持有同一系列期权未平仓合约 500 张或以上，将需做出申报。

10. 交易费用

每次期权买卖，客户必须支两项交易费用(每边计)

交易所费用：每张港币 10.00 元

证监会征费：每张港币 0.80 元

合　　　计：每张港币 10.80 元

11. 经纪佣金

客户买卖期权必须支付的佣金，以商议决定。

12. 微值交易价(Cabinet Trade)

若以 1 点交易，每张合约费用为港币 1.00 元，包括所有征费。

13. 按金要求

按金户口客户可以买入或沽空期权，而客户不需要支付期权金的全部，而只需要交付经纪行所要求的按金。

结算公司会假设收市时每一个仓盘都以正式报价(Official Quotation Price)平仓，而期权仓的盈亏便会以客户入市价及收市后的正式报价计算，盈亏会在期权买家及沽家之间转调，这称为盈亏调整(Variation Adjustment)，必须按盈亏调整后的要求缴付按金。

14. 按金的计算

结算规则要求会员与客户的资金分开处理。因此，在结算公司的账户里面，每经纪行都至少有两种户口，一种是会员户口(House Account)，而另一种则是客户户口(Client Account)。此外，有些经纪行亦有注册期权主力户口(Registered Trader's Account)。

在结算公司向经纪行收取按金方面，对于会员户口、客户户口及注册期权主力户口，结算公司用以计算按金的方法称为 PRiME(Portfolio

Risk Margining System of HKEX)。至于经纪行向客户收取按金方面，结算公司用以计算按金的方法称为 SPAN（Standard Portfolio Analysis of Risk)。上述 SPAN 风险计算软件是由美国芝加哥商业交易所（CME)所开发。

在上述按金计算中，由于结算公司每日都作盈亏调整，所以结算公司所计算的风险只是一个交易日的风险而已，而按金亦按一个交易日可能出现的市场风险而厘定。

15．经纪行收取客户按金

在计算客户仓盘每日所需按金时，SPAN 主要计算市价起伏的可能幅度及市场波幅率上升或下跌对客户仓盘的影响两者的参数分别为：

(1)按金间距(Margin Interval)；

(2)波幅差价(Volatility Spread)。

按金间距由结算公司根据当时市况而厘定，随时可作出修改。若结算公司用 1600 点，即以市价比上个交易日收市价上升 1600 点或下跌 1600 点为计算基础。

波幅差价是由结算公司根据市场波动程度而厘定，随时可作修改。若结算公司用 4%，即计算市场波幅率上升 4%或下跌 4%对于客户所知仓盘的影响。

SPAN 计算按金是应用布力克•索尔斯期权定价模式(Black-Scholes Option Pricing Model)，按上述所订可能出现的市场波动，计算客户仓盘的期权定理论值，从而计算仓盘可能出现的风险。

16．结算公司对经纪行的会员户口，注册期权主力户口及客户户口的按金要求

结算公司对经纪行的会员户口、注册期权主力户口及客户户口的按金要求按另一套风险计算系统计算——PRiME(Portfolio Risk Margining

System of HKEX)。

17. 市场运作

香港期货交易所的恒指期权买卖是实行主力制度，所谓主力(Market Makers)，乃属注册期权庄家（Registered Trader)的户口类别，这类人士只可为自己的户口进行买卖，不能代客或代公司买卖，主力有责任根据交易所的规定而作出恒指期权的买入或卖出的实盘报价。

除恒指期权外，港交所于2004年已推出H股指数期权，相关指数是横生中国企业指数，每点亦为港币50元，其他安排大致与恒指期权相同。

香港股票期权市场

香港股票期权市场的运作

香港股票期权在香港联合交易所买卖，分为认购期权(Call)及认沽期权(Put)。投资者可参与买入或沽空。

联交所发行的股票期权，一般选择总市值及流通市值大的正股为对象，大部分是香港上市的蓝筹、红筹及大型国企股。期权的合约股数，则与正股每手的股数相同。

1. 行使价的厘定

联交所故期权的行使价按正股价大小而定，其间距规则是：

行使价	间距组别 A	间距组别 B
$2 以下	$0.1	$0.1
$2-$5	$0.2	$0.2
$5-$10	$0.5	$0.5
$10-$20	$1.0	$0.5
$20-$50	$2.0	$1.0
$50-$100	$5.0	$2.5
$100-$200	$5.0	$2.5
$200-$300	$10.0	$5.0
$300-$500	$20.0	$20.0

每个月合约开始时，认购及认沽期权都会有五个行使价，其中两个为价内行使价，一个为平价行使价及两个价外行使价。随着正股市价的波动，新的行使价会由交易所陆续加上去。

2. 行使期权

香港股票期权的行使方法是美式（American Style）的，即，期权持有人在期权到期前，可随时行使权利，以正股作交收。至于已沽空期权者，若经纪行电脑随机抽签被抽中，则有责任以行使价交收正价。

3. 合约月份

合约月份包括：现货月、其后两个月及其后两个季月。

部分股票期权加有第三个季月。

4. 合约到期日

合约在该月份最后营业日之前的一个交易日到期。

5. 交易时间

上午：10：00—12：30

下午：14：30—16：00

6．交易方式

所有香港股票期权的交易是透过衍生产品电子交易系统（HKATS）进行，并由联交所属下的期权结算所结算。系统将时最佳买入 / 卖出及盘量，按价格及先入先出对盘。

7．主力制度

股票期权市场推行主力制度，以加强市场的流动性。

主力所开的价是买入及卖出的有效限价盘，会员可通过电子交易系统要求主力开价，另外，亦有主力提供持续报价。

由于主力的运作包含风险，主力的部分交易费用是得到豁免的，而主力在股票现货市场进行买卖以作对冲，股票印花税亦得到豁免。

8．期权金及按金

投资者若买入股票期权，只要向经纪行支付期权金便可完成责任。相反，若投资者沽空股票期权，则需要一直承担交收的责任直至合约结算。因此，投资者要向经纪行支付按金以保证履行责任。

期权价的价值由市场买卖成交时决定，而按金则由交易所的风险计算系统计算。

交易所的期权风险计算系统是计算客户所持期权的正股，在涨跌到某个百分比后，对期权持仓在理论值上所引起的最大损失。经纪行可要求较大的按金以保障风险。

9．客户买卖

投资者要进行香港股票期权买卖，必须透过香港联合交易所的期权交易参与者进行。交易参与者必须以电脑系统连接期权交易及计算系统，并为期权结算所会员，或已与全结算会员（General Clearing Member）有结算的安排。

在开户时，客户必须签署《客户协议书》或《风险披露声明》，并在经纪行存放指定金额作为按金。

10．收费

股票期权买卖暂免收证监会的交易征费（Transaction Levy）及印花税（Stamp Duty）。经纪佣金由商议决定。另外，交易所按每合约收取交易费用，第一类别期权为港币3元，第二类别期权为港币1元。

11．正股资本调整，停牌或取消上市的安排

当正股宣布供股，送红股或大幅派息时，交易所会宣布合约数量及行使价相应调整详情，但普通派息则不会作出调整。

若正股宣布停牌，期权买卖活动将告停止。

期权在停牌期间仍可行使，交收由现货结算系统推行。

若期权在停牌期间到期，或正股取消上市，交易所将负责有关合约处理问题。（注：最新资料可在港交所网页：www.hkex.com.hk 找到。）

近年，台湾期权市场发展迅速，已成为亚洲区最活跃的期权市场之一。在台湾，期权称为选择权，认购期权称为买权，而认沽期权称为卖权，下面列出台湾加权指数选择权及股票选择权的合约细则供读者参考。

台湾加权指数选择权市场

台湾加权指数选择权合约细则

1．交易标的

台湾证券交易所发行量加权股价指数。

2．中文简称

台指选择权(台指买权、台指卖权)。

3．英文代码

TXO。

4．履约型态

欧式(仅能于到期日行使权利)。

5．契约乘数

指数每点新台币 50 元。

6．到期月份

自交易当月起连续 2 个月，另加上 3 月、6 月、9 月，十二月中三个连续的季月，总共有 5 个月。

7．行使价格间距

三个连续近月契约，100 点；

接续之二个季月契约，200 点。

8．契约序列

新月份挂牌时，三个连续近月，依价格间距上下各推出五个合约；接续之二个季月，上下各推出三个合约。

9．权利金报价单位

未满 10 点：0.1 点(5 元)

10 点以上，未满 50 点：0.5 点(25 元)

50 点以上，未满 500 点：1 点(50 元)

500点以上，未满1000点：5点(250元)

1000点以上：10点(500元)

10. 每日涨跌幅

权利金每日最大涨跌限制为前～营业日结算价上下10%。

11. 部位限制

持有同一方未了结部位合计数（即买进买权与卖出卖权之部位合计数，或卖出买权与买进卖权之部位合计数）：

(1)自然人8000契约；

(2)法人机构16000契约；

(3)法人机构基于避险需求可向交易所申请豁免部位限制；

(4)起获自营商不在此限。

12. 交易时间

与台湾证券交易所交易日相同：

交易时间为营业日上午8：45—下午13：45。

13. 最后交易日

交割月份第3个星期三。

14. 到期日

最后交易日的次一个营业日。

15. 最佳结算价

结算指数以到期日指数各成分股当日交易时间开始后30分钟内之平均价计算(平均价以每笔成交价之成交量加权平均)。

16. 交割方式

未冲销价内部位于到期日当天自动行使，以现金交收行使价与最后结算价的差额。

台湾股票选择权市场

台湾股票选择权合约细则

1. 交易标的

在台湾证券交易所上市之普通股股票。

2. 中文简称

股票选择权(买权、卖权)。

3. 英文代码

各标的证券依序以英文代码表示。

4. 契约单位

5000股。

5. 履约方式

欧式(仅可于到期日行使权利)。

6. 到期月份

交易当月起接续之3、6、9、12月四个季月。

7. 行使价格间距

价格（新台币）	间距（新台币）
2 元以上，未满 10 元	1 元
10 元以上，未满 50 元	2 元
50 元以上，未满 100 元	5 元
100 元以上，未满 200 元	10 元
200 元以上，未满 500 元	20 元
500 元以上，未满 1000 元	50 元
1000 元以上	100 元

8．契约序列

新月份上市，以当日证券开盘参考价为基准，共推出五个序列。

9．权利金报价单位

权利金报价，1 点价值为新台币 5000

未满 5 点：0.01 点

5 点以上，未满 15 点：0.05 点

15 点以上，未满 50 点：0.1 点

50 点以上，未满 150 点：0.5 点

150 点以上，无满 1000 点：1 点

1000 点以上：5 点

10．每日涨跌幅

权利金最大涨跌点数，以证券当日最大变动金额处以权利金乘数(5000 元)计算。

11．最后交易日

与台湾证券交易所交易日相同：

交易时间为营业日上午 8：45—下午 13：45。

12. 到期日

同最后交易日。

13. 交割方式

采用股票实物交割，于到期日后第一个营业日交割。

14. 部位限制

证券选择权之同方向未了结部位合计数（指买进买权与卖出卖权之部位合计数，或卖出买权与买进卖权之部位合计数），应符合下列分级部位限制：

单位：契约数

标的证券级距	自然人	法　人	造市者
第一级	2000	6000	15000
第二级	1500	4500	11250
第三级	1000	3000	7500
第四级	500	1500	3750
第五级	150	500	1250

证券分级限制条件：

	最近三个月份总交易量	或 (1)最近三个月份总交易量	且 (2)目前流通在外股数
第一级	20 亿股以上	15 亿股以上	40 亿股以上
第二级	16 亿股以上	12 亿股以上	32 亿股以上
第三级	8 亿股以上	6 亿股以上	16 亿股以上
第四级	4 亿股以上	3 亿股以上	6 亿股以上
第五级	未符合前四级规定者		

美国指数期权市场

芝加哥期权交易所

芝加哥期权交易所（Chicago Board Options Exchange，CBOE）于1973年开业，最先经营认购期权及16种所指定的股票，直到1977年，市场才开始买卖认沽期权。目前在美国，共有5家交易所经营股票及指数期权，包括：芝加哥股权交易所（CBOE）、美国证券交易所（AMEX），纽约证券交易所（NYSE）、太平洋证券交易所（PSE）及肥城证券交易所（PHLX）。

在1996年的财政年度，芝加哥期权交易所在5家交易所中市场占有率排第一，达到60%，大幅抛离美国证券交易所（AMEX）的19.5%。

就股票期权而言，芝加哥期权交易所的市场占有率为44.6%；另外，芝加哥期权交易所的指数期权在5家交易所中的市场占有率为92.1%。

芝加哥期权交易所在美国指数期权市场中，成交最活跃的首推标准普尔100指数期权（OEX）及标准普尔500指数期权（SPX）。

在1983年，芝加哥期权交易所进一步推出长期证券期权（Long-term Equity Anticipation Securities，LEAPS），此种期权到期时间长达3年，为长线投资者提供类似认股证的买卖品种。

此外，在1993年，芝加哥期权交易所开始“灵活”期权（FLEX Option）的买卖，若交易额在1000万美元之上，买卖双方可自由签订定期合约的细则。

标准普尔100的指数期权

标准普尔100指数期权（S&P100 Index Options，OEX）现为全美国最活跃的期权合约之一，以下简单介绍其合约细则。

1．指定资产

标准普尔 100 指数×100 美元（标准普尔 100 指数是以美国 100 种股票的市值为计算基础的股市指数）。

2．买卖时间(芝加哥时间)

上午 8：30—下午 15：15。

3．到期月份

最近 4 个月期。

4．报价方式及最低波动幅度

期权金 3 美金以上，最低波动为 1/8 或 12.5 美元。

期权金 3 美金以下，最低波动为 1/16 或 6.25 美元。

5．行使价间距

5 指数点，远期为 10 指数点。

6．行使形式

美式。

7．结算方式

以收市价现金结算。客户户口中超过 25 美元的价内期权将自动行使。其他户口中，1 美元以上的合约将自动行使。

8．持仓上限

净持仓 25000 张，若为对冲，可赠至 100000 张。

9．最后交易日

到期月份的第三个星期五。

10．到期日

11．到期月份的第三个星期五之后的星期六。

芝加哥商业交易所(CME)的货币期货及期权市场

芝加哥商业交易所（Chicago Mercantile Exchange，CME）是目前买最活的期货及期权市场之一，主要分为4种会员组别：

1．芝加哥商业交易所组别(CME Division)

此会员组别可买卖所有交易所内的产品。

2．国际货币市场组别(International Monetary Market Division, IMM Division)

此会员组别可买卖交易所里面的货币及利率期货产品。

3．指数及期权市场组别(Index and Options Market Division, IOM Division)

此会员组别可买卖股票及商品指数的期货及期权，以及所有交易所内的期权产品。

4．新兴市场组别(Emerging Market Division, EM division)

此会员组别主要买卖新兴国家的股价指数、债券期货及期权产品。

目前，芝加哥商业交易所有两种买卖的方式，包括：

(1)在正常交易时间(Regular Trading Hour，RTH)内在交易所场内的公开叫价方式。

(2)在正常交易时间之外的电子交易系统(Global Electronic

Exchange， Globex）。

标准普尔 500 指数期货及期权

芝加哥商业交易所标准普尔 500 指数期货合约开始于 1982 年 4 月，目前现已成为世界上最活跃的指数期货。以下简单介绍该合伙合约及期货的期权合约细则：

1．指定资产

期货：标准普尔 500 指数×250 美元；

期货：最近未到期的标准普尔 500 指数期货合约。

（标准普尔 500 指数是由标准普尔公司（Standard & Poor's 以 500 种美国股票的市值编制而成的股市指数。）

2．交易时间（芝加哥时间）

RTH：上午 8：30—下午 15：15

Globex：下午 15：45—次日上午 8：00（周一至四）

下午 17：30—次日上午 8：00（周日及假期）

RTH 正常交易所内的公开叫价买卖时间，Globex 是电子买卖系统时间。

3．交收月份

期货：3、6、9 及 12 月份；

期权：1～12 月（季月及连续月份）。

4．报价方式

每指数点的美元价值。

5．最低价格波动

期货及期权：0.05 点，即金额 1.25 美元；

期权 CAB：0.025 点，即金额 6.25 美元。

6. 持仓上限

5000 张净长仓或净短仓的合约。

7. 停板制度

开始停板制(Initial Price Limit)

若开市后指数较上个交易日大幅下跌 12 点，将有 30 分钟停板。之后，开市停板幅度将被取消。此外，若下午 14：30 后，上述停板制亦无效。

中间阶段停板制(Intermediate Daily Price Limit)。

若中间阶段指数较上交易日结算价下跌 20 点，交易将停板 30 分钟。

第二中间阶段停板制(Second Intermediate Price Limit)。

若指数下跌 30 点，交易将停板 30 分钟。

全日停板制(Total Daily Price Limit)

若之前交易日非停板收市，则全日停板幅度为 30 点。若之前交易日是停板收市，则全日停板幅度为 50 点。

若停板在芝加哥时间下午 14：30 后发生，停板时间为 2 分钟，之后市场必须重开。

若指数的证券市场停市，期权市场应跟随停市。

若 1 个小时交易停板发生在收市前 30 分钟，当日市场将不再重开。

若 1 小时交易停板发生在收市前 1 小时至 30 分钟时，当日市场是否重开则由交易所决定。

若两小时交易停板发生在收市前 1 小时，当日市场将不再重开。

若两小时交易停板发生在收市前 2 小时至 1 小时，当日市场是否重开将由交易所决定。

8．最后交易日

期货：制定最后结算价之前一个营业日。

期权：季月最后交易日与期货相同；

非季月最后交易日为交收月份第三个星期五。

9．最后结算价

在交收月份第三个星期五制定。制定指数结算价方法是以：

(1)指数成分股的当日开市价计算；

(2)若当日有股份暂停买卖，则以该股最后收市价计算。

10．交收

期货：现金结算。

期权：以期货合约交收。

11．期权行使

期权为美式，即可在到期前随时行使。期权到期后，价内期权将会被自动行使。

12．期权行使价

季月期权：第三及第四季月的行使价以每 10 点制定。其余季月以每 5 点制定。

非季月期权：交易所按市场需要制定。

货币期货及期权合约

目前，全球最大的场内货币期货及期货期权市场为芝加哥商业交易所 IMM 组别的货币合约，以下以欧元为例简介其细则，其他货币的合约均大同小异。

1．指定资产及合约数量

欧元期货：100000 欧元。

欧元期权：1 张 IMM 欧元期货合约(期权到期月份的最近一个季月期货合约)。

2．交收月份

期货：RTH：1、3、4、6、7、9、10、12 月份及现货月。

Globex：4 个季月(即 3、6、9、12 月份)。

期权：RTH：季月(即 3、6、9、12 月份)及季月以外现货月后 2 个月份及 5 天期权。

Globex：1 个季月及 2 个连续月份。

3．交易时间(芝加哥时间)

RTH：上午 7：20—下午 14：00

Globex：期货：周一至周四：下午 14：30—次日上午 7：05

周日及假期：下午 17：30—次日上午 7：05

期权：周一至周四：下午 14：30—次日上午 7：01

周日及假期：下午 17：30—次日上午 7：01

RTH 是场内正常公开叫价时间；Globex 是场内时间收市后转用电子交易系统交易。

4．报价单位

美仙。

5. 1点子，即每欧元0.01美仙或金额12.5美元。

6. 最大每日波动

期货：开市停板上限(上午7：20—次日上午7：35)：200点

开市后：逐步扩大上限制度

Globex上限：200点

期权：跟随期货合约停板

7. 微值入价(Cabinet Bid)

半点，即每欧元0.05美仙或金额6.25美元。

8. 最大持仓量

无上限，但必须上报。

9. 最后交易日

期货：交收月份第三个星期三之前的2个营业日的上午9：16。

期权：长期期权：交收月份第三个星期三之前的第二个星期五。

短期期权：交收月份第二个星期三之前的星期五。

五天期权：五天后为最后交易日。

若当日为假期，则之前一个营业日为最后交易日。

10. 期权行使价

期权行使价间距为100点，即1.00美仙。最近3个合约月份期权的行使价加设50点间距，即0.05美仙。

11. 期权行使方式

美式期权可在到期前任何一个营业日行使。

未平仓期权若在到期时为价内期权，即存在内在值，则期权会自动行使，转为期货合约。

12. 交收

期　　货：在合约月份的第三个星期三，合约数量的欧元交收于结算所指定的银行。

期　　权：最近未到期的季月期货合约。

五天期权：最近未到期的月份期货合约。

IMM 其他货币期货及期权包括：

	合约数	最小跳动
澳元	100000	0.01 美仙 （或金额 10 美元）
英镑	62500	0.02 美仙 （或金额 12.5 美元）
加元	100000	0.01 美仙 （或金额 10 美元）
欧元	100000	0.01 美仙 （或金额 12.5 美元）
瑞士法郎	125000	0.01 美仙 （或金额 12.5 美元）
日圆	12500000	0.0001 美仙 （或金额 12.5 美元）
墨西哥披索	500000	0.0025 美仙 （或金额 10 美元）
巴西雷阿尔	100000	0.01 美仙 （或金额 10 美元）

纽约商业交易所(NYMEX)COMEX 黄金期货及期权市场

目前全球最大的场内黄金期货及期货的期权合约乃在纽约商业交易所（New York Mercantile Exchange，NYMEX）的 COMEX 组别内买卖，以下简介其交易细则：

1．指定资产

期货：每张合约 10 安士。

期权：一张 COMEX 黄金期货合约。

2．买卖方式

买卖方式分两种

(1)公开叫价：日间在纽约的交易所场地进行；

(2)电子交易：公开叫价时间之后，透过电子交易系统买卖。

3．买卖时间(纽约时间)

公开叫价：上午 8：20—下午 14：30

电子交易：周一至四：下午 14：00—次日上午 8：00

周　　日：下午 17：00 开始

4．买卖月份

期货：现货月及其后续 2 个月：现货月其后 23 个月内的 2、4、6、8、10 及 12 月份，及现货月其后 60 个月的 6 月及 12 月份。

期货：以下最近的 6 个月：

2、4、6、8、10 及 12 月份

另外，以下月份会买卖 2 个月：

1、3、5、7、9、11 月份，及 24 个月内的 6 月份及 12 月份

五天期权：2、4、6、8及12月份中最近期的1个月

5．期权行使方式

期权：美式。

五天期权：欧式。

6．报价方式

期货及期权以每安士美元报价。

7．最低价格波动

每安士0.10美元，实际涉及金额为10美元。

8．最大每日价格波动

期货：由昨日结算价起计上下75美元。

最活跃的2个月份其中之一若超过75美元，所有期货及期权合约将停板15分钟。

此外，若最活跃的2个月份其中之一的买价高与75美元上限，或卖价低于75美元下限超过2分钟而无成交，市场亦将告停板。

若在收市前2我分钟，恰好到达上限或下限，买卖将不会停板。此外，若收市前30分钟已停板，收市前10分钟将重开买卖。停板过后，买卖重开，而当日停板上下限会增加100%。

期货：无停板限制，但若期货停板，期权亦停止买卖。

9．期权行使价间距

500美元以下：10美元；

500～1000美元：20美元；

1000美元以上：50美元。

10．持仓上限

期货及期权净仓7500张需要上报，现货月上限为3000张。

11．期货转现货(Exchange of Futures for Physicals,EFP)

买卖双方可将期货转现货交易，并向交易所注销未平仓合约。

12．期权的行使

期权持有人可在每营业日的下午15：00之前申请行使。到期日的时间为下午16：00。到期时，所有内在值在100美元之上的期权会被自动行使，转为期货合约。

13．交收

期货第一交收通知日：交收月份之前一个月的最后营业日。

期货最后交收通知日：交收月份最后第二个营业日中午12：00。

期货最后交易日：交收月份的最后第三个营业日收市。

期权最后交易日：起获交收月份之前一个月的第二个星期五。

五天期权：在第五天营业日到期。

14．实货交收时间

第一个交收日：交收月份第一个营业日。

最后交收日：交收月份的最后营业日。

15．实货交收

交收的黄金必须有系列号码及有交易所指定并批准的制造商的商印。交收须在纽约市曼克顿(Manhattan)的Borough经批准的仓库进行。交收实金的重量为100安士，正负不可超过5%，纯度为0.995。

附　录

附录1：如何比较期权及认股权证

期权及认股权证本质上都是期权产品，合约条款大致相同，所不同者主要如下：

	期　权	认股权证
上市方式	由交易所推出，在交易所买卖	由发行商推出的证券，在证券交易所上市买卖
结算对手	由结算所保证及结算	结算最终对手为发行商
合约条款	有多个合约月份及多个行使价供选择	到期日及行使价由发行商厘定
沽空限制	投资者可以持有长仓或短仓	投资者只可持长仓，不可沽空

期权的报价方式是以指定资产的报价单位为基础，股市指数期权的报价方式是指数点，股票期权的报价方式是每股期权的金额价值。

认股权证的结构则有所不同，权证会应用兑换比率将权证的报价转换为每权证的金额价值。指数权证兑换比率的意思是，可认购（认沽）1个单位的指数行使价相关资产的权证数目。

例如恒指权证的条款如下：

每指数点的金融价值为1港元，行使价18800点，指相关资产是18800港元。权证兑换比率是4600(每4600份认购证可认购18800港元的恒指相关资产)。

权证价格是0.15港元。

将上述权证的价格其转换为期权金的公式如下：

期权金 = 0.15×4600÷1 = 690 港元

如果要将恒指期权转为相应权证的报价，方法如下：

期权每指数点的金融价值为 50 港元，行使价 18800 点，期权报价是 690 点，权证兑换比率是 4600（每 4600 份认购证可认购 18800 港元的恒指相关资产）。

将上述期权金转换为权证价格的公式如下：

权证价格 = 期权金÷权证兑换比率×每指数点的港元价值

上述恒指认购权证的期权金(指数点)为：

期权金 = 690 + 4600×1= 0.15 港元

附录2：如何比较股票挂钩票据与股票期权

股票挂钩票据是现时流行的场外交易产品，受那些追求高息的投资者欢迎。

股票挂钩票据的特点是，投资者可以收取比一般定期存款的利率要高的高息回报，但若指定的股票低于票据的指定价位，投资者便要以该价位买入上述股票。

投资者可以用购买票据的资金作为买入该股票的保证，有些银行允许以孖展的形式投资股票挂钩票据，以达到更高的杠杆比率。

投资者可以选择有不同波幅的股票，并指定不同的买入价，而到期日有1周、2周、1个月、2个月或3个月不等，这些不同的因素决定息率回报的高低。

事实上，股票挂钩票据是投资者与银行订立的沽出股票认沽期权的双边合约，投资者沽出股票认沽期权而收取的期权金，是以息率计算。

投资者需要承诺，若股票低于行使价，他会以行使价买入该股票。

1．期权金化准孳息

假设股票A股价为65元，每手股票1000股。投资者沽出1个月期的股票A认沽期权，行使价60元，收取期权金每股0.40元。

将所收取的期权金化为息率，计算方法如下：

(1)投资者收取期权金每股0.40元，1000股总数为400元；

(2)投资者承诺的股票买入价每股60元，1000股总数为60000元；

(3)投资者实际存入的投资金额为60000－400元，即59600元；

(4)投资时期为30天。

将上述回报化为准孳息年率，计算如下：

准孳息年率＝(400÷59600)×365÷30×100%＝8.17%

准孳息年率的通用计算公式如下：

准孳息年率 =[期权金÷(行使价 - 期权金)]×[365÷到期日数]×100%

2．准孳息化期权金

相反，假设股票 A 股价为 65 元，每手股票 1000 股。投资者买入一份股票挂钩票据，条款如下：

准孳息年率 8.17%，股票指定买入价为 60 元，投资时期为 30 天。

将上述准孳息年率回报化为期权金，计算如下：

期权金 = 59600×(8.17%÷100%)×(30÷365)= 400 元

期权金的通用计算公式如下：

期权金 =(行使价 - 期权金)×(准孳息年率÷100%)×(到期日数÷365)

(注：上述计算未计投资者存入投资金额所收的利息)

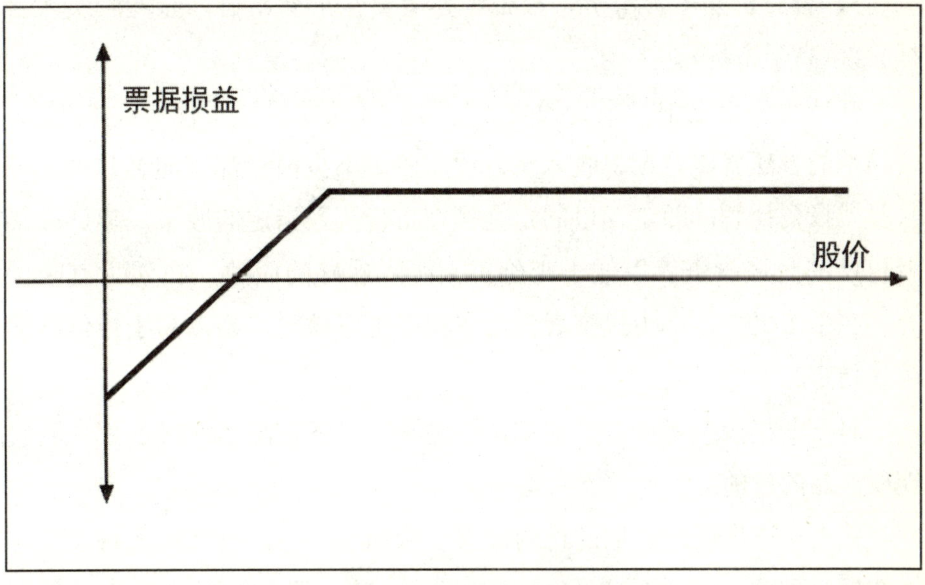

股票挂钩票据损益图

附录3：拆解累计股票期权产品

今年在投资银行及私人银行财富管理方面，兴起一种附有期权特色的结构性产品，名为累计股票期权（Accumulator）。此产品在牛市期间大行其道，吸引了不少专业人士及投资者参与。究竟累计股票期权有何吸引之处，而能够令众多专业投资者乐此不疲？

累计股票期权产品的条款一般如下：

1、投资者可选定投资期，一般为1—3个月，甚至1年；

2、投资者可选定目标股票；

3、投资者可选定股票参考价；

4、若股票等于或高于参考价，投资者可以在每交易日以参考价买入目标股票（等于或低于市价），直至股票上升至触及取消合约的价位水平；

5、若股价低于参考价，投资者亦需要在每交易日以参考价买入目标股票(高于市价)。

在持续牛市之中，不少投资者都有一种长期投资于优质股的想法。最简单的方法就是定期将收入买入优质股。不少银行都有向客户推出每月股票投资计划，即定期以固定金额按市价买入指定的股票。累计股票期权产品允许投资者以低于市价每天买入看好的股票，自然大有吸引力。在牛市之中，不少投资者都会忽视股价下跌时，要以高于市价继续买入指定股票的风险。

对于期权投资者而言，他们可以选择用以下方法达致接近累计股票期权产品的目的：

买入一连串连续到期的价内股票认购期权合约，投资期内每天都有一个期权到期，若到期时股价高于认购行使价(即参考价)，可以按行使价行使认购期权而买入正股(低于市价)。

不过，上述期权组合亦不能完全复制累计股票期权产品，原因是累计股票期权产品大多不需要投资者付出期权金，但上述期权组合却有所不能。价内股票认购期权的期权金一般较为昂贵，往往令投资者却步。

若要降低资金的要求，期权投资者可以考虑以下方法：

⑴同时沽空一连串连续到期的价外认沽期权合约，在投资期内每天都有一个期权到期，若股价低于认沽行使价，期权被行使，需要以行使价（参考价）买入正股（高于市价）。沽空认沽期权收到的期权金可冲销部分认购期权所需要的期权金成本。

不过，由于价内认购期权的期权金一般较价外认沽期权昂贵，由沽空认沽期权收到的期权金，并不可能完全冲销认购期权所需要的成本。为了进一步减低投资者的资金投入，累计股票期权产品设计者用以下方法减低认购期权金的支出：

⑵投资于附有到价即取消(Knock-out)特点的认购及认沽期权(取消的价位水平即累计股票期权的取消价)，以减低期权金的支出；

⑶沽空两倍价外认沽期权，增加期权金的收入，以进一步冲销认购期权所需要的成本，减低投资者的资金投入。换言之，若股价低于行使价，投资者要以行使价买入双倍选定的股票。

累计股票期权产品大致上就是上述方法的混合体。累计股票期权产品所提供投资者的好处是：

1、投资者可以在指定时间内，用累进方式持续买入指定的股票；

2、若股价在产品的参考价之上，投资者可以按参考价低于市价买入正股；

3、若股价在产品的参考价之下，投资者亦需按参考价买入正股。

一般而言，投资者开始投资于累计股票期权产品时所选择的参考价，多是低于市价，因此开始时，投资者是可以按行使价低于市价而买入正股，而不需要付出期权金。此点对于投资者而言十分有吸引力。

若投资者能够维持长期投资策略，用累进方式持续买入指定的股票，并有足够财力应付市场的波动，上述累计股票期权产品不失为一种好的投资策略。不过，投资者要清楚该产品对于资金上的潜在要求，量力而为，否则，若市场出现超乎寻常的波动，其后果是十分严重的。